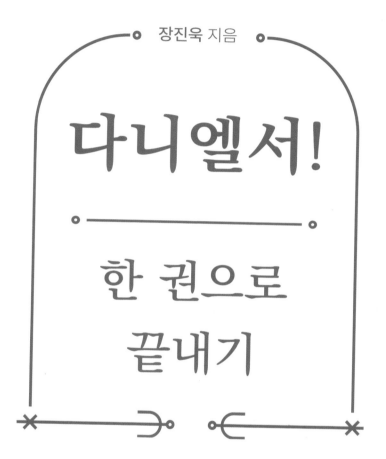

장진욱 지음

다니엘서!

한 권으로 끝내기

다니엘서! 한 권으로 끝내기

1판 1쇄 발행 2025년 01월 03일

지은이 장진욱

교정 주현강 **편집** 김해진 **마케팅·지원** 김혜지

펴낸곳 하움출판사 **펴낸이** 문현광
이메일 haum1000@naver.com **홈페이지** haum.kr

블로그 blog.naver.com/haum1000 **인스타** @haum1007

ISBN 979-11-94276-54-8 (03230)

좋은 책을 만들겠습니다.
하움출판사는 독자 여러분의 의견에 항상 귀 기울이고 있습니다.
파본은 구입처에서 교환해 드립니다.

들어가기 전에

다니엘서는 요한계시록과는 달리 계시와 환상과 예언이 메인이 아닙니다. 엄밀히 따지면 어마어마한 역사 스토리이며 그 계시와 환상 또한 대부분이 다니엘 선지자 시점에서는 미래이지만 우리 인류의 역사 가운데에서는 이루어진 내용들이기 때문에 그 정확하고도 디테일한 예언을 믿지 못하는 일각에서는 다니엘서는 다니엘 선지자가 본인 당대에 직접 쓴 내용이 아니라 후대 사람들이 다니엘 선지자의 이름만 빌려서 적은 것이라고 할 만큼 놀라운 내용이라 하겠습니다. 다니엘서의 주된 예언은 훗날에 이스라엘을 압제하는 헬라 왕 안티오코스 에피파네스의 패악질에 대해서 묘사하고 있는데 얼마나 악착같이 난장을 쳤으면 그 모습이 적그리스도의 예표가 될 정도인지 상상조차 가지 않습니다. 다만 악이 있는 곳에는 언제나 정의의 바람이 불듯이 유다 마카비를 비롯하여 하나님을 경외하고 민족을 위해 싸우는 영웅호걸들이 출사표를 던져 헬라에 맞서 일어났고 그렇게 이스라엘의 민족혼이 불타오를 시기에 민족을 더욱 단결시키고 애국 애족의 정신을 고취하고자 하는 의도에서 일종의 프로파간다로 〈다니엘서를 지어냈다〉는 의견이 만만치 않게 들려오는 씁쓸한 각이기도 합니다. 한마디로 헬라에 맞서 독립을 쟁취하고자 하는 유대인들에게 저들의 패악과 멸망은 이미 하나님께서 옛적 선지자 다니엘을 통해 다 예언해 두셨고 우리의 승리는 하나님께서 약속하신 것이니 확신을 갖고 떨쳐 일어나자, 뭐 그런 동기부여를 위해 다니엘서를 집필했다는 것이지요. 그러나 당연히 하나님의 전지전능함과 성경이 성령의 영감으로 쓰였음을 믿는 우리 입장에서는 그런 의견 따위 〈별 미친 개소리〉에 지나지 않아야 합니다.

하나님께서는 분명하고도 명백한 인간의 역사 속에서 역사하셨고 하나님께서 역사하신 역사는 인간의 역사이기도 합니다. 성경의 모든 이야기들이 하나 빠짐없이 실재하는 사실이며 또한 모든 예언들도 반드시 실무적으로 역사 속에 성취되었고, 성취될 것입니다. 모든 인간의 역사 위에 성경이 우선하며 인간의 역사 기록과 성경의 기록이 상충된다면 성경의 기록을 기준으로 인간 역사 기록을 재단함이 옳습니다. 다른 모든 종교의 경전들은 역사 따위 무시한 그들만의 판타지요, 스페이스 오페라이지만 하나님께서는 심지어 예수님을 보내셨을 때도 〈가이사 아구스도의 명령으로 모든 제국 신민의 호적을 조사하라 할 때, 구레뇨가 시리아 총독으로 있을 때〉라는 명확한 배경을 제시하셨고 우리가 항상 묵상하는 사도신경의 신앙고백에서도 예수님께서 〈본디오 빌라도의 치하에서〉 고난을 당하고 십자가에 못 박히셨다는 명확한 역사적 배경을 보고 있는 것입니다.

성경은 명명백백한 사실이자 진실이고 진리이며 살아 역사하며 운동력이 있는 하나님의 말씀이고 그 자체가 영원한 생명입니다.

머리에 먹물 좀 들었다는 호사가들의 시건방진 말 몇 마디, 글 몇 줄에 폄하되고 퇴색될 그런 겉보리 껍데기, 빙다리 핫바지도 아니며 이런저런 논쟁들은 고색창연한 바위에 낀 이끼에 지나지 않을 뿐입니다. 신약에 요한계시록이 있다면 다니엘서 또한 구약의 계시록으로서 그 가치는 이루 헤아릴 수 없으며 특히 시대의 징조를 분별하고 마지막 때에 깨어 있어 주님 오심을 기다리는 분들께서는 요한계시록과 더불어 반드시 함께 묵상하고 읽으며 살펴봐야 할 말씀이 바로 다니엘서입니다. 다니엘서에 대한 이해가 없이 계시록만 읽는다면 아주 높은 확률로 그 분별과 연구가 불완전해질 가능성이 커지며 다니엘서를 계시록과 연결 짓지 않고 그저 믿음 좋은 한 신앙의 선조가 겪었던 이야기 정도로만 여긴다면 그것은 다니엘서의 참맛을 제대로 본 것도 아닙니다. 거의 모든 성도분들이 다니엘 선지자를 모르시지 않지만 주일학교에서 배웠던 그 다니엘을 넘어서서 그 이상의 위대한 선지자 다니엘에 대해 밝히 볼 차례입니다. 그 전에 먼저 다니엘 선지자의 시대가 오기까지 과연 어떤 일들이 벌어졌는지 살펴보겠습니다. 일종의 타임머신을 타고서 다니엘 이전 성경사를 모조리 꿰뚫어 볼 테니 집중하시기 바랍니다.

하나님께서 태초에 천지를 창조하시고 인간을 창조하셨는데 첫 인간인 아담이 창조된 때는 B.C. 4114년입니다. 그렇게 첫 인류의 역사가 시작되었으며 B.C. 3492년에 태어난 아담의 후손 에녹은 B.C. 3127년에 휴거되는 영광을 안게 되었지요. 아담의 3남인 셋의 아들인 에노스 때부터 하나님을 불렀던 인류는 점차 패괴하고 강포하여 타락해 갔는데 B.C. 3058년에 태어난 노아가 480살쯤 되었을 때는 절정에 이르러 타락 천사들이 지구를 점령하고 인간 여성들과 그들이 교합하여 네피림이라는 혼종을 만들어내며 거의 모든 인류가 마귀들과 네피림을 섬기며 미쳐 갔습니다. 성령님께서 120년 뒤에 두고 보자는 한마디를 남기고 지구를 떠나신 후 유일하게 하나님을 경외하던 노아 가족에게 방주를 만들라는 명령을 내리셨으며 열심히 작업을 하며 방주를 만들어 낸 노아 가족들이 그 방주를 출항시키게 된 것은 B.C. 2458년이었습니다. 전 세계를 뒤덮은 대홍수로 첫 인류는 멸망하고 노아 가족들로부터 신인류가 시작되었는데 역시나 몇 대를 가지 못하고서 노아의 차남 함의 아들 가나안과 구스의 아들인 니므롯에 의해 새로운 배도가 시작되었습니다. 가나안과 니므롯의 배도와 무력에 노아의 후손 거의 모든 인류가 우상 숭배에 젖어 타락해 갔으나 노아의 장자 셈의 3남 아르박삿의 손자 에벨에 의해 새로운 희망이 탄생하게 되었지요. 에벨은 B.C. 2391년에 출생했고 에벨 제국이 건국되어 가나안과 니므롯의 배도에 대항하는 신실한 가문들이 결집되었으며 이후 바벨탑이 무너지고 니므롯이 이집트에서 셈에 의해 처형되며 제대로 승기를 잡았다 싶었으나 가나안 가문 헷에 의해 에벨 제국이 멸망하여 모조리 다 흩어지는 새드 엔딩을 맞았습니다. 그렇게 세월이 흐르고 에벨의 후손들이 포로로 끌려갔거나 혹은 떠돌다 깃들어 살았던 바빌론의 갈대아 우르에서 B.C. 2166년에 아브라함이 태어났고 그가 58세 되던 해인 B.C. 2108년에는 신인류의 대시조 노아가 사망했으며 아브라함은 75세 되던 B.C. 2091년에 하나님의 부르심을 받아 본토 친척 아비 집을 떠나 여행길에 오릅니다. 가나안을 향한 여정 와중에 B.C. 2067년에는 소돔과 고모라가 유황불로 심판받아 롯의 아내가 소금 기둥으로 변하는 일도 겪고 그 이듬해인 B.C. 2066년에 마침내 아브라함 나이 100세에 아들 이삭을 낳게 됩니다. 이삭은 60세인 B.C. 2006년에 아들 야곱과 에서를 낳고 아브라함은 B.C. 1991년에 사망합니다.

(B.C. 2391년에 출생한 에벨은 아브라함의 사망 이후에도 64년을 더 살다가 B.C. 1927년에 사망합니다. 그는 아브라함과 이삭을 거쳐 야곱이 79세가 될 때까지 살았으니 어마어마한 정신적 지주 역할을 했을 것은 불문가지인데 무려 〈히브리〉 민족의 명칭이 그의 이름에서 나왔을 정도입니다.)

야곱은 B.C. 1915년에 요셉을 낳았는데 요셉은 형들의 시기로 이집트로 인신매매를 당해 팔려 갔으며 그곳에서 억울한 누명을 쓰고 옥에 갇혔다가 꿈을 해석해 주고서 대박을 맞아 그의 나이 30세 되던 B.C. 1885년에 이집트 15왕조, 힉소스 왕조의 총리 대신으로 취임하게 됩니다. 그 후 B.C. 1876년에 가나안에 있던 가족들 70명을 흉년을 피하도록 이집트로 이주시켜 주었고 71년 후인 B.C. 1805년에 요셉은 평안히 사망했는데 그러고 불과 25년 후인 B.C. 1780년에 본토 이집트인들의 반격으로 셈 계통 이민족이던 힉소스 왕조가 멸망하면서 히브리 민족은 요셉을 알지 못하던 새 파라오에 의해 노예 신세로 전락했습니다. 노가다로 세월을 지내던 중 B.C. 1526년에 모세가 태어났고 이후 80년 만인 B.C. 1446년에 모세의 지도하에 히브리 민족의 출애굽이 시작되었으며 B.C. 1445년에는 르비딤 전투에서 모세가 팔을 들었다 내렸다 하며 아말렉 부족을 격파했고 B.C. 1444년에는 히브리 민족이 가데스 바네아에 도착하여 가나안으로 탐정을 보냈다가 여호수아와 갈렙을 빼고는 모조리 헛소리를 하는 바람에 결국 출애굽 1세대는 거기에서 끝을 맺고 말았습니다. 이후 B.C. 1410년에 출애굽 2세대를 지휘한 모세는 요단강 동편을 정벌하여 아모리, 바산, 미디안을 토벌했고 B.C. 1406년에 모세가 죽고 여호수아가 히브리 민족을 이끌어 가나안을 향해 총공격을 감행했습니다. 가나안 토벌 첫해에 여리고성과 아이성을 함락시키고 B.C. 1400년에는 예루살렘 왕 아도니세덱이 이끄는 남부 가나안 연합군을 하루 24시간 해가 지지 않는 기적과 우박 재앙에 힘입어 쓸어버렸으며 B.C. 1399년에는 하솔 왕이 이끄는 북부 가나안 연합군을 전멸시켜 7년 전쟁을 종결지었습니다. 그러나 이것은 끝이 아니라 시작이었습니다.

사사기 시대의 깽판을 한 큐에 훑어보자면,

> B.C. 1373년, 아람 나하라임 왕 구산 리사다임, 이스라엘 정복
> B.C. 1365년, 사사 옷니엘, 이스라엘 독립
> B.C. 1360년, 미가의 제사장 사건
> B.C. 1325년, 모압 왕 에글론, 이스라엘 정복
> B.C. 1307년, 사사 에훗, 이스라엘 독립
> B.C. 1227년, 가나안 왕 야빈, 철병거로 이스라엘 정복
> B.C. 1207년, 사사 드보라, 이스라엘 독립
> B.C. 1167년, 미디안 족속, 이스라엘 정복
> B.C. 1160년, 사사 기드온, 이스라엘 독립
> B.C. 1119년, 암몬 족속, 이스라엘 정복
> B.C. 1101년, 사사 입다, 이스라엘 독립
> B.C. 1100년, 사사 입다, 에브라임 지파 숙청

B.C. 1095년, 블레셋 족속, 이스라엘 정복. 사사 삼손 등장
B.C. 1075년, 삼손 사망, 다곤 신전 붕괴

(사사기 시대는 연표마다 제각각인데 사사들이 이스라엘 전체를 통합하며 다스린 게 아니라 각자 활동하던 영역이 달랐고 사사기에 나와 있는 사사들의 순서도 연대순으로 나와 있는 게 아니라 시기가 겹치기도 합니다.)

그야말로 400년에 가까운 공방전이 벌어지다가 B.C. 1055년에 사사 사무엘에 의해 미스바에서 대부흥 운동이 일어나 블레셋을 격파했고 그 해에 베냐민 지파의 사울이 기름 부음을 받아 이스라엘 초대 왕으로 즉위해 암몬의 침략을 격퇴하기도 했습니다. 그 후 B.C. 1020년에는 사울왕이 엘라 전투에서 블레셋을 격파했는데 그 전투에서 소년 다윗이 블레셋 용장 골리앗을 죽이면서 제대로 데뷔하게 되었습니다. 사울에게 등용되고 사위도 되며 잘나가던 다윗은 B.C. 1007년에 사울에게 쫓겨 시글락으로 이주했고 B.C. 1006년에 이스라엘이 길보아 전투에서 블레셋에게 대패하며 사울과 요나단이 전사했으며 이듬해인 B.C. 1005년에 다윗은 기브온 전투에서 사울의 잔존 군대를 소탕하고 이스라엘의 왕으로 즉위했습니다. 5년 후 B.C. 1000년에 다윗은 여부스 족속을 물리치고 출애굽 이후 440년 만에 예루살렘을 회복했으며 이후 B.C. 977년까지 암몬과 모압, 에돔과 아람 등 주변 전 지역을 정복하기도 했습니다. 그러다가 B.C. 970년에 솔로몬왕이 즉위하였으며 더없는 황금기를 맞았으나 그가 죽고 B.C. 931년에 르호보암이 즉위하면서 유다와 이스라엘이 분열되어 남북조 시대의 막이 열립니다. B.C. 925년에 이집트 왕 람세스 2세의 침략으로 유다가 항복하고 성전과 왕궁의 보물을 내주는 등 굴욕을 당했으며 B.C. 914년에는 유다 왕 아비야가 에브라임 스마라임 전투에서 이스라엘 왕 여로보암의 80만 대군을 쓸어버리고 이스라엘의 항복을 받아 내는 승리를 거두었으며 B.C. 900년에는 유다 왕 아사가 에티오피아의 침략을 물리치고 신앙 개혁으로 국가를 안정

시켰고 B.C. 870년에는 유다 왕 여호사밧이 전성기를 이루었으나 여호사밧의 아들 여호람과 이스라엘 왕 아합의 딸 아달랴의 결혼으로 신앙적 오염의 계기를 만들기도 했습니다. 양쪽이 함께 미쳐 가던 중 B.C. 842년에는 이스라엘 장군 예후의 혁명으로 이스라엘 왕 요람과 유다 왕 아하시야가 모두 죽고 이듬해 B.C. 841년에 여호사밧의 며느리이자 아하시야의 어머니인 아달랴가 쿠데타로 다윗 왕가를 멸절하고 왕위를 찬탈합니다.

여호사밧의 잘못된 타협으로 2대 만에 바알 숭배자에 의해 다윗 왕가의 씨가 멸절되는 기막힌 상황을 맞았으나 천만다행으로 살아남은 여호사밧의 손자 요아스가 B.C. 835년에 혁명으로 아달랴를 처형하고 즉위했으며 그저 그렇게 역사가 이어 가다가 북이스라엘이 B.C. 722년에 아시리아의 침공으로 멸망하고 혼혈 정책으로 인해 아예 민족이 소멸되는 파멸을 맞고 말았습니다. 이로써 이스라엘 12지파 중 유다 지파만이 순혈을 유지하게 되었는데 북이스라엘이 멸망한 후에도 간신히 명맥을 이어 오던 남유다는 B.C. 716년에 히스기야의 즉위로 성전이 정화되고 하나님께서 하룻밤에 18만 5000명을 쳐 죽이는 기적으로 아시리아의 침략을 물리치며 국가를 중흥시켰습니다. 그러나 B.C. 697년에 히스기야를 이어 즉위한 그의 아들 므낫세에 의해 선지자 이사야가 처형되고 극도의 타락과 폭정을 저지르기도 했습니다. 국민들 먹여 살리고 나라를 윤택하게 하는 데는 유능했으나 신앙적, 영적으로는 개판이었던 므낫세는 결국 아시리아의 참수 작전으로 체포되어 바빌론으로 끌려가 개고생을 하고 풀려난 후에야 정신이 되돌아와 그의 말년은 성군으로 끝맺었고 그의 유지는 손자인 요시야에게 이어졌습니다. B.C. 641년에 즉위한 유다 왕 요시야는 퍼펙트한 개혁으로 최전성기를 이루었고 유월절을 회복하고 신앙을 재건했으며 이어서 북진하여 아시리아를 격파하고 사마리아를 비롯한 북방 영토를 모두 탈환하는 국토 통일을 달성했습니다. 그렇게 잘나가던 그가 B.C. 609년에 므깃도에서 이집트와의 전투로 사망하면서 비로소 하나님께서 예고하신 유다 멸망의 서

막이 열렸고 4년 후 B.C. 605년에 바빌론의 침공으로 왕족들과 귀족들, 특히 청년들이 대거 체포되어 바빌론으로 끌려갔으니 그때 끌려간 왕족 청년들 중 한 사람이 바로 다니엘이었습니다.

아담의 탄생에서부터 다니엘의 바빌론 압송까지 3,500년 세월을 싹쓸이 훑었는데 참으로 성경은 광대하고 광대한 역사를 담고 있는 히스토리북이라 하겠습니다. 그러면 이제부터 우리의 주인공 다니엘이 어쩌다가 바빌론으로 끌려갔고 그곳에서 뭘 먹고 지내는지 먼저 살펴봐야겠죠?

유다 왕 여호야김이 다스린 지 삼 년이 되는 해에 바벨론 왕 느부갓네살이 예루살렘에 이르러 성을 에워쌌더니 (단 1:1)

(다니엘서 강해의 모든 성경 구절은 〈개역 개정〉 역본이며 필요할 경우 한글 킹제임스 성경을 병행 표기하겠습니다.)

1장.

강제 유학&고자 되기

유다 왕 여호야김이 다스린 지 삼 년이 되는 해에 바벨론 왕 느부 갓네살이 예루살렘에 이르러 성을 에워쌌더니 주께서 유다 왕 여호 야김과 하나님의 전 그릇 얼마를 그의 손에 넘기시매 그가 그것을 가지고 시날 땅 자기 신들의 신전에 가져다가 그 신들의 보물 창고 에 두었더라. (단 1:1~2)

솔로몬왕이 죽고 그의 아들 르호보암왕 대에 통일 이스라엘 왕국이 쪼 개져 남북조 시대가 되었는데 북부 열 지파로 구성된 이스라엘 왕국은 B.C. 722년에 아시리아 왕 살만에셀에게 진작 나가떨어지고 남부 유다 왕 국은 간신히 숨을 붙이고 있다가 그나마 국가 중흥을 성공시킨 요시야왕이 B.C. 609년에 므깃도에서 이집트와 맞서 싸우다 전사한 후부터 마침내 막 장의 서막이 열렸습니다. 요시야왕을 죽인 이집트의 파라오 느고는 요시야 의 뒤를 이은 여호아하스왕을 즉위 3개월 만에 폐위시켜 이집트로 압송하 고 그의 형 엘리야김을 바지 왕으로 앉혀 이름까지 여호야김으로 창씨개명 을 했지요.

애굽 왕 느고가 또 그의 형제 엘리아김을 세워 유다와 예루살렘 왕으로 삼고 그의 이름을 고쳐 여호야김이라 하고 그의 형제 여호아 하스를 애굽으로 잡아갔더라. (대하 36:4)

엘리야김의 뜻은 〈하나님께서 세우신다〉, 여호야김의 뜻은 〈여호와께서 세우신다〉로 그 말이 그 말인데 굳이 바꿔 준 것은 내가 이름까지 바꿔 줄 정도로 갑이라는 인증샷을 찍고 싶었던 파라오 느고의 패기가 아니었을까 싶습니다만 어쨌든 이렇게 요시야가 죽고 여호아하스가 만에 폐위되고 여호야김이 바지사장으로 앉아 유다 왕국은 이집트의 속국이자 괴뢰정권이 되어 바람 앞의 등불 신세로 전락했습니다. 이후 여호야김 임기 3년 차인 B.C. 605년에 이집트와 바빌론이 격렬하게 대치하던 갈그미스에서 느부갓네살이 이끄는 바빌론군이 이집트군을 탈탈 털어 버리는 승리를 거두었고 이어서 이집트의 영외 점령지들을 모조리 쳐서 빼앗아 버림으로써 이집트는 두 번 다시 이집트 본토 밖으로 진출하지 못하는 뼈아픈 지경에 몰렸습니다.

애굽 왕이 다시는 그 나라에서 나오지 못하였으니 이는 바벨론 왕이 애굽 강에서부터 유브라데 강까지 애굽 왕에게 속한 땅을 다 점령하였음이더라. (왕하 24:7)

유다 왕국을 괴뢰정권으로 만든 이집트도 바빌론에게 탈탈 털리고 녹즙기에 갈아 마셔지는 와중에 유다가 무사할 턱이 없으니 과거 청나라 태종 홍타이지가 명나라를 치러 가기 전에 조선부터 먼저 스파링 삼아 털었듯이 느부갓네살은 이집트를 족치면서 나들이 삼아 예루살렘을 포위하였습니다. 마침 느부갓네살이 아버지 나보폴라살의 뒤를 이어 바빌론 왕으로 등극한 원년이라 취임한 기념으로 한탕 하는 것은 고대 왕들 연례행사였습니다. 다니엘서만 읽으면 여호야김 왕 3년에 느부갓네살왕이 쳐들어와 예루살렘을 함락시키고 여호야김을 붙잡아 끌고 간 것처럼 되어 있지만 이게 의외로 간단한 스토리가 아니었습니다.

여호야김 시대에 바벨론의 왕 느부갓네살이 올라오매 여호야김이 삼 년

간 섬기다가 돌아서 그를 배반하였더니 (왕하 24:1)

여호야김이 그의 조상들과 함께 자매 그의 아들 여호야긴이 대신하여 왕이 되니라. (왕하 24:6)

여호야김이 왕위에 오를 때에 나이가 이십오 세라. 예루살렘에서 십일 년 동안 다스리며 그의 하나님 여호와 보시기에 악을 행하였더라. 바벨론 왕 느부갓네살이 올라와서 그를 치고 그를 쇠사슬로 결박하여 바벨론으로 잡아가고 느부갓네살이 또 여호와의 전 기구들을 바벨론으로 가져다가 바벨론에 있는 자기 신당에 두었더라. (대하 36:5~7)

그러므로 여호와께서 유다의 왕 요시야의 아들 여호야김에게 대하여 이와 같이 말씀하시니라. 무리가 그를 위하여 슬프다, 내 형제여, 슬프다, 내 자매여, 하며 통곡하지 아니할 것이며 그를 위하여 슬프다, 주여, 슬프다, 그 영광이여, 하며 통곡하지도 아니할 것이라. 그가 끌려 예루살렘 문 밖에 던져지고 나귀 같이 매장함을 당하리라. (렘 22:18~19)

굉장히 묘하지 않습니까? 여호야김은 11년간 왕위에 있었는데 다니엘서에 의하면 예루살렘이 포위되어 그가 느부갓네살의 손에 들어간 것은 즉위 3년 차, 게다가 그가 3년간 느부갓네살을 섬기다가 배반했고 그러다가 느부갓네살에 의해 족쇄를 차고 바빌론으로 끌려갔는데 정작 그가 죽은 곳은 예루살렘이었다니 뭔가 이상하지 않습니까? 이 모든 것이 성경의 기록이기에 모두를 팩트로 두고 스토리를 엮어 본다면 이렇습니다.

1. 여호야김 즉위 3년 차에 느부갓네살이 침공함.
2. 여호야김이 항복하여 성문을 열어 주고 성전 보물을 조공함.
3. 여호야김이 족쇄를 차고 바빌론으로 끌려감.
4. 느부갓네살의 앞잡이가 되기로 하고 석방되어 돌아옴.
5. 3년간 느부갓네살의 신하로 있다가 배반함.
6. 5년 후 여호야김의 폭정에 시달리던 백성들의 봉기로 참살됨.
7. 여호야김의 아들 여호야긴이 즉위함.
8. 여호야김의 배반을 처리하기 위해 느부갓네살이 침략함.
9. 여호야김은 죽고 없으니 여호야긴을 잡아감.

여호야김이 폭정을 저질렀다는 묘사는 열왕기·역대기·예레미야서를 통틀어 공통적으로 나오지만 그가 바빌론의 손에 죽었다는 묘사는 없습니다. 그의 폭정으로 인해 백성들의 봉기 내지는 유다 조정 내부의 반란으로 시해되었을 가능성이 높습니다. 어쨌든 고국의 이런 참혹한 내정을 보지 못하고 아직은 여호야김의 치세였던 즉위 3년 차에 예루살렘을 포위한 느부갓네살에 의해 다니엘과 그의 친구들은 성전 보물들과 유다의 왕족·귀족 청년들과 더불어 바빌론으로 끌려가게 되었습니다. 고대에는 적국을 쳐서 정벌했다는 승리의 인증샷으로 그 나라의 신전에 있는 제사용 성물들을 노획해 오는 것이 통례였는데 이유인즉슨 고대 시절에는 나름 〈신정일치〉 체제였기 때문에 그 나라가 다른 나라와 전쟁하는 것은 곧 그 나라의 신이 상대 나라의 신과 싸우는 것이었습니다. 그러니 상대편 나라의 성전에서 그 나라 신에게 바친 성물들을 빼앗아 오는 것은 우리나라의 신이 그 나라의 신을 쳐서 승리했다는 표시이기도 했던 것이지요. 느부갓네살이 하필 성전에서 하나님께 제사를 올릴 때 쓰이는 기명, 그릇들을 빼앗아 온 것은 이런 이유에서였습니다. 자기네 신들의 보물 창고에 넣어 둠으로써 득템 인증샷이며 하나님의 백성들 입장에서는 참으로 개쪽이 팔리고 가오가 제대로 떨어지는 일입니다.

왕이 환관장 아스부나스에게 말하여 이스라엘 자손 중에서 왕족과 귀족 몇 사람, 곧 흠이 없고 용모가 아름다우며 모든 지혜를 통찰하며 지식에 통달하고 학문에 익숙하여 왕궁에 설 만한 소년을 데려오게 하였고 그들에게 갈대아 사람의 학문과 언어를 가르치게 하였고 (단 1:3~4)

왕이 그의 내시 장관 아스페나스에게 이스라엘 자손들과 왕의 씨들과 고관들 중에서 몇 사람을 데려오라고 일렀더니 곧 흠 없고 잘 생겼으며 모든 지혜에 능숙하고 지식에 뛰어나며 과학을 이해하며 그들 안에 왕궁에서 설 수 있는 능력을 갖춘 그러한 소년들로서, 그들에게 칼데아인들의 학문과 언어를 가르치기 위함이더라. (단 1:3~4, 킹제임스)

〈환관장〉으로도 표기되는 내시 장관은 쉽게 말해 궁에서 근무하는 〈내관, 내시, 환관〉들을 총괄하는 중직인데 뼈아픈 사실은 동서고금을 막론하고 내시·환관이라 함은 〈고자〉였습니다. 비록 신하와 환관이 같은 히브리어로 표기되었다고는 하나 궁중에서 근무하는 내시는 예나 지금이나 거세된 사람이었음을 본다면 그 다니엘과 세 친구들이 내시 장관의 수하에 배속되었다는 것은 곧 그들이…. 마치 총알이 영 좋지 못한 곳을 지나간 〈심영〉처럼 아이를 가질 수 없는 몸이 되었다는 것을 의미할 수 없지 않지 아니하지 않으며 그러하지 아니하지 않다고 말할 수는 없지 않지 않을 수 없지 않을까 하는 생각이 듭니다. (이보시오! 목사 양반! 내가 고자라니! 내가 고자라니!!)

또 네게서 태어날 자손 중에서 몇이 사로잡혀 바벨론 왕궁의 환관이 되리라, 하셨나이다, 하니 (사 39:7)

또 네게서 나올, 즉 네가 낳을 네 아들 중 몇을 그들이 잡아가서 바빌론 왕궁의 내시들이 되게 하리라." 하였더라. (사 39:7, 킹제임스)

멋도 모르고 바빌론 사신들에게 왕궁 창고와 무기고와 온갖 것들을 활짝 열어 보여 주며 자뻑질을 하던 히스기야에게 하나님께서 빡치셔서 네가 보여 준 것들이 죄다 바빌론의 손에 들어가고 네 자식들 중에서도 몇 명은 바빌론 대궐에서 내시가 될 것이라고 말씀하신 대목인데 저 말씀이 어마어마한 〈진노와 처벌〉의 선포라는 점에서 〈내시가 된다〉는 것은 후손을 낳을 수 없는 고자가 되어 대가 끊어지게 만들겠다는 의미 그 자체입니다. 실제로 다니엘과 친구들은 결혼을 했다거나 자녀를 낳았다는 말이 없습니다. 요셉만 해도 온의 제사장 보디베라의 딸과 결혼하여 에브라임과 므낫세를 낳았다는 대목이 있는데 말이지요. 하여간 저 선포를 듣고 얼른 옷을 찢고 재를 뒤집어쓰고 머리를 처박고 엎드려 빌지는 못할망정 시대를 앞서간 1박 2일 정신으로 〈나만 아니면 돼!〉라며 여호와의 말씀이 좋소이다, 어쩌고 드립을 치던 히스기야의 상태는 아무리 봐도 다니엘과 세 친구들이 유다 백성들이 바빌론의 포로수용소에서 석방되어 돌아갈 때도 같이 유다로 돌아가지 않았던 이유를 알게 해 줍니다. 민족혼이고 애국심이고 간에 개념 없는 조상 덕분에 죄도 없이 끌려가 하루아침에 불알을 썰리고 고자가 되었다면 그 어느 누가 빡치지 않을 수 있겠으며 그런 고국으로 돌아가고 싶을까요. 어쨌든 교육에 있어서는 시대를 앞서간 혜안을 지녔던 바빌론 왕 느부갓네살은 여느 고대 왕들처럼 적국을 정복한 후 하렘의 여인네들과 미녀들을 잡아끌고 오는 게 아니라 그 나라 상류층들 가운데 똘똘한 인재들을 잔뜩 데려왔고 인종차별 그딴 것도 없이 교육을 시키고 등용해서 왕궁 관리, 제국의 고관으로 채용할 생각을 하고 있었습니다. 일단 바빌론 왕궁 공무원 선발 조건을 보면,

▌ 1. 외모가 흠 없고 잘생겼을 것

(어차피 연수원에 들어가기 전에 불알들을 발라냈을 테니 외모가 잘생겨 봤자 왕궁 여인네들과 썸씽을 일으킬 일도 없으렷다. 근무하는 관리가 외모가 준수하고 뽀샤시하면 그

관리와 마주하게 될 고객들, 민원인들의 마음도 힐링이 되고 업무가 좀 더 스무스하게 처리될 수 있다는 점에서 능력만 본 게 아니라 외모까지 고려했던 느부갓네살은 정말 시대를 몇천 년 앞서 나간 혜안이었다.)

2. 모든 지혜에 능숙하고 지식에 뛰어나며 과학을 이해할 것

(문과·이과를 막론하고 양면에 두루 재능을 갖춘 종합적인 인재를 뽑았다는 것은 행정 관료·기술 관료 모두 등용할 수 있도록 보편적인 능력의 제너럴리스트를 양성할 요량인가 본데 2,600년이 지난 현대에도 공무원을 양성하는 데 필수적인 요소이다.)

3. 왕궁에 설 수 있는 소양을 갖출 것

(일단 출퇴근하여 근무하는 곳이 왕궁, 대궐이니 그에 맞는 예법이라든지 매너 같은 것을 빨리 습득하여 갖추고, 특히 왕과 왕족들을 대면하면서도 꿀리지 않을 교양이 필요했을 테다.)

그야말로 지·덕·체를 두루 고려한 느부갓네살왕의 공무원 채용 기준은 오늘날에도 귀감이 될 만한 바람직한 방침이며 더군다나 인종차별을 철폐하고 적국 출신들도 등용하는 개방적인 모습은 느부갓네살을 바빌론의 〈세종대왕〉이라 해도 과언이 아니라 하겠습니다. 그 무지막지하던 고대 오리엔트 문명에서 이런 왕이 나온다는 것은 한마디로 사기 캐릭터나 진배없었는데 왕의 환관장을 통하여 후보자가 발탁되었고 그 우수 인력들에게 먼저 가르친 것은 갈대아 학문과 언어였습니다. 일단 그들이 외국으로 끌려온 것인지라 일을 하려면 말부터 통해야 했으니 어학 능력을 배양해야 했고, 당연히 그 나라의 기본 학문들을 배우고 익혀야 근무에 투입될 수 있는 것이었습니다.

또 왕이 지정하여 그들에게 왕의 음식과 그가 마시는 포도주에서 날마다 쓸 것을 주어 삼 년을 기르게 하였으니 그 후에 그들은 왕 앞에 서게 될 것이더라. (단 1:5)

이 당시의 오리엔트 문명에서는 정복하거나 멸망시킨 나라의 왕족과 귀족들은 끌고 와서 모조리 참살하고 죽이는 게 상례였음에도 오히려 우수 인력을 선발하여 제국의 관리로 등용시킬 생각을 한 것도 시대를 몇천 년은 족히 앞서 나간 개방성인데 그걸로 끝이 아니라, 목숨을 붙여 준 것만으로도 감지덕지해야 할 그들에게 왕이 먹고 마시는 음식과 포도주, 즉 〈수라상〉과 메뉴를 같게 하여 그들이 연수 과정을 이수하는 3년간 매일 배식하도록 했다는 것은 정신이 아득해질 만한 우대였습니다. 유다 궁정에서 바빌론으로 끌려갈 때만 해도 죽었구나, 하며 한숨 쉬다가 막상 도착하고 보니 살려 준다는 것도 모자라 새로운 인재들이 왔다며 박수를 쳐 주고, 거기에 덧붙여 아직 임용된 것도 아닌 연수원 식사 메뉴부터가 임금님 수라상 메뉴와 똑같다면 포로들 입장에서는 눈깔이 뒤집히고도 남을 일입니다. 그 자리에서 다들 꿇어 엎드려 머리들을 처박고 바빌론 제국 만세, 느부갓네살 폐하 만만세!! 하고 외치고도 남았을 것이며 실제로도 그렇게 교육을 받고 등용된 이들은 바빌론 제국이 멸망하는 날까지 아무도 배신하지 않고 업무를 보았다는 것에서 바빌론의 이런 개방성과 제도는 섬뜩할 정도로 놀라운 것이었습니다.

(고려·거란전쟁에서 거란군에 잡힌 고려 장군 이현운이 거란 성종에게 날렸던 〈새 일월을 본 자가 어찌 옛 산천을 그리워하겠습니까〉라는 항복 멘트의 원조가 바로 이때 바빌론에 끌려온 유다 포로들 아니었을까요.)

하물며 적당히 대충 가르치고 공부시킨 것도 아니라 무려 정규 연수 과정이 〈3년〉이었다는 것은 이미 그들을 가르치고 양육할 모든 커리큘럼과

시스템을 구축해 놓고 그들이 오기만을 기다리고 있었다는 것이며 현대에 들어서도 정규 교육과정인 중학교와 고등학교가 3년, 대학원의 박사 과정이 3년인 것을 보면 모르긴 몰라도 그 당시에 이렇게 국가 차원에서 작정하고 교육과정을 갖추어 놓은 것은 바빌론이 유일했을 것입니다. 교육이 국가의 백년대계라는 것을 볼 때 바빌론의 교육과정은 참으로 어마어마한 것이었고 국내 우수 인력 양성과 교육은 물론 외국 유학생(?)들에게도 에누리 없이 적용될 수 있었습니다.

그들 가운데는 유다 자손, 곧 다니엘과 하나냐와 미사엘과 아사랴가 있었더니 환관장이 그들의 이름을 고쳐 다니엘은 벨드사살이라 하고 하나냐는 사드락이라 하고 미사엘은 메삭이라 하고 아사랴는 아벳느고라 하였더라. (단 1:6~7)

당연한 말이지만 곱게 온 것도 아니고 강제로 초청을 받아서 원하지도 않던 유학을 온 것이기에 이들에게 결정권은 딱히 없었으며 바빌론 궁정에서 근무하려면 이름부터 바빌론식으로 깔맞춤을 해야 했습니다. 원래 다니엘, 하나냐, 미사엘, 아사랴 모두가 하나님과 관련된 좋은 이름이었으나 로마에서는 로마법을 따라야 하는 관계로 결국 모두 바빌론 신들과 관련된 이름으로 고쳐졌습니다.

> **다니엘**(하나님은 나의 심판자) → **벨드사살**(벨 신의 보호를 받는 자)
> **하나냐**(하나님께서 은혜 베푸신다) → **사드락**(아쿠 신의 명령)
> **미사엘**(누가 하나님과 같은가) → **메삭**(누가 아쿠 신과 같은가)
> **아사랴**(하나님께서 도우셨다) → **아벳느고**(느고 신의 종)

한마디로 옆집 철수가 나카무라가 되고 뒷집 민수가 기무라가 되는 상황인데 참으로 다니엘과 친구들의 상황을 보면 우리나라 일제강점기의 참상과 너무나 잘 겹쳐 보이는 각입니다. 창씨개명도 모자라 나중에는 신사 참배까지 강요당하고 말이지요. 이름이야 어쨌든 이들은 바빌론 정부에 대한 충성과는 별개로 하나님에 대한 경외와 믿음은 1도 흐트러지지 않았고 주인공인 다니엘은 다니엘서에서 개명을 당한 이름인 벨드사살이 아닌, 본명인 다니엘로 표기되는 특권을 누리기도 했습니다.

다니엘은 뜻을 정하여 왕의 음식과 그가 마시는 포도주로 자기를 더럽히지 아니하리라, 하고 자기를 더럽히지 아니하도록 환관장에게 구하니 (단 1:8)

목숨을 부지한 것부터 일단 감지덕지해야 할 각이며 유프라테스 강변에 있는 강제 노동 수용소로 보내어 곡괭이질이나 시켜도 할 말이 없는 판에 궁정 관리를 시켜 준다고 하면 더더욱 고마울 노릇인데 뜻밖에 다니엘은 꼬장 아닌 꼬장을 부렸으니, 바로 연수생들에게 지급되는 왕의 음식과 포도주를 받지 않겠다고 튕긴 것입니다. 이유인즉슨 〈자신을 더럽히지 않겠다〉는 것인데 음식과 포도주가 뭐가 문제라서 그러냐고 한다면 저 당시에는 식사를 하기 전에 그 음식과 술을 형식상 먼저 신들에게 바치고 먹는 풍습이 있었기에 그 음식과 술 자체가 〈우상의 제물〉이며, 더군다나 율법 같은 걸 알 턱이 없는 바빌론인지라 그 음식에 유대인들에게 금기시되는 부정한 동물로 만든 메뉴가 있을 수도 있는 것입니다. 음식 가리는 율법이 폐해진 것은 신약에 들어와서의 일이기에 저 당시에는 얄짤 없이 준수해야 했고 결국 다니엘은 큰 결심을 하고 왕의 음식과 포도주를 반품시켰는데 예나 지금이나 호의로 베풀어 준 것을 개코로 지지는 것은 엄청난 무례이며 그것을 준 사람에 대한 예의가 아닌 데다가 하물며 그 사람이 바빌론 왕이라면 목숨 살려 준 은혜를 원수로 갚는 배은망덕에 덧붙여 유대인으로서 바빌론에 대한 반항심을 그대로 드러내 보이는 인증샷 아닌가 의심을 받기에 딱 좋은 각이었습니다.

혹자는 느부갓네살왕이 일부러 유다 청년들에게 우상의 제물을 먹게 하여 〈배도〉시키기 위해 자신의 음식과 포도주를 주었다고 합니다만 그럴 이유라면 굳이 최상급인 왕의 음식과 포도주를 줄 필요가 없기에 그것은 순전히 외국에서 강제 초빙되어 온 신세대 인재들에게 베푸는 호의였습니다. 그냥 평범한 인간관계에서도 선의로 베푸는 것을 씹힌다면 〈너 지금 나무시하냐〉고 말하기에 충분하건만 바빌론 왕과 유대인 포로 사이에 벌어진 일이라 더더욱 큰 사건으로 번지기에 충분했고 아직은 별로 감이 안 오지만 나중에 느부갓네살의 꿈을 해몽하지 못했다는 죄로 바빌론 내의 모든 현자들을 다 잡아다 쳐 죽이라는 대대적인 숙청까지 벌이는 모습을 보면 느부갓네살은 사소한 일에도 굉장히 격노하고 그 파장이 상상을 초월하는 인간이기에 다니엘의 이 반찬 투정(?)은 자칫하면 유다에서 끌려온 포로들을 모조리 유프라테스 강변에 둑을 쌓는 시멘트 반죽으로 쓰라는 명령이 내려질지도 모르는 엄청난 것이었습니다. 그러나 대대로 막장 드라마를 잘 보면 2화 마지막에 뭔가 진지하고 살벌한 분위기로 끝났다면 3화가 시작될 때는 그 살벌함이 뜻하지 않게 스무스하게 마무리되어 새로운 국면으로 진행되는 경우가 많은데 이번에도 그 클리셰가 적용되었습니다.

하나님이 다니엘로 하여금 환관장에게 은혜와 긍휼을 얻게 하신지라. 환관장이 다니엘에게 이르되 내가 내 주 왕을 두려워하노라. 그가 너희 먹을 것과 너희 마실 것을 지정하셨거늘 너희의 얼굴이 초췌하여 같은 또래의 소년들만 못한 것을 그가 보게 할 것이 무엇이냐. 그렇게 되면 너희 때문에 내 머리가 왕 앞에서 위태롭게 되리라, 하니라. (단 1:9~10)

다니엘의 대조상이자 대선배가 되는 요셉의 때에도 그가 팔려 간 근위대장 보디발의 집에서 보디발의 신임을 얻어 일이 잘 풀리더니 중간에 꼬여서 감옥에 갇혔을 때도 교도관의 눈에 들어서 일이 잘 풀리는 등 어딜 가도 마주치는 사람마다 그를 좋아하게 만드는 달란트가 있었는데 다니엘에게도 마찬가지였습니다. (하나님의 백그라운드 작업에 힘입어) 바빌론 궁정의 내시 장관 아스부나스는 다니엘을 평소부터 눈여겨보며 매우 아끼고 있었고 그런 그의 마음은 왕의 음식과 포도주를 안 먹겠다고 반품시키는 괘씸한 (?) 행동을 하는 다니엘에게 호통을 치거나 주리를 틀거나, 혹은 윗전에 보고하여 다니엘을 처벌하도록 조치하는 대신, 그에게 자신의 상황과 사정을 조곤조곤 논리적으로 조리 있게 설명을 해 주는 것으로 드러나고 있습니다.

(가만 생각해 보면 이 장면은 매우 어처구니없는 것입니다. 끌려온 포로 주제에 목숨 살려 주고 공부시켜 주는 것으로도 감지덕지해서 똥이라도 먹으라면 감사히 먹어야 할 판에 음식 투정을 하고 있는 것에 대해 샤우팅을 날리거나 쌍욕을 해도 당연한 건데 〈지금 상황이 이러이러하고 저러저러한데 너희가 음식을 먹지 않으면 여차여차하게 될 것이라서 그렇게 되면 왕께서 기분 상하실 것이고 내 입장은 뭐가 되겠니?〉라고 설득을 하고 있으니….)

지금 기준으로 봐도 이 내시 장관, 환관장의 태도는 정말 감동적인데….

1. 먼저 자신의 처지를 설명하고
2. FM대로 시행되는 원칙에 대해 설명하고
3. 그것에 따르지 않으면 어떻게 될지 설명하고
4. 왕의 심기가 불편해질 것을 설명하고
5. 자신의 입장도 난처하게 될 것을 설명함으로써

억지로 강요하고 압력을 넣는 게 아니라 다니엘이 스스로 선택하고 결정을 내리도록 권하고 있으며 더군다나 〈왕이 벌을 내릴 것이다〉라는 식의 강압적인 표현도 아니라 〈너희가 비쩍 마르고 건강이 안 좋은 것을 임금님께 어떻게 보여 드리겠냐〉라는 식의 매우 감성적인 접근을 하고 있습니다. 그것도 한참 갑의 입장에 있는 사람이 을 중의 을에게 말이지요. 아닐 말로 환관장 입장에서는 〈안 돼! 안 바꿔 줘! 돌아가!〉해도 당연한 것인데요. 철 없는 신입사원을 애틋하게 바라보는 중간 관리직의 모습이 이런 건가 싶을 정도인데 영특한 다니엘은 환관장이 넌지시 던진 그 말에서 Tip을 찾아 내고는 얼른 반색을 하며 미소를 띠었습니다. 모르긴 몰라도 아스부나스와 손바닥을 마주치며 하이파이브도 쳤을 것 같은데 다니엘에게 알려 준 묘안은 바로 다음 절에서 암시되어 있습니다. 단순히 방책을 알려 준 것만이 아니라 다니엘이 그 방책을 실천할 수 있게끔 뒷배까지 봐주었을 것으로도 충분히 짐작되는데 아스부나스와 면담을 한 후 다니엘이 찾아간 사람은 바로 그 환관장 본인이 다니엘 자신과 세 친구들을 감독하도록 한 담당자였습니다.

환관장이 다니엘과 하나냐와 미사엘과 아사랴를 감독하게 한 자에게 다니엘이 말하되 청하오니 당신의 종들을 열흘 동안 시험하여 채식을 주어 먹게 하고 물을 주어 마시게 한 후에 당신 앞에서 우리의 얼굴과 왕의 음식을 먹는 소년들의 얼굴을 비교하여 보아서 당신이 보는 대로 종들에게 행하소서, 하매 (단 1:11~13)

그러자 다니엘은 내시 장관이 다니엘과 하나냐와 미사엘과 아사랴를 감독하라고 세운 멜살에게 말하기를 "내가 당신께 간구하오니, 열흘 동안 당신의 종들을 시험하시어, 우리에게 콩죽을 주어 먹게 하고 물을 주어 마시게 하신 후, 당신 앞에서 우리의 용모와 왕의 음식을 먹은 소년들의 용모를 살펴보시어 당신이 보시는 대로 당신의 종들을 처분하소서." 하니라. (단 1:11~13, 킹제임스)

(멜살은 사람의 이름이 아니라 직책명입니다.)

너희들의 얼굴이 다른 소년들보다 비쩍 마르고 볼품없어지면 안 된다는 환관장의 말은 돌려서 말하면 결과적으로 너희들 얼굴 상태와 몸 상태가 이상해지지만 않으면 굳이 왕의 음식과 포도주를 먹어야만 할 필요는 없다는 의미로 접수되기에 충분했고 다니엘은 두말하지 않고 자신들의 직속 담당자인 멜살에게 찾아가 원래 지급되기로 한 왕의 음식과 포도주 대신에 〈콩죽〉을 주시면 먹겠다고 했습니다. 그것도 〈열흘 동안〉이라는 시험 기간을 두었으니 다니엘 입장에서는 무모하게 바빌론 궁정의 권위에 도전한 것도 아니고, 담당 관리 입장에서도 열흘 정도야 시험해 볼 만하다는 생각이 들게 하기에 충분했으니 서로서로 윈윈입니다.

(그걸 먹느니 차라리 죽겠다! 순교하겠다! 이렇게 했으면 모르긴 몰라도 그날로 다니엘과 친구들은 물론 유다 포로들의 운명은 상상을 안 하는 게 좋을 듯합니다. 아무래도 사람 사는 세상에는 유도리가 늘 필요합니다.)

그가 그들의 말을 따라 열흘 동안 시험하더니 열흘 후에 그들의 얼굴이 더욱 아름답고 살이 더욱 윤택하여 왕의 음식을 먹는 다른 소년들보다 더 좋아 보인지라. (단 1:14~15)

이 멜살도 환관장의 수하에 있는 사람인데 과연 다니엘의 부탁을 받았다는 이유로 왕의 음식과 포도주를 빼 버리고 법규에도 없는 콩죽과 물을 배식하는 것이 독단적인 결정으로 가능했을 턱이 없습니다. 왕께서 하사하신 것을 중간에 빼돌리는, 일종의 배달 사고를 치는 것은 아무리 그 당사자와 협의가 있었다 해도 왕 입장에서는 자신을 무시하고 능멸하는 처사인데 모가지가 몇 개나 되는 것도 아니고 쉽게 할 수 있는 것은 아닐 터입니다. 당연히 이런 멜살의 행동은 자신의 상관인 환관장 아스부나스의 명령에 따른 것으로 아스부나스는 다니엘의 고충을 듣고서 자신이 재량을 발휘할 수 있는 범위 내에서 그 위기를 타개할 방책과 더불어 실무적인 도움까지 베풀어 주었던 것입니다. 모르긴 몰라도 멜살에게 〈책임은 내가 질 테니 걱정 말고 다니엘과 친구들에게 편의를 봐줘라〉고 하지 않았을까요. 이렇게 천만뜻밖에도 다니엘과 친구들의 첫 번째 도전은 그 바빌론 환관장의 천우신조와 같은 조력으로 성공을 거두게 되었고 하나님께서도 그에 호응하셔서 열흘간 왕의 음식과 포도주 대신 채소와 물, 콩죽을 먹고 물을 마시며 지낸 다니엘과 친구들 모습은 그 비싼 음식과 술을 먹고 마신 다른 연수생 동기들보다 더 귀티와 부티가 넘치고 기름기가 철철 흐르고 뽀샤시한 모습이었습니다.

> **그리하여 감독하는 자가 그들에게 지정된 음식과 마실 포도주를 제하고 채식을 주니라.** (단 1:16)

> **그러므로 멜살이 그들의 음식과 그들이 마셔야 하는 포도주를 가져가고 그들에게 콩죽을 주니라.** (단 1:16, 킹제임스)

열흘 동안의 실험에서 효과를 보게 되자 환관장과 멜살은 더 거리낄 것도 없이 다니엘과 친구들에게 왕의 음식과 포도주 대신 그들이 주문한 대로 콩죽과 물을 먹게 했습니다. 모르긴 몰라도 서류상에는 왕의 음식과 포도주를 제대로 배식한 것으로 하고 실제 지급은 콩죽과 물을 주었을 것인데 아마 다니엘과 친구들 앞으로 배당된 음식과 포도주를 내시 장관과 멜살이 가져가서 잘 나눠 먹었을 것으로 생각됩니다. 이게 웬 떡이냐!! 하면서 말이지요.

사실 이 대목에서 정말 많은 분들이 다니엘과 친구들이 왕의 진미 음식과 포도주 대신에 먹고 마신 것을 〈채소와 물〉이라고 생각하고 계십니다. 그런데 킹제임스 역본에 의하면 다니엘 친구들이 먹은 것은 우리가 생각하는 야채와 채소가 아니라 다름 아닌 〈콩죽〉이었습니다. 콩이 그야말로 밭에서 나는 쇠고기라 할 만큼 영양분의 보고인 것을 보면 육류 없이 토실토실하게 살이 찌고 피부가 윤택하고 얼굴이 좋아진 다니엘과 친구들의 모습이 충분히 이해가 가고도 남습니다. 그러나 그걸 감안한다 해도 다니엘과 친구들의 식사법을 현대를 살아가는 우리가 따라 하는 것은 위험천만한 일인데 채소와 물만 먹든, 콩죽과 물만 먹든 그렇게 먹고서 다니엘과 친구들이 더 토실토실하고 보들보들해진 것은 그 음식 메뉴 때문이 아니라 〈하나님의 특별한 은혜와 보살피심〉 때문입니다. 음식을 먹는 사소한 것에서도 하나님을 경외함으로써 율법을 지키고 위압적인 권위에 맞서서 지혜롭게 헤쳐 나가며 순간순간 하나님의 도우심을 구했던 그 모습을 하나님께서도 어여삐 보셔서 원래는 채소든 물이든 야채든 콩죽이든 그렇게 먹고서 그렇게 되는 것은 어림 택도 없음에도 불구하고 기적 같은 은혜를 베푸셨던 것입니다. 당연한 말이지만 사람은 잡식성으로 고기와 채소를 골고루 먹어야 건강해지지, 채식만 먹는다고 건강해지는 것이 절대로 아닙니다.

(한 승려의 사례에서도 뼈아픈 결과를 보실 수 있는데 평생 텃밭에서 본인이 직접 가꾼 깨끗한 유기농 채소만 먹고 살았는데도 심혈관협착증, 고지혈증, 당뇨, 고혈압 등 온갖 혈관병은 다 앓고 있어 평생 고기 먹고 담배 피우면서 살아온 사람이나 다를 게 없는 몸 상태를 갖게 된 사연입니다. 육식을 하지 않아도 중풍을 앓는 승려들도 많으며 요즘에는 절에서도 동자승들에게 고기를 먹이는 게 괜히 그러는 게 아닙니다.)

이러니 다니엘 흉내 낸답시고 율법 운운하며 고기를 먹지 않고 콩 식품만 들입다 먹어 대며 심지어는 콩고기까지 만들어 대는 안식교 패거리들 보고 있으면 한숨만 나올 뿐입니다. 어쨌든 이렇게 왕의 음식과 포도주 대신 콩죽, 콩수프, 베지밀, 콩고기로 배를 채우며 토실토실해진 다니엘과 친구들은 3년간의 연수원 과정을 수료하며 모든 것을 통달한 마스터가 됩니다.

하나님이 이 네 소년에게 학문을 주시고 모든 서적을 깨닫게 하시고 지혜를 주셨으니 다니엘은 또 모든 환상과 꿈을 깨달아 알더라. 왕이 말한 대로 그들을 불러들일 기한이 찼으므로 환관장이 그들을 느부갓네살 앞으로 데리고 가니 (단 1:17~18)

먹는 것조차 은혜를 베푸시는 하나님께서 당연히 학과 과정에도 도와주셨을 것은 불문가지라 다니엘과 친구들은 연수 과정을 무사히 마치고 하나님께서 주신 지식에 힘입어 바빌론과 갈대아의 모든 학문과 지혜에 통달하였는데 특히 다니엘은 환상과 꿈들을 풀어내는 해몽과 분별의 은사를 받게 되었습니다. 이렇게 모든 준비를 마친 다니엘과 친구들을 비롯한 연수생들은 마침내 수료식을 겸하여 느부갓네살왕의 앞으로 나갔습니다.

왕이 그들과 말하여 보매 무리 중에 다니엘과 하나냐와 미사엘과 아사랴와 같은 자가 없으므로 그들을 왕 앞에 서게 하고 왕이 그들에게 모든 일을 묻는 중에 그 지혜와 총명이 온 나라 박수와 술객보다 십 배나 나은 줄을 아니라. (단 1:19~20)

옛적 과거 시험에서도 초시와 복시에 이어서 최종 평가가 왕의 앞에서 직접 치르는 〈전시〉였는데 바빌론 궁정 관리 직무 연수원의 수료 평가도 느부갓네살왕의 면전에서 치르는 면접시험이었습니다. 〈열 배나 더 낫다〉는 말을 좀 더 디테일하게 말하면 하나를 얘기하면 열 가지를 알아듣고, 문제를 제기하면 실태 파악은 물론 솔루션까지 제시하니 그런 다니엘과 친구들의 모습에 느부갓네살왕은 입이 찢어질 수밖에 없었습니다. 우리나라 과거 시험도 그랬거니와 훨씬 고대의, 다니엘의 대선배이자 대조상인 요셉도 이집트 힉소스 왕조에 등용될 때 현 정책의 개선 방안을 제시함으로써 발탁되었는데 다니엘과 친구들도 마찬가지로 〈그 나라 정책과 내정의 모든 문제들〉에 대해 지혜롭고 현명한 솔루션을 제시하여 느부갓네살의 눈에

재깍 들어 버렸습니다. 게다가 그 나라의 박수와 술객들, 마술사와 점성가, 영들과 접촉하여 길흉화복을 점치고 초자연적인 술법과 비술을 행하는 자들보다 더 뛰어나니 느부갓네살의 입장에서는 〈역시 고인 물들보다 새로운 피가 낫다〉는 확신이 들었을 터입니다. 사실 오랫동안 그 나라에 뿌리박고 관료 생활을 해 온 기득권 세력들은 시각이나 생각이 고착되어 있어 문제점을 찾고 해결책을 발견하는 데 취약하며 왕의 뜻을 실행하여 과감한 개혁을 해낼 추진력이 피폐한 경우가 많은데 이럴 때 조정에 새바람을 불어넣고 신선한 분위기를 공급하며 활동적인 동력을 제공할 수 있는 것이 원래 기존의 관료 체제에 없었던 새로운 신세력의 영입입니다. 특히 다니엘과 친구들의 경우에는 아예 바빌론에 살아 본 적도 없는 그야말로 새로운 인재들이었기에 그만큼 기존 바빌론 정책의 문제점과 곪아 가는 사회 현상, 정치판의 적폐를 빨리 식별하고 그에 대한 해결책을 찾을 수 있었고 이는 그 나라를 새롭게 정비하여 국력을 향상시킬 촉진제가 되는 것입니다. 느부갓네살은 강고하게 확립된 절대 왕권으로 자신이 독재를 하고 횡포를 부리는 것이 아니라 적극적인 외부 인재와 신세력의 영입을 통하여 나라와 정계를 새롭게 하는 것을 택했고 그의 시대를 앞서간 교육제도와 인재 등용 체계는 바로 거기에서부터 나왔던 것입니다. 바빌론을 중흥시켜 오리엔트 최강으로 만들고 이후 역사에 길이 남게 만든 느부갓네살은 지금도 바빌론의 후손 이라크의 위인으로 추앙받고 있습니다.

다니엘은 고레스 왕 원년까지 있으니라. (단 1:21)

이렇게 바빌론의 궁정에 등용된 다니엘은 그때로부터 시작하여 무려 페르시아 왕 고레스 원년까지 바빌론의 궁정에서 관리 생활을 하였으니 바빌론이 B.C. 539년에 멸망한 후에도 고레스가 즉위하여 유대인 포로들을 귀국시키라는 명령을 내렸던 B.C. 536년까지 공직 생활을 한 셈입니다. 은퇴한 후에도 고레스 3년에 계시를 받아 기록하는 등 다니엘은 그 모든 인생을 바빌론에서 마무리 지었습니다. 어째 1장에서 이미 다니엘서가 끝난 것 같은 분위기인데 이제 막 시작했을 뿐입니다. 다니엘이 모든 준비를 마치고 본격적으로 선지자로서 데뷔하게 되는 이야기는 2장에서 살펴보겠습니다.

느부갓네살이 다스린 지 이 년이 되는 해에 느부갓네살이 꿈을 꾸고 그로 말미암아 마음이 번민하여 잠을 이루지 못한지라. (단 2:1)

2장.

꿈으로 미래 여행 ────

느부갓네살이 다스린 지 이 년이 되는 해에 느부갓네살이 꿈을 꾸고 그로 말미암아 마음이 번민하여 잠을 이루지 못한지라. (단 2:1)

예나 지금이나 나라님이 잠을 못 자고 밥을 못 먹는 것은 국가급 위기 상황이며 대궐 직원들 입장에서는 비상사태이지만 그보다 우리 입장에서는 다니엘과 친구들의 연수 과정이 3년이었는데 왜 느닷없이 느부갓네살왕의 재위 2년 차로 백스텝을 밟고 있느냐가 더 관건일 것입니다. 여기에 대해 그냥 스무스하게 넘어가기 일쑤인데 유식하게 설명해 보자면 바빌론의 임금 재위 기간 계산법이 상당히 별나서 〈죽은 왕의 그해 잔여 일수를 새 왕의 원년에 포함시키지 않는〉 제도가 있습니다. 다니엘이 바빌론으로 유학 온 때는 B.C. 605년 5~6월 어간이고 느부갓네살의 아버지 나보폴라살왕이 죽은 것이 그해 8월이며 느부갓네살의 즉위는 그해 9월 7일인데 바빌론의 그 셈법에 의하면 B.C. 605년은 그냥 통째로 선왕 나보폴라살의 재위 기간이며 느부갓네살의 즉위 원년은 다음 해인 B.C. 604년이 되는 것입니다. 그러니 다니엘의 기준으로는 느부갓네살의 치하에서 3년 연수 기간을 마쳤어도 바빌론의 기준으로는 느부갓네살 재위 2년이 되는 것이지요. 그리고 그 시기는 B.C. 602년 9~10월 어간입니다. 참 쉽죠잉? 어쨌든 똘똘하기 그지없는 다니엘을 새로 채용했으니 안심하고 모든 업무를 다 떠넘기고 자기는 술이나 마시고 여행이나 다니며 욜로를 즐길 생각에 빠져 있어야 할 느부갓네살은 갑자기 별난 꿈을 꾸고는 가위에 눌려 멘붕이 된 채 덜

덜 떨고 있었습니다.

왕이 그의 꿈을 자기에게 알려 주도록 박수와 술객과 점쟁이와 갈대아 술사를 부르라, 말하매 그들이 들어가서 왕의 앞에 선지라. (단 2:2)

그때에 왕이 마술사들과 점성가들과 요술사들과 칼데아인들을 불러오도록 명하였으니, 이는 왕에게 그의 꿈들을 알게 하려는 것이 있더라. 그러므로 그들이 와서 왕 앞에 섰더라. (단 2:2, 킹제임스)

흔히 사극에서 나오는 장면처럼 〈밖에 게 아무도 없느냐〉라고 소리쳤을 것이며 밖에 있던 꽃게, 참게, 대게들이 들어오는 것이 아니라 내시가 와서는 왕에게 용건을 물었을 것입니다. 느부갓네살은 내시에게 당장 가서 마술사·점성가·요술사, 특별히 영험하다고 알려진 갈대아 술사들까지 어쨌든 영력과 도력이 꽤나 높고 도술깨나 부린다는 자들을 모조리 불러오도록 명령합니다. 그렇게 한 이유인즉슨 〈자기가 꾼 꿈을 풀어내려는〉 것이었을 듯한데 가만 보면 꿈을 해몽하는 것에 덧붙여서 〈그 꿈까지 알아내는〉 더 수준 높은 퀘스트를 요구하는군요.

(앞에서 다니엘이 〈환상과 꿈들을 깨닫는〉 은사를 하나님으로부터 받게 된 것은 바빌론 조정에서 승승장구하려면 저런 술사들처럼 꿈을 풀어내는 능력을 갖춰야 하기 때문이 아닐까 합니다.)

자다 말고 한밤중에 대궐로 불려 오게 된 계룡산 도사들과 족집게 총각 도사들과 선녀보살들 및 부채도사들은 영문도 모른 채 얼굴이 창백해진 느부갓네살 앞에 열 맞춰 섰습니다.

왕이 그들에게 이르되 내가 꿈을 꾸고 그 꿈을 알고자 하여 마음이 번민하도다, 하니 갈대아 술사들이 아람 말로 왕에게 말하되 왕이여, 만수무강 하옵소서. 왕께서 그 꿈을 종들에게 이르시면 우리가 해석하여 드리겠나이다, 하는지라. (단 2:3~4)

왕이 그들에게 말하기를 "내가 한 꿈을 꾸었는데, 그 꿈을 알고자하여 내 영이 번민하였도다." 하니, 칼데아인들이 왕에게 시리아 말로 말하기를 "오 왕이여, 영원히 사소서. 당신의 종들에게 그 꿈을 말씀하소서. 그리하면 우리가 그 해석을 알려 드리겠나이다." 하더라.
(단 2:3~4, 킹제임스)

일단 어전에 나왔으니 〈국왕 폐하, 만세! 만세! 만만세!〉부터 한바탕 외치며 인사를 올렸는데 이들은 시리아 말, 아람 방언으로 얘기를 했습니다. 비록 시리아, 아람은 망했지만 그들이 워낙에 융성했던 터라 그쪽 언어는 바빌론 제국에서도 여전히 쓰이고 있었고 느부갓네살도 멀쩡하게 알아듣고 있었습니다. 어쨌든 느부갓네살은 그들에게 시작부터 본론을 꺼내 들었고 당연히 술사들은 그에게 〈꿈을 알려 주시면 즉각 해몽해 드리겠습니다〉라는 너무나 상식적인 점쟁이 멘트를 날립니다. 그렇지 않아도 그 술사들에게 꿈 해몽하는 것은 기본 소양이 아니었을까 합니다만….

왕이 갈대아인들에게 대답하여 이르되 내가 명령을 내렸나니 너희가 만일 꿈과 그 해석을 내게 알게 하지 아니하면 너희 몸을 쪼갤 것이며 너희의 집을 거름더미로 만들 것이요, 너희가 만일 꿈과 그 해석을 보이면 너희가 선물과 상과 큰 영광을 내게서 얻으리라. 그런즉 꿈과 그 해석을 내게 보이라, 하니 그들이 다시 대답하여 이르되 원하건대 왕은 꿈을 종들에게 이르소서. 그리하시면 우리가 해석하여 드리겠나이다, 하니 (단 2:5~7)

느부갓네살은 점쟁이들보다 한 수 위였습니다. 악몽으로 인해 어안이 벙벙하고 황망한 와중에도 과연 이 술사들이 진짜로 영험한 능력을 갖추고서 도사 행세를 하는 것인지 테스트를 해 보고 싶은 마음이 있었던 것입니다. 신통력을 가지고 꿈을 해몽할 정도라면 그 꿈도 알아내는 것이 진짜 아닌가 하는 생각에서일 텐데 느부갓네살은 점쟁이들에게 확실한 동기 부여를 위해 만약 꿈을 알아내지 못한다면 〈너희들을 토막을 내고 너희 집을 공중변소로 만들어 버릴〉 것이라는 살 떨리는 협박을 합니다. 이 말인즉슨 점쟁이 본인들은 확실히 죽여 버리고 나머지 가족들도 무사하지 못하게 해 주겠다는 확고한 약속인데 여기까지만 했다면 그야말로 무지막지한 횡포겠지만 바로 이어서 느부갓네살은 꿈을 알아내는 데 성공한다면 선물과 보상과 큰 명예를 주겠다는 반대급부를 제시함으로써 〈하이 리스크, 하이 리턴〉의 표본을 보였습니다. 그러나 여전히 분위기 파악 못 하는 술사들은 〈꿈을 알려 주시면 해몽해 드릴게요〉라며 뻔한 소리만 지껄이고 있습니다. 아니면 그 절체절명의 위기 앞에서 뭐라도 실마리와 단서를 얻어서 느부갓네살에게 어필할 해몽을 만들어 내기 위해 안간힘을 쓰고자 간청하고 있는 것일지도 모릅니다.

왕이 대답하여 이르되 내가 분명히 아노라. 너희가 나의 명령이 내렸음을 보았으므로 시간을 지연하려 함이로다. 너희가 만일 이 꿈을 내게 알게 하지 아니하면 너희를 처치할 법이 오직 하나이니 이는 너희가 거짓말과 망령된 말을 내 앞에서 꾸며 말하며 때가 변하기를 기다리려 함이라. 이제 그 꿈을 내게 알게 하라. 그리하면 너희가 그 해석도 보일 줄을 내가 알리라, 하더라. (단 2:8~9)

한마디로 〈어디서 밑장 빼기야?〉라는 것인데 느부갓네살이 좀 과하다 싶을 정도로 과민 반응을 보이는 이유에 대해 추리해 보자면 대략 이런 경우가 아닐까 싶습니다.

1. 평소 술사들의 예언 및 해몽과 실제 상황이 다른 적이 많았고
2. 그날도 숙면을 취할 것이라는 예언을 받았는데 악몽을 꾸고
3. 악몽으로 인한 스트레스에 여태까지 당했던 빡침이 겹쳐서
4. 오늘 한번 너희들 실력을 제대로 확인해 보자는 심산으로

꿈+해몽까지 풀어 보라고 내밀고 있는 것입니다. 그동안 이 술사들에게 비싼 복채 바쳐 가며 점을 치고 예언을 받았다가 낚인 적이 얼마나 많았으면 그 술사들에게 〈너희들이 대충 시간 끌려고 해 봤자 어림 택도 없다〉는 드립까지 날리며 완전히 코너로 몰아넣고 있는 건지 상상조차 가지 않습니다.

갈대아인들이 왕 앞에 대답하여 이르되 세상에는 왕의 그 일을 보일 자가 한 사람도 없으므로 어떤 크고 권력 있는 왕이라도 이런 것으로 박수에게나 술객에게나 갈대아인들에게 물은 자가 없었나이다. 왕께서 물으신 것은 어려운 일이라. 육체와 함께 살지 아니하는 신들 외에는 왕 앞에 그것을 보일 자가 없나이다, 한지라. 왕이 이로 말미암아 진노하고 통분하여 바벨론의 모든 지혜자들을 다 죽이라, 명령하니라. 왕의 명령이 내리매 지혜자들은 죽게 되었고 다니엘과 그의 친구들도 죽이려고 찾았더라. (단 2:10~13)

아무리 통밥을 굴려 봐도 안 되는 것은 안 되는 것이라 결국 술사들은 두 손을 들고 〈안 되는 줄 알면서 왜 이러실까?〉 해 버리는데 마치 울고 싶은 놈 쌍싸대기 날리듯이 느부갓네살은 그대로 딥빡쳐서 바빌론에 있는 술사란 술사들은 모조리 다 죽여 버리라고 명령을 내립니다. 예전에는 느부갓네살이 왜 이렇게 말도 안 되는 대숙청을 감행하는지 이해를 통 못 했고 이런 짓을 해 버리면 국가급 인재들의 손실이 장난이 아닐 텐데 왜 이러는 것인지 도통 납득이 가지 않았는데 지금은 다소 이해가 되려 합니다. 모르긴

몰라도 그동안 이 술사들은 예언과 해몽이 틀려 놓고도 신들의 뜻 운운하면서 구렁이 담 넘듯이 흘려 넘겼을 터입니다. 그러니 느부갓네살 입장에서는 〈한 번만 걸려라, 이 사기꾼 새끼들아〉 하는 마음에 칼을 갈았을 것이고 꿈이라는 게 꾸고 싶다고 맘대로 꿔지는 게 아니니 차일피일 시간만 보내다가 드디어 가위눌릴 만큼의 악몽을 꾸게 되었으니 놀란 건 놀란 것이고 기다렸다는 듯이 그 술사들을 죄다 불러 놓고 내 꿈을 맞춰 보라고 던진 게 아닐까 합니다. 그리고 그 테스트에 결국 통과하지 못했기에 이따위 돌팔이들 주제에 그동안 술사니, 술객이니 박사니 박수니, 점성가니 마술사니, 요술사니 지혜자니 해 가면서 거들먹거리고 엘리트 행세, 현자 행세는 있는 대로 다 하면서 백성들을 미혹하고 국고를 축내고 자빠졌었느냐는 그 분노일 것입니다.

그러니 너희같이 능력도 없는 사기꾼, 돌팔이 따위는 다 죽여도 하등 아까울 것도 없다는 결심이 선 터라 느부갓네살은 망설이지 않고 대숙청의 칼을 뽑아 든 것입니다. 어째 이 술사들을 현대의 직통 계시꾼들, 입신하여 환상을 본다며 거들먹거리는 패거리들에게 적용시켜도 딱 어울립니다. 그 무슨 환상은 자기들이 아는 만큼만 보이는 사이비 사기꾼들 말이지요. 당연한 말이지만 느부갓네살 앞에 서 있었던 술사들은 모조리 굴비처럼 엮여서 끌려 나가 처형장 망나니 앞에 목을 길게 빼고 있었을 것이며 나머지 술사들이 모조리 끌려오는 그 순간 새남터 순회공연을 마치고 방금 돌아온 칼춤의 달인 〈MC 망〉의 축하 공연을 라이브로 즐기게 될 것입니다. 그러나 원래대로라면 그렇게 되어야 했지만 이번에는 다소 결말이 달랐으니 그 숙청 대상자 명부에 다니엘과 세 친구들이 포함되어 있었기 때문입니다. 모르긴 몰라도 다니엘과 친구들을 비롯한 연수생들은 바빌론의 술사들로부터 해당 분야의 교육과정을 이수했을 텐데 느부갓네살은 막 키워 내어 임용한 신세대 관료들을 희생해서라도 그 술사들의 잔재를 모조리 말살하려는 생각이었던 것입니다.

(비슷한 예가 과거 1992년 어간에 북한에서 벌어진 〈소련 유학파 대숙청 사건〉인데 북한 정부에서는 6.25 전쟁에 나갔던 혁명열사들의 자녀들을 만경대혁명학원에 입학시켜 엘리트 교육을 시킨 후 그중에서 많은 인원을 소련의 프룬제군사학교를 비롯한 각 군사학교로 보내어 군사기술과 전략·전술을 배워 오게 하여 남침의 주력으로 투입하려 했습니다. 유학을 마치고 돌아온 엘리트 장교들은 북괴군의 요직에 배치되었는데 북한보다 자유로운 소련의 바람을 쐬고 온 저들에게 북한이란 곳은 너무 폐쇄적인 곳이었고 특히 자신들의 친구였던 김정일 따위가 지도자 어쩌고 하는 것에 코웃음을 쳤던 터라 김정일을 축출할 음모를 꾸몄던 것입니다. 결국 이 모의가 소련 해체 직후 발각되어 김정일은 50세 미만의 모든 소련 유학파 장교들을 숙청하고 나머지 소련 유학파들도 군에서 축출하는 어마어마한 팀 킬을 했습니다.)

원래라면 바빌론의 우상들이나 섬기는 술사들 따위는 모조리 쳐 없애는 것이 하나님의 섭리에도 타당하나 하필 한 다리 걸쳐서 다니엘과 그 친구들이 걸려 있기에 결국 하나님께서는 주인공인 다니엘의 생존을 위해서라도 느부갓네살에게 제동을 걸고 그 명령을 어떻게든 엎어야 하실 터입니다.

그 때에 왕의 근위대장 아리옥이 바벨론 지혜자들을 죽이러 나가매 다니엘이 명철하고 슬기로운 말로 왕의 근위대장 아리옥에게 물어 이르되 왕의 명령이 어찌 그리 급하냐, 하니 아리옥이 그 일을 다니엘에게 알리매 (단 2:14~15)

마치 홀로코스트를 방불케 하는 대숙청 와중에 이미 많은 술사들이 줄줄이 끌려가고 있고 심지어 왕의 근위대장 아리옥이 직접 그 명령을 시행하고 있는 터라 빼도 박도 못할 처지였는데 다니엘은 참으로 기가 막힌 이빨을 자랑했던 모양입니다. 연수 과정에서부터 환관장 아스부나스와 멜살을 말로 구워삶는 탁월한 능력을 발휘하더니 이번에는 그 서슬 퍼런 와중에 근위대장인 아리옥마저 구워삶기 시작합니다. 쉽게 말해 아리옥에게 마치 자기는 이런 일과 상관없다는 듯이 태연하게 웃으면서 다가가서는,

"아리옥 장군님, 오늘도 임금님이 무슨 일을 시키신 모양입니다? 어째 그렇게 사무가 바쁘십니까?"

라며 말을 걸었던 것이지요. 하나님이 지켜 주실 것이라는 담대한 믿음 덕분인지 아니면 원체 넉살이 좋고 배짱이 두둑했는지 몰라도, 어쩌면 불알이 발라져 거세를 당하는 순간부터 이미 내 목숨은 살아도 산 것이 아니라는 마음에 더욱 담대해졌는지 다니엘은 눈도 깜짝 않고 아리옥에게 말을 건넸는데 아마도 다니엘이 임용된 후 궁정에서 근무하는 동안 근위대장인 아리옥과도 두루 친분이 돈독했던 모양입니다. 평소부터 대인관계가 원만하고 친분이 있었으니 그 살벌한 와중에도 말을 걸 수 있었던 것이지요.

(임용된 후 환관장 아스부나스의 소개로 궁정의 여러 주요 관리들과 안면 트고 친분을 쌓았을 가능성이 높은데 그중에 아리옥도 있었을 듯합니다.)

아리옥 본인도 아닌 밤중에 날벼락으로 황망하지만 일단 왕의 명령이니까라면 까야 하는 터라 부지런히 술사들을 잡아들이고 있는데 마침 자신과 평소에 친하게 지내던 다니엘이 스스럼없이 다가와 이빨을 털며 말을 건네니 대뜸 안면 몰수하고 잡아가기도 그렇고 웃는 낯에 침 뱉기도 뭣한 터라 다니엘에게 무엇 때문에 이러이러하게 되었는지 소상하게 얘기를 해 주었습니다. 어째 앞의 환관장 아스부나스가 연상되는 장면인데 내막을 알게 된 다니엘은 이를 악물고 또 한 번 간 큰 행동을 했습니다.

다니엘이 들어가서 왕께 구하기를 시간을 주시면 왕에게 그 해석을 알려 드리리이다, 하니라. (단 2:16)

술사들을 싹쓸이 잡아들여 죽이라는 판인데 제 발로 느부갓네살의 어전에 나아가서는 〈시간을 주시면 그 꿈과 해몽을 세트로 맞춰서〉 알려 드리겠다고 한 것이지요. 사실 극도로 빡쳐서 술사란 술사는 다 죽이라고 한 판에 도망쳐도 모자랄 각인데 왕 앞으로 나갔다는 것은 〈날 잡아 잡수쇼〉 하는 것이나 진배없었을 테지만 이 상황을 잘 그려 보면 다니엘은 먼저 아리옥을 설득하여 그가 직접 다니엘을 대동하여 어전으로 나가고 다니엘이 왕에게 말을 꺼내기 전에 아리옥이 먼저 느부갓네살에게 〈여차여차하고 저차저차하여 다니엘을 데려왔으니 말이나 한번 들어 보시지요〉 했을 것입니다. 근위대장 아리옥의 건의인지라 느부갓네살도 잠시 노를 멈추고 〈한번 들어나 보자, 지껄여 봐라〉 했을 터이며 더군다나 다니엘은 연수원에서 수료하던 날 그가 직접 면접을 하면서 제법 똑똑하고 유능한 걸 눈여겨보았으니 혹시 다니엘이라면…. 하는 마음에 발언할 기회를 주었을지도 모릅니다. 어쨌든 천금 같은 기회를 얻은 다니엘은 느부갓네살에게 얼마간의 말미를 달라고 간청했고 느부갓네살은 이미 다니엘이 등판한 순간부터 기대를 갖고 있었던 터라 두말하지 않고 ㅇㅋ 합니다. (설마하니 〈하루 주갔어!〉 이러디는 않았갔지요?)

하루 주갔어   알갔습네다

(느부갓네살 동지와 다니엘 동무….)

어쨌든 다니엘에게는 제대로 비상이 걸렸습니다.

> 이에 다니엘이 자기 집으로 돌아가서 그 친구 하나냐와 미사엘
> 과 아사랴에게 그 일을 알리고 하늘에 계신 하나님이 이 은밀한 일
> 에 대하여 불쌍히 여기사 다니엘과 친구들이 바벨론의 다른 지혜자
> 들과 함께 죽임을 당하지 않게 하시기를 그들로 하여금 구하게 하니
> 라. (단 2:17~18)

한마디로 다니엘은 세 친구들에게 〈중보기도〉를 요청했고 일단 그들이
살아야 하기에 넷 모두가 필사적인 기도를 드렸습니다. 바벨론의 다른 허
탄한 우상들과는 비할 바 없는 〈하늘의 하나님〉이 그들에게 그 비밀스러운
꿈과 해몽을 알려 주시리라고 믿어 의심치 않으면서 말이지요. 그리고 모
두가 아시는 바와 같이….

> 이에 이 은밀한 것이 밤에 환상으로 다니엘에게 나타나 보이매 다
> 니엘이 하늘에 계신 하나님을 찬송하니라. 다니엘이 말하여 이르되
> 영원부터 영원까지 하나님의 이름을 찬송할 것은 지혜와 능력이 그
> 에게 있음이로다. 그는 때와 계절을 바꾸시며 왕들을 폐하시고 왕들
> 을 세우시며 지혜자에게 지혜를 주시고 총명한 자에게 지식을 주시
> 는 도다. 그는 깊고 은밀한 일을 나타내시고 어두운 데에 있는 것을
> 아시며 또 빛이 그와 함께 있도다. 나의 조상들의 하나님이여, 주께
> 서 이제 내게 지혜와 능력을 주시고 우리가 주께 구한 것을 내게 알
> 게 하셨사오니 내가 주께 감사하고 주를 찬양하나이다. 곧 주께서
> 왕의 그 일을 내게 보이셨나이다, 하니라. (단 2:19~23)

꿈을 꾸었다기보다는 환상을 보았다고 하는 것이 더 정확한데 어쨌든
다니엘은 그토록 두렵고 살 떨리던 절체절명의 순간에서 벗어날 길을 찾아

냈습니다. 마치 코로나19 바이러스 검사를 받고 그 양성·음성 여부를 기다리는 사람처럼 잔뜩 두려워하다가 음성 판정을 받고 기뻐하듯이 다니엘은 그야말로 기뻐 날뛰면서 하나님께 영광을 돌리고 찬양하고 있습니다. 먼저는 하나님의 이름을 찬양하고, 그다음으로 지혜와 능력을 찬양하며, 모든 때와 시기를 주관하심을 찬양하고, 모든 왕들을 세우시고 폐하시는 절대적 주권을 찬양하며, 지혜와 지식을 주관하심을 찬양하고, 모든 것을 보고 아시는 전지전능함을 찬양하며, 마지막으로 빛 되신 하나님을 찬양하였으니 참으로 다니엘은 그 젊은 나이에도 뼈대 있는 찬양과 경배를 아는 자입니다. 또한 자신이 알게 된 모든 것이 온전히 하나님의 은혜와 도우심에 의한 것임을 겸손히 고백하고 영광을 돌리며 경배를 올렸습니다.

이에 다니엘은 왕이 바벨론 지혜자들을 죽이라, 명령한 아리옥에게로 가서 그에게 이같이 이르되 바벨론 지혜자들을 죽이지 말고 나를 왕의 앞으로 인도하라. 그리하면 내가 그 해석을 왕께 알려 드리리라, 하니 이에 아리옥이 다니엘을 데리고 급히 왕 앞에 들어가서 아뢰되 내가 사로잡혀 온 유다 자손 중에서 한 사람을 찾아내었나이다. 그가 그 해석을 왕께 알려 드리리이다, 하니라. 왕이 대답하여 벨드사살이라 이름한 다니엘에게 이르되 내가 꾼 꿈과 그 해석을 네가 능히 내게 알게 하겠느냐, 하니 (단 2:24~26)

다니엘은 하나님으로부터 답을 받아 내자마자 부리나케 아리옥에게로 달려가서 그 기쁜 소식을 전했고 아리옥은 다니엘의 환한 표정만 보고도 짐작이 갔는지 급히 그를 어전으로 안내했습니다. 다만 묘한 점은 분명히 앞에 아리옥과 다니엘과 느부갓네살 사이에 이미 대화가 오갔음에도 마치 처음 본다는 식으로 아리옥이 다니엘을 〈유다 포로 중에서 한 사람을 찾았다〉느니 어쩌느니 하며 소개하는데 아마 앞에서 말미를 얻을 때는 공식적인 자리가 아니라 다니엘과 아리옥, 느부갓네살 세 사람만이 모인 밀실이었을 것이며, 이번에는 제대로 해답을 찾아와 공개하는 자리이기에 만조백관을 모두 불러 모은 공식 석상인지라 아리옥도 느부갓네살에게 다니엘을 좀 더 공식적으로 소개하는 것이 아닐까 합니다. 다니엘이 얼마나 자신감이 넘쳤으면 아리옥도 한마디의 의심도 없이 느부갓네살에게 〈이 동무가 왕 동지께 꿈과 해석을 알려 드릴 겁네다〉 하며 자신 있게 소개하고, 느부갓네살도 모든 신하들이 보는 앞에서 〈나한테 알려 줄 수 있갔어?〉라고 묻겠습니까.

마침내 다니엘 선지자의 데뷔전, 그 서막이 열렸습니다.

다니엘이 왕 앞에 대답하여 이르되 왕이 물으신바 은밀한 것은 지혜자나 술객이나 박수나 점쟁이가 능히 왕께 보일 수 없으되 오직 은밀한 것을 나타내실 이는 하늘에 계신 하나님이시라. 그가 느부갓네살 왕에게 후일에 될 일을 알게 하셨나이다. 왕의 꿈, 곧 왕이 침상에서 머리 속으로 받은 환상은 이러하니이다. (단 2:27~28)

모든 사람들의 시선이 집중되어 다니엘의 입만 쳐다보고 있을 텐데 다니엘은 지금이 기회다 싶어 하나님의 이름을 높여 드립니다. 지금껏 바빌론에서 나대던 술사들 따위로는 절대로 왕이 주문한 것에 대해 대답할 수 없고 오직 하나님만이 알게 하실 수 있다며 당당하게 바빌론 궁정의 한복판에서 하나님의 이름을 높이고 있으니 제 생각에 이때 하늘 궁전도 뒤집어지고 천군 천사들이 기뻐 날뛰며 춤추면서 하나님께 영광을 돌리며 하나님께서도 손뼉을 치며 박장대소를 하지 않으셨을까 상상해 봅니다.

왕이여, 왕이 침상에서 장래 일을 생각하실 때에 은밀한 것을 나타내시는 이가 장래 일을 왕에게 알게 하셨사오며 내게 이 은밀한 것을 나타내심은 내 지혜가 모든 사람보다 낫기 때문이 아니라 오직

그 해석을 왕에게 알려서 왕이 마음으로 생각하던 것을 왕에게 알려 주려 하심이니이다. (단 2:29~30)

가뜩이나 다니엘과 느부갓네살을 번갈아 보며 긴장 타고 있을 신하들, 그리고 다니엘의 입을 쳐다보며 긴장 타고 있을 느부갓네살에게 마치 〈60초 후에 공개합니다〉 하듯이 다니엘은 또다시 대답을 늦추며 한 번 더 하나님을 높이며 쐐기를 박습니다. 모르긴 몰라도 느부갓네살은 다니엘의 저 말에서부터 이미 넋이 절반 빠져 있었을지도 모릅니다. 왜냐하면 이미 다니엘이 느부갓네살 자신이 잠들기 전에 어떤 생각을 하고 있었는지 맞췄기 때문인데 그는 자기가 죽은 후에 바빌론 제국이 어떻게 될지, 장차 나라가 어떤 운명을 맞게 될지 골똘히 생각하고 있었던 것입니다.

(이제 겨우 집권 2~3년 차인데 벌써 미래를 걱정하고 있었다는 것에서 느부갓네살은 정말 걸출한 인물이라 하겠습니다. 아마도 그 철두철미한 교육정책도 나름 미래를 대비한 포석일 테니 말이지요.)

그것을 맞춘 것부터가 이미 놀라 자빠질 노릇인데 그걸 알려 주는 다니엘은 〈나는 아무것도 아니구요, 다 하나님께서 알려 주신 거거든요〉 하고 있으니 더더욱 느부갓네살 입장에서는 평생 한 번도 겪어 보지 못한 체험을 하는 중입니다. 지금껏 바빌론 술사 중 누구도 이렇게 한 적이 없었으니….

왕이여, 왕이 한 큰 신상을 보셨나이다. 그 신상이 왕의 앞에 섰는데 크고 광채가 매우 찬란하며 그 모양이 심히 두려우니 그 우상의 머리는 순금이요, 가슴과 두 팔은 은이요, 배와 넓적다리는 놋이요, 그 종아리는 쇠요, 그 발은 얼마는 쇠요, 얼마는 진흙이었나이다. (단 2:31~33)

———————————————————— 다니엘서! 한 권으로 끝내기

아마 이 썰을 푸는 동안에 느부갓네살이 손을 덜덜 떨며 기겁을 하여 옆에 있는 술 담당 관리가 얼른 포도주를 잔에 채워 그에게 올렸을지도 모릅니다. 그리고 그것을 보는 신하들은 다니엘이 제대로 맞췄다는 생각에 안도의 한숨과 더불어 눈을 초롱초롱 빛내며 다음 설명을 기다리고 있었겠지요. 그야말로 아이언맨 내지 거대 로봇을 연상시키는 이 형상의 모습은 대개 이런 모습으로 묘사되고 있습니다.

(용모가 무섭다고 하는데 묘사된 그림은 그다지 무섭지는 않다는….)

또 왕이 보신즉 손대지 아니한 돌이 나와서 신상의 쇠와 진흙의 발을 쳐서 부서뜨리매 그 때에 쇠와 진흙과 놋과 은과 금이 다 부서져 여름 타작마당의 겨 같이 되어 바람에 불려 간 곳이 없었고 우상을 친 돌은 태산을 이루어 온 세계에 가득하였나이다. 그 꿈이 이러한즉 내가 이제 그 해석을 왕 앞에 아뢰리이다. (단 2:34~36)

드디어 바빌론의 모든 술사들이 다니엘 덕분에 곁다리로 하나님께 은혜를 입어 목숨들을 부지하게 되었으며 느부갓네살은 그 악몽을 다시 떠올리며, 하나님의 권능 앞에 멘붕이 되었습니다. 그러나 이것이 끝이 아니라 해몽이 기다리고 있었습니다.

왕이여, 왕은 여러 왕들 중의 왕이시라. 하늘의 하나님이 나라와 권세와 능력과 영광을 왕에게 주셨고 사람들과 들짐승과 공중의 새들, 어느 곳에 있는 것을 막론하고 그것들을 왕의 손에 넘기사 다 다스리게 하셨으니 왕은 곧 그 금 머리니이다. (단 2:37~38)

일단 〈왕 중의 왕〉이란 말은 당대 오리엔트 왕들의 일상 형용사이고 당장 느부갓네살이 다니엘 앞에서 떡하니 왕좌에 앉아 있는 터라 다니엘은 최선을 다해 립 서비스를 하는데 그 와중에도 느부갓네살의 그 왕국과 권세와 능력과 영광이 너님 것도 아니고, 너님 아버지가 주신 것도 아니고, 하나님께서 주셨다는 것을 잘 알아 두라며 쐐기를 박아 놓습니다. 사실 느부갓네살 입장에서는 자신의 모든 것을 다니엘이 믿는 하나님이 주셨다는 그 말이 굉장히 기분 나쁠 수도 있는데 상황이 상황인지라 넋이 나가 있는 지경이니 입도 못 떼고 그저 끄덕끄덕하고 있습니다. 일단 형상의 첫 번째인 금 머가리가 바빌론 제국이라는 것이 드러났는데 아무래도 오리엔트에 나타난 제국들 중에 국가로서 존재하던 이스라엘을 쳐서 정복하고 예루살렘을 실무적으로 지배한 나라로 첫 번째가 바빌론 제국이기 때문이 아닐까 합니다.

(덧붙여 홍수 이후의 신인류에게 다시 홍수 이전의 패역한 사탄 숭배와 우상 숭배를 부활시킨 원흉인 가나안과 니므롯 콤비의 합작품이 바빌론입니다.)

왕을 뒤이어 왕보다 못한 다른 나라가 일어날 것이요, 셋째로 또 놋 같은 나라가 일어나서 온 세계를 다스릴 것이며 (단 2:39)

아무래도 당장 눈앞에 있는 사람이 바빌론 왕이다 보니 바빌론에 대한 설명이 가장 길었고 바빌론 이후에 나올 페르시아 제국, 정확히 말하면 메디아·페르시아 제국과 세 번째인 헬라 제국에 대해서는 그저 스무스하게 지나가 버렸습니다.

넷째 나라는 강하기가 쇠 같으리니 쇠는 모든 물건을 부서뜨리고 이기는 것이라. 쇠가 모든 것을 부수는 것 같이 그 나라가 뭇 나라를 부서뜨리고 찧을 것이며 (단 2:40)

마침내 강철같이 막강한 로마 제국까지 예언되었습니다.

왕께서 그 발과 발가락이 얼마는 토기장이의 진흙이요, 얼마는 쇠인 것을 보셨은즉 그 나라가 나누일 것이며 왕께서 쇠와 진흙이 섞인 것을 보셨은즉 그 나라가 쇠 같은 든든함이 있을 것이나 그 발가락이 얼마는 쇠요, 얼마는 진흙인즉 그 나라가 얼마는 든든하고 얼마는 부서질 만한 것이며 왕께서 쇠와 진흙이 섞인 것을 보셨은즉 그들이 다른 민족과 서로 섞일 것이나 그들이 피차에 합하지 아니함이 쇠와 진흙이 합하지 않음과 같으리이다. (단 2:41~43)

로마 제국의 이후에 나타날 발과 발가락의 시대, 진흙과 철이 뒤섞여 서로 제대로 융합되지 못하는 시대가 인류 역사의 마지막 시점이며 그 시기에 하나님의 최후 심판이 있을 것입니다. 이 시대는 넷째인 로마 제국과 연결되는데 유럽 대륙의 특성상 각기 다른 민족과 언어로 구성되어 있고 매우 이질적인 터라 그 어떤 지도자와 체제로 인해 통합이 된다고 해도 이래저래 알력이 있고 분쟁은 벌어질 터이며 결국 이런 트러블은 그 로마 제국의 강역에서 일어날 10개국을 중심으로 한 유럽 합중국이 각자의 주권을 1인 적그리스도에게 넘겨주는 것으로 정리를 시도할 것이나 그럼에도 불구하고 완전히 봉합되지는 않은 채 이어질 것입니다.

(다니엘이 목격한 형상에 대한 정리.)

이 여러 왕들의 시대에 하늘의 하나님이 한 나라를 세우시리니 이것은 영원히 망하지도 아니할 것이요, 그 국권이 다른 백성에게 로 돌아가지도 아니할 것이요, 도 리어 이 모든 나라를 쳐서 멸망시 키고 영원히 설 것이라. 손대지 아니한 돌이 산에서 나와서 쇠와 놋과 진흙과 은과 금을 부서뜨린 것을 왕께서 보신 것은 크신 하나 님이 장래 일을 왕께 알게 하신 것이라. 이 꿈은 참되고 이 해석은 확실하니이다, 하니 (단 2:44~45)

바빌론 → 메디아·페르시아 → 헬라 → 로마 → 유럽 합중국에 이르며 역 사는 흘러가고 하나님께서 결코 멸망하지 않을 주님의 나라를 앞의 모든 나라들을 쳐부수고 세우실 것입니다. 사람의 손을 대지 않고 뜨인 돌이란 다른 것을 생각할 것도 없이 심판하시는 주님이시며 주님께서 다시 오실 때에 형상의 발, 유럽 합중국을 모태로 한 단일세계정부를 쳐서 멸하시고 천년왕국을 세우심으로써 앞의 모든 인간 제국들을 소급하여 처리하신 것 이고 이런 미래의 역사를 하나님께서 다니엘을 통해 공개하시기 위해 먼저 느부갓네살의 꿈으로 보게 하셨던 것입니다.

이에 느부갓네살 왕이 엎드려 다니엘에게 절하고 명하여 예물과 향품을 그에게 주게 하니라. (단 2:46)

느부갓네살은 자신을 멘붕하게 만들었던 그 꿈과 해몽을 명쾌하게 풀어 준 다니엘에 대한 고마움과 더불어 그렇게 다니엘에게 계시를 내려주셔서 알게 해 주신 하나님에 대한 경외감에 사로잡혀 자신도 모르게 그 자리에서 엎드려 다니엘에게 넙죽 큰절을 올렸으며 마치 신에게 바치는 것처럼 예물과 향품을 패키지로 그에게 바치도록 하였습니다. 물론 그 예물과 향품이 다니엘 주머니로 들어가는 것을 보면 느부갓네살의 고민을 해결해 준 것에 대한 물질적인 포상이라 할 수도 있겠습니다. 재주는 곰이 넘고 돈은 짱깨가 챙겨 간다는 듯이 일은 하나님이 다 해 주셨는데 예물과 경배는 다니엘이 받아 가느냐고 볼 수도 있겠지만 하나님의 룰대로 하면 하나님을 경외하는 자를 하나님께서도 높여 주시기에 그 뜻에 합당한 처분이라 하겠습니다. 물론 큰절과 예물·향품 패키지 세트로 끝이 아니었습니다.

왕이 대답하여 다니엘에게 이르되 너희 하나님은 참으로 모든 신들의 신이시요, 모든 왕의 주재시로다. 내가 능히 이 은밀한 것을 나타내었으니 네 하나님은 또 은밀한 것을 나타내시는 이시로다. 왕이 이에 다니엘을 높여 귀한 선물을 많이 주며 그를 세워 바벨론 온 지방을 다스리게 하며 또 바벨론 모든 지혜자의 어른을 삼았으며 (단 2:47~48)

그 후 왕이 다니엘을 위대한 인물로 세우고 그에게 큰 선물을 많이 주며 그를 바빌론 전 지방의 치리자로 삼고 바빌론의 모든 현자들을 주관하는 총독들의 우두머리로 삼았더라. (단 2:48, 킹제임스)

다니엘이 시종일관 자신에게 지혜를 주신 분은 하나님이시라고 강조한 것을 잘 기억하고 있던 느부갓네살은 다니엘에게 절을 하고 예물을 바친 후에도 하나님을 잊지 않고 높이며 그야말로 신앙고백과 같은 멘트를 날렸습니다. 그 서슬 퍼런 바빌론 왕 입에서 이런 말이 나왔다는 것 자체가 대단한데 물론 아직은 느부갓네살이 하나님을 온전히 깨닫지 못한 터라 〈너희의 하나님〉이라며 마치 남의 얘기를 하듯이 하지만 어쨌든 〈신들 중의 신〉이라고 바빌론에서 섬기는 신들에 비하면 가장 으뜸 되는 자리로 높여 모시는 것만 해도 대견합니다. 또한 말뿐만이 아니라 약속했던 대로 다니엘에게 크나큰 명예를 주고 별도로 선물들도 두둑하게 챙겨 주면서 바빌론 전 지역을 총괄하는 감투를 씌워 주었고 동시에 바빌론의 모든 사제들과 술사들을 총괄하는 직책에도 임명했으니 순식간에 옛적 요셉처럼 그야말로 일인지하 만인지상의 총리직에 올랐습니다. (역시 하이 리스크, 하이 리턴이었다.)

왕이 또 다니엘의 요구대로 사드락과 메삭과 아벳느고를 세워 바벨론 지방의 일을 다스리게 하였고 다니엘은 왕궁에 있었더라. (단 2:49)

물론 경위가 밝은 다니엘은 함께 기도해 준 친구들도 잊지 않았고 느부갓네살은 다니엘의 추천을 쾌히 승낙하여 바빌론 지방의 담당자, 요즘 말로 하면 도지사·주지사에 해당하는 직책에 임명하였습니다. 결국 꿈을 한 번 해몽해 준 공로로 다니엘과 세 친구들은 바빌론 제국의 중앙정부와 지방정부를 모조리 장악했고 심지어 사제들과 술사들까지 손에 쥠으로써 제국의 군국대사를 좌지우지할 수 있는 위치에 오르게 되었습니다. 포로로 끌려온 자들이 자신들을 끌고 온 나라를 도리어 정복하게 된 기막힌 역전 드라마는 하나님과 그분의 종들만이 가능한 한 편의 스페이스 오페라가 아닐까 싶습니다.

여기에서부터는 조금 색다른 추리가 시작되겠습니다.

우상의 각 부분 중에서 발과 발가락을 미래의 부활 로마 제국, 후 3년 반 때 단일세계정부의 모체가 될 유럽 합중국으로 보는 세대주의 종말론의 해석을 오류로 여기는 축에서는 다른 해석을 내놓습니다. 단 2장에서 로마 제국이 소멸되었다가 10개 연방국 형태로 다시 부활할 것이라는 것은 다니엘이 말하지도 않은 내용이며 신상의 발과 발가락 부분은 다리에 함께 붙어 있고 조금도 분리되어 있지 않다는 것입니다. 그러니 신상의 발과 발가락은 로마 제국과 바로 연결되어 진행되는 역사이지, 기나긴 간격이 있은 후에야 나타날 유럽 합중국과는 전혀 무관하다는 것이지요.

왕께서 그 발과 발가락이 얼마는 토기장이의 진흙이요, 얼마는 쇠인 것을 보셨은즉 그 나라가 나뉠 것이며 왕께서 쇠와 진흙이 섞인 것을 보셨은즉 그 나라가 쇠 같은 든든함이 있을 것이나 (단 2:41)

이 구절은 로마 제국의 뒤를 이을 다른 어떤 제국이 아닌, 바로 그 로마 제국이 분열하는 것을 예언한 것이며 그 예언의 성취는 서기 476년, 서로마 제국의 멸망으로 10개의 왕국으로 쪼개진 것을 의미한다는 해석입니다.

> **1. 앵글로·색슨 왕국 → 영국**
> **2. 프랑크 왕국 → 프랑스**
> **3. 알레마니 왕국 → 독일**
> **4. 부르군트 왕국 → 스위스**
> **5. 롬바르드 왕국 → 이탈리아**
> **6. 서고트 왕국 → 에스파냐**
> **7. 수에비 왕국 → 포르투갈**
> **8. 동고트 왕국 → 멸망**
> **9. 반달 왕국 → 멸망**
> **10. 헤룰리 왕국 → 멸망**

로마 제국을 침공하여 로마 영토 각지에 왕국을 세워 마침내 그 나라를 10조각으로 나뉘게 한 게르만족들이 오늘날 유럽 각 나라들의 모체가 되었기에 그것이 바로 다니엘이 목격한 형상의 발과 발가락이며 철과 진흙처럼 서로 섞이지 않게 된 상태가 되었다는 것입니다. 그리고 서로 섞이지 않게 되었기에 이들은 한 체제 아래 연합되는 것이 불가능하며 결론은 유럽은 절대로 단일 국가로 통합될 수 없으니 〈유럽 합중국〉 같은 것은 등장 자체가 성립되지 않는다는 이야기입니다. 그 무슨 일루미나티니 프리메이슨이니 하는 것들이 나오더라도 하나님께서 이미 다니엘을 통해 예언하셨기에 유럽이 통합될 일은 없을 것이며 유럽 합중국의 통합 대통령, 즉 적그리스도 같은 존재도 등장할 수 없고 예수님께서 재림하시는 것은 한 왕이 다스리는 때가 아니라 〈여러 왕들의 때〉라고 했다고도 합니다. 그러니 예수님께서는 로마 제국이 멸망한 그 영역에 세워지는 유럽 열국들이 단일 국가로 합쳐지지 않은 채 끝까지 각자 주권을 가지고 존속하고 있을 때 재림하시며 다시 한번 강조하자면 유럽을 하나로 통합하여 지배하는 그런 대통령과 무슨 세계정부 총통 같은 개념의 적그리스도는 존재하지 않는다는 것입니다. 역사적 전천년설이나 무천년설을 신봉하는 분들이 딱 좋아할 해석인데 이 이야기는 단 7장에서도 한 번 더 언급될 테지만 우선 단 2장 기준으로 제가 간단한 추리로 반증해 드리고자 합니다.

▌ 1. 로마 제국은 서기 476년에 멸망하지 않았습니다.

아시는 바와 같이 로마 제국은 동·서로 분열되어 있었고 그중 서로마 제국이 476년에 멸망하여 게르만 왕국들이 그 영토를 갈라 먹은 것이지, 로마 제국 자체는 동로마 제국으로 대통이 이어져 멀쩡하게 존속하고 있었고 그 동로마 제국은 1,000년 후인 서기 1453년에 멸망합니다. 동로마 제국이니 비잔틴 제국이니 하는 다른 명칭으로 불리지만 명백하게 〈로마 제국〉이며 저들 주장의 근원이 되는 서기 476년 로마 제국 멸망부터가 역사를 절반만 보고 와서 하는 얘기입니다. 로마 제국 멸망을 기준으로 하려면 완전히 로마 제국의 대통이 끊어지는 서기 1453년의 동로마 제국 멸망으로 잡는 것이 맞는데 그러면 위의 해석처럼 10개 왕국으로 쪼개는 것이 불가능해지겠죠?

2. 10개 왕국으로 쪼개는 것에 대한 분류 기준이 부정확합니다.

게르만 왕국들을 기준으로 10개를 쪼갰습니다만 엄밀히 따지면 이것도 엄청난 끼워 맞추기로 타짜질을 한 것인데 동고트·반달·헤룰리 세 왕국은 멸망했기 때문에 단 7장에 나오는 대로 열 뿔 중에 뽑혀 나간 세 뿔로 쳐서 제외시키고 나머지 7개 왕국이 유럽 국가의 모체가 되었다고 합니다만 앵글로·색슨 왕국은 노르망디 공국에 멸망하고, 부르군트 왕국과 롬바르드 왕국은 프랑크 왕국에 멸망하고, 수에비 왕국은 서고트 왕국에 멸망하고, 서고트 왕국은 이슬람 제국 우마이야 왕조에 멸망하고, 알레마니 왕국은 아예 왕국으로 체계를 갖추기도 전의 부족연맹체 수준으로 프랑크 왕국에 점령당했는데 왜 이런 것들은 싹 숨긴 것입니까? 매우 가소로운 것은 세계사의 정설로 보아도 현대의 프랑스와 독일과 이탈리아의 원형은 알레마니·부르군드·롬바르드 왕국을 집어삼켜 대국을 건설한 프랑크 왕국이 샤를마뉴 대제 이후 상속 분쟁으로 인해 체결된 베르됭 조약 및 메이르선 조약으로 인하여 각각 서프랑크·중프랑크·동프랑크로 분열되면서 만들어졌다는 것입니다. 서프랑크가 프랑스, 동프랑크는 독일, 중부 프랑크는 두 번째로 체결된 메이르선 조약으로 이탈리아 지역을 제외한 영토를 서프랑크와 동프랑크에 빼앗기면서 현재의 이탈리아 영토로 확정된 것이지요. 그렇게 해서 현재의 프랑스, 독일, 이탈리아가 되었다는 것이 학계의 정설입니다.

(역사를 잘 모르는 일반 성도분들이 보시기에는 저쪽에서 하는 말이 무척이나 유식해 보이고 세대주의 종말론 학자들이 하는 말은 그야말로 미혹처럼 들릴 테지만 현실은…)

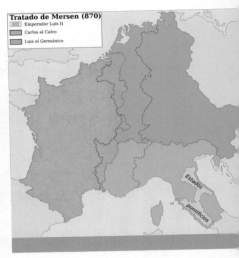

(왼쪽은 원래 전체가 단일 국가였던 프랑크 왕국이 서기 843년의 베르됭 조약으로 인해 서프랑크·중부 프랑크·동프랑크로 쪼개진 모습이며 오른쪽은 서기 870년의 메이르선 조약으로 프랑스·독일·이탈리아의 원형이 완성된 모습인데 현재 세 나라의 국경과 거의 비슷합니다.)

▌ 3. 진흙과 철이 섞이지는 않아도 통합은 가능합니다.

당연한 말이지만 진흙과 철이 잘 섞여 들지는 않았어도 그들이 어쨌든 〈발과 발가락〉이라는 형상의 일부로 만들어졌다는 것은 내부적으로는 알력이 있고 트러블이 있어 완전한 통합은 어려울망정 대외적으로는 멀쩡한 통합 체제로 갖추어져 있다는 것이며 숫제 계 17장에서 열 뿔, 열 왕이 한마음으로 적그리스도에게 권세를 넘긴다고까지 하는데 이래도 통합이 아닙니까?

▌ 4. 로마 제국에 해당하는 부분은 철로 된 다리뿐입니다.

엄밀히 따지면 유럽 합중국은 구 로마 제국의 강역에서 일어나 로마 제국의 후신을 자처하지만 로마 제국과 별개의 다른 나라이며 체제입니다. 우리나라 역사를 예로 들어도 옛 고구려의 후신을 자처하며 일어났다 해서 발해와 고려를 고구려 역사에 통쳐서 같이 연결하지는 않으며 고주몽이 세운 고구려는 보장왕 대에 멸망한 것으로 명확하게 기록하고 대조영이 세운 발해와 태조 왕건의 고려는 고구려와 별개의 다른 나라와 왕조로 등재하는 것입니다. 마찬가지로 아무리 같은 형상에 붙어 있는 지체라 해도 로마 제국에 해당하는 부분은 철로 된 다리뿐이며 연결되어 있다고 해도 별개의 다른 나라로 보는 것이 맞습니다. 만약 다리와 발이 연결되어 있다는 이유로 모두 통쳐서 같이 본다면 바빌론, 페르시아, 헬라도 모두 연결해서 보는 것이 맞겠지요. 그리고 무엇보다 성경 본문의 해당 구절을 제대로 읽어 봐야 합니다.

왕께서 그 발과 발가락이 얼마는 토기장이의 진흙이요, 얼마는 쇠인 것을 보셨은즉 그 나라가 나누일 것이며 왕께서 쇠와 진흙이 섞인 것을 보셨은즉 그 나라가 쇠 같은 든든함이 있을 것이나 (단 2:41)

과연 〈그 나라〉가 로마 제국을 의미하는 것일까요?

그 우상의 머리는 순금이요, 가슴과 두 팔은 은이요, 배와 넓적다리는 놋이요, 그 종아리는 쇠요, 그 발은 얼마는 쇠요, 얼마는 진흙이 있나이다. (단 2:32~33)

순금으로 된 머리는 바빌론 제국이고 은으로 된 가슴과 양팔은 메디아·페르시아 제국이며 놋으로 된 배와 넓적다리는 헬라 제국, 철로 된 종아리는 로마 제국입니다. 그러나 로마 제국에서 끝이 아니라 다리와 별도로 〈발〉이 존재하며 그 발의 일부는 철이고 일부는 진흙인 것이지요. 그러니 한마디로 저 형상은 〈다섯 나라〉를 묘사하고 있는 것입니다.

왕께서 그 발과 발가락이 얼마는 토기장이의 진흙이요, 얼마는 쇠인 것을 보셨은즉 그 나라가 나누일 것이며 왕께서 쇠와 진흙이 섞인 것을 보셨은즉 그 나라가 쇠 같은 든든함이 있을 것이나 (단 2:41)

그러니 여기에서 말하는 〈그 나라〉는 형상의 지체들 중에서 다섯 번째, 철과 진흙이 섞인 〈발〉에 해당하는 국가이며 절대로 네 번째, 철로 만든 다리와 퉁칠 수 있는 것이 아닙니다.

| 5. 간격에 대한 기준이 부정확합니다.

저쪽에서는 다리인 로마 제국에 이어 발과 발가락인 유럽 합중국이 등장하기까지 1,500년이 넘는 세월이 걸리는데 일자로 연결되는 마당에 어떻게 그렇게 중간에 붕 뜨는 간격이 있을 수 있느냐, 하며 반박합니다만 이쪽에서도 똑같이 얘기할 수 있습니다. 아닐 말로 다니엘이 본 시점에서 서기 476년의 로마 제국 멸망까지만 해도 1,000년이나 되는데 형상의 머리에서 다리까지 이어지는 데도 1,000년이 걸리는 판에 다리와 발 사이에 간격이 없다고 보는 게 맞는 것입니까? 그리고 머리에서 다리까지의 간격이 1,000년인 것은 괜찮고 다리에서 발까지가 1,500년인 것은 안 된다고 한다면 대체 그 무슨 간격의 기준이 어떻게 되는 것인가요? 더군다나 로마 제국의 멸망을 동로마 제국 기준으로 하면 서기 1453년으로 다니엘의 시점에서 무려 2,058년이나 지나게 되는데 머리에서 다리까지 2,058년이 걸린 마당에 다리에서 발 사이 간격이 600년 정도 되는 것은 무엇이 문제겠습니까? 오히려 동로마 제국을 기준으로 하여 머리·가슴·배·다리를 거쳐 오는 데 2,058년이 걸렸다면 평균치로 계산했을 때 하나를 거칠 때 520년가량 소요되고 10자리에서 올림 하여 넉넉하게 잡으면 600년까지도 잡을 수 있어 오히려 서기 476년 서로마 제국이 아닌, 서기 1453년 동로마 제국 멸망을 기준으로 잡는 것이 산술적으로도 타당하겠습니다. 그리고 결론적으로는 세대주의 측의 견해가 옳다는 것으로 귀결되겠군요. 이미 그 정도라면 다니엘 기준에서 아득한 먼 미래일 테니 말입니다. 이 형상은 이후 단 7장에서 네 짐승의 모습으로 한 번 더 등장하는데 여기에 대해 다시 한번 변증하도록 하겠습니다.

어쨌든 성공적으로 위기를 넘기고 이제는 〈선지자〉로서 데뷔하게 된 다니엘인데 이번에는 느닷없이 새로운 위기가 닥쳤으며 그 대상은 다니엘이 아닌, 그의 친구들이었습니다. 이제야 한시름 놓고 안정되려나 했더니 어떤 이유로 위기와 마주하게 되었는지는 이어지는 다니엘 3장 강해를 기대해 주시기 바랍니다.

느부갓네살 왕이 금으로 신상을 만들었으니 높이는 육십 규빗이요, 너비는 여섯 규빗이라. 그것을 바벨론 지방의 두라 평지에 세웠더라. (단 3:1)

3장.

바빌론판 신사참배 ───────────

느부갓네살 왕이 금으로 신상을 만들었으니 높이는 육십 규빗이요, 너비는 여섯 규빗이라. 그것을 바벨론 지방의 두라 평지에 세웠더라. (단 3:1)

앞에서 분명히 다니엘로부터 꿈과 해몽을 전해 듣고 너희들의 하나님은 신들 중의 으뜸 어쩌고 해 놓고도 어찌 된 일인지 이놈의 느부갓네살은 하나님을 경외하고 회심하기는 개뿔, 두라 평원이라는 곳에 높이 27m, 폭 2.7m의 거대한 우상을 만들어 세워 놓았습니다. 금 신상이라고 하지만 온통 다 금으로 만들었을 턱은 없고 금칠을 했을 것으로 보입니다만 아파트 10층 높이 정도 되는 우상에 금칠하는 데도 적잖은 금이 들어갔을 것은 불문가지입니다. 역시 믿음의 뿌리가 없는 인간인지라 다니엘의 해몽을 듣고도 저렇게 빗나가는구나 하겠지만 느부갓네살 입장에서는 오히려 그 해몽을 들었기 때문에 그렇게 하는 것일 수도 있습니다. 일단 자기가 왕 중의 왕이며 모든 것을 다스릴 권세를 하나님으로부터 받았다는 것까지는 좋았으나 문제는 〈왕 이후에 왕보다 못한 다른 왕국이 일어날〉 것이라는 예언은 어찌 됐든, 자기보다 못하든 어쨌든 간에 본인 느부갓네살의 권세가 뽀개질 수 있다는 경고나 다름없는 것입니다. 결국 느부갓네살은 또다시 장래 일을 고민하며 밤을 지새울 수밖에 없었고 밤새 고민한 끝에 생각한 것이 고작 〈초월적인 거대한 우상을 세워 자신의 권위를 한껏 높임으로써 누구도 자신에게 도전하지 못하게 만들자〉는 심보와 함께 머리만이 아니라 전체를 금빛으로 칠하여 다니엘이 예언한 〈자신 이후에 다른 왕국이 나타난다〉는 것을 원천 차단하는 일종의 주술적 〈액땜〉을 하려고 했던 것이지요.

느부갓네살 왕이 사람을 보내어 총독과 수령과 행정관과 모사와 재무관과 재판관과 법률사와 각 지방 모든 관원을 느부갓네살 왕이 세운 신상의 낙성식에 참석하게 하매 이에 총독과 수령과 행정관과 모사와 재무관과 재판관과 법률사와 각 지방 모든 관원이 느부갓네살 왕이 세운 신상의 낙성식에 참석하여 느부갓네살 왕이 세운 신상 앞에 서니라. (단 3:2~3)

고관들과 총독들과 군대 대장들과 재판관들과 자문관들과 법률가들과 각 지방의 모든 치리자들이 느부갓넷살 왕이 세운 형상의 낙성식에 함께 모여서 느부갓넷살이 세운 형상 앞에 서니라. (단 3:3, 킹제임스)

(왠지 똑같은 말이 계속 반복되는 듯한 것은 기분 탓이 아니다….)

동사무소나 면사무소 서기를 제외하고는 거의 모든 고관대작들이 빠짐없이 두라 평원에 집합했습니다. 만약 그때 미사일 같은 것이 있어 그 자리에 툭 떨궜다면 바빌론 제국의 주요 간부진들이 한 큐에 아사리 증발해 버리는 각이었겠지요.

선포하는 자가 크게 외쳐 이르되 백성들과 나라들과 각 언어로 말하는 자들아, 왕이 너희 무리에게 명하시나니 너희는 나팔과 피리와 수금과 삼현금과 양금과 생황과 및 모든 악기 소리를 들을 때에 엎드리어 느부갓네살 왕이 세운 금 신상에게 절하라. 누구든지 엎드려

절하지 아니하는 자는 즉시 맹렬히 타는 풀무 불에 던져 넣으리라, 하였더라. (단 3:4~6)

전달하는 자가 크게 외치기를 "너희에게 명령하셨나니, 오 백성과 민족들과 언어들아, 어느 때라도 너희가 뿔나팔과 피리와 하프와 사베카와 솔터리와 덜시머와 모든 악기 소리를 들으면 엎드려 느부갓넷살 왕이 세운 금상에게 경배하라. 누구든지 엎드려서 경배하지 않는 자는 즉시 불타는 뜨거운 용광로 속으로 던져질 것이니라." 하더라. (단 3:4~6, 킹제임스)

목청 큰 대변인이 나와서 악기 소리가 들리면 모조리 대가리들을 처박고 우상에게 경배하라고 선포하는데 그렇게 하지 않는다면 풀무 불이 타오르는 용광로에 던져 버리겠다는 반대급부를 제시하며 동기부여를 하고 있습니다.

모든 백성과 나라들과 각 언어를 말하는 자들이 나팔과 피리와 수금과 삼현금과 양금과 및 모든 악기 소리를 듣자 곧 느부갓네살 왕이 세운 금 신상에게 엎드려 절하니라. (단 3:7)

아마 그 자리에 모인 사람들의 배치도를 보면 고위 공무원들이 앞줄에 서고 그 뒤로 각 지방에서 모든 여러 백성들이 구름 떼처럼 모여 있었던 듯한데 물론 바빌론 전체 인구를 다 데려온 것은 아니겠지만 최소한 각 가정의 가장들은 모조리 집합시키지 않았을까 싶습니다. 어쨌든 까라는 대로 까지 않았다가는 모조리 풀무 불에 던져질 판이라 악기 소리가 나는 대로 들판에 모인 사람들은 누구랄 것도 없이 앞다투어 대가리들을 땅에 처박았으니 그야말로 일제강점기 때의 신사참배보다 더한 짓이었습니다.

그 때에 어떤 갈대아 사람들이 나아와 유다 사람들을 참소하니라. 그들이 느부갓네살 왕에게 이르되 왕이여, 만수무강 하옵소서. 왕이여, 왕이 명령을 내리사 모든 사람이 나팔과 피리와 수금과 삼현금과 양금과 생황과 및 모든 악기 소리를 듣거든 엎드려 금 신상에게 절할 것이라, 누구든지 엎드려 절하지 아니하는 자는 맹렬히 타는 풀무 불 가운데에 던져 넣음을 당하리라, 하지 아니하셨나이까. (단 3:8~11)

하여간 꼭 촉새같이 남 씹기 좋아하는 인간들은 예나 지금이나 항상 있었습니다. 여기서 〈갈대아 사람〉이라 함은 단순히 그냥 바빌론 본토 사람을 말한다기보다는 앞에 나왔던 것처럼 〈바빌론 술사, 갈대아 술사〉를 말하는 것인데 이것들은 느부갓네살에게 약을 팔다가 모조리 목이 떨어져 나가야 했을 것을 다니엘 덕분에 목숨을 건져 놓고도 고마워하기는 개뿔, 다니엘과 세 친구들이 중앙정부와 지방정부의 고관대작에 오르고 끗발을 날리자 그새 시기하고 질시했던 모양입니다. 게다가 다니엘 덕분에 목숨은 건졌지만 그간 자기네들이 진짜 능력도 없으면서 밑장 빼기를 하고 약을 팔았다는 것이 뽀록난 터라 왕의 신임도 잃어버리고 장래가 불투명해진 판이기에 더욱 그들에게 이를 갈고 있었을지도 모를 텐데 어쨌든 이때를 기회로 뭔가 건수를 잡았다 싶어 얼른 느부갓네살의 옆구리를 찌릅니다.

이제 몇 유다 사람, 사드락과 메삭과 아벳느고는 왕이 세워 바벨론 지방을 다스리게 하신 자이어늘 왕이여, 이 사람들이 왕을 높이지 아니하며 왕의 신들을 섬기지 아니하며 왕이 세우신 금 신상에게 절하지 아니하나이다. (단 3:12)

그 많은 사람들이 구름 떼같이 모여서 우상에게 경배하는 와중에 얼마나 촉각을 곤두세우고 감시를 하고 있었으면 그 가운데서 사드락과 메삭과 아벳느고, 다니엘의 세 친구들이 절하지 않은 것을 콕 찝어내었는지 그 성실함이 매우 감탄스럽기까지 한데 이놈의 술사들은 느부갓네살에게 〈저들이 너님을 빙다리 핫바지로 알고 있으니 너님이 믿는 신들을 섬기지도 않고 너님이 세운 금상에도 절하지 않는 거 아님?〉이라며 약을 팔고 있습니다. 한마디로 느부갓네살의 자존심을 제대로 건드린 것인데 이런 걸 보고 전문용어로 〈역린〉이라고 합니다. 다만 특기할 만한 점은 술사들이 참소하는 대상이 다니엘을 제외한 세 친구들뿐이라는 것인데 이 부분은 다니엘서의 미스터리 중 하나였습니다. 왜 다니엘은 그 자리에 없었을까? 여기에 대해 약간 추리를 해 보자면 세 가지로 볼 수 있습니다.

> **1. 이번의 우상 숭배가 바빌론의 수도가 아닌 지방의 평원에서 실시한 것이기에 왕과 주요 간부진들이 대거 자리를 비운 사이에 변란이 일어날 것을 우려하여 느부갓네살이 다니엘은 수도 방위와 대궐 경비를 위해 잔류시키고 다른 인원들만 데려온 것이다.**

> **2. 다니엘도 같이 왔었다가 뭔가 불가피한 위험 상황이 생길 것을 우려하여 갑작스러운 병을 핑계로 그 자리를 회피한 것이다.**

(다니엘 혼자 빠져나간 것은 세 친구들은 지방에서 올라왔기 때문에 다니엘과 사전에 말을 맞추지 못해 다니엘만 몸을 빼내고 세 친구들은 그 자리를 피하지 못했을 것이라는 추리입니다.)

> **3. 절하지 않은 것은 다니엘도 마찬가지이지만 갈대아 술사들이 그를 고발하지 않은 이유는 일단 다니엘이 그 술사들의 직속상관이며, 개인적으로는 목숨을 구해 준 은인이며, 다니엘의 기가 막힌 신통력(?)을 직접 겪어 보았기에 다니엘을 잘**

——————————————— 다니엘서! 한 권으로 끝내기

못 건드렸다가는 자신들이 위험해질 수 있겠다는 위압감과 더불어 느부갓네살이 직접 엎드려서 절까지 올린 사람을 씹었다가 오히려 역효과가 날 것을 우려하여 다니엘은 빼고 세 친구들만 참소한 것이다.

(혹은 최종 목표인 다니엘을 제거하기 전에 다니엘의 측근(?)들인 세 친구들을 먼저 없애려는 의도일 수도 있습니다.)

개인적으로는 1번이 가장 타당할 것이라 보고 있는데 3장 전체에서 다니엘이 단 한 번도 언급되지 않는 것 자체가 그 현장에 다니엘이 아예 있지도 않았다는 인증샷이 아닐까 싶습니다. 모두 잘 아시는 《삼국지연의》에서 촉나라의 유비도 대외 원정을 나갈 때 제갈량을 반드시 성도에 잔류시켜 뒷일을 맡기곤 했는데 느부갓네살이 다니엘을 그 중요한 우상 제막식에도 참석을 시키지 않고 수도와 대궐을 맡겨 놓고 올 정도라면 그에게 다니엘은 유비에게 제갈량과 같은 관계가 아니었을까 싶은 생각이 들었습니다.

느부갓네살 왕이 노하고 분하여 사드락과 메삭과 아벳느고를 끌어오라, 말하매 드디어 그 사람들을 왕의 앞으로 끌어온지라. (단 3:13)

아무리 봐도 느부갓네살은 왕으로서의 통치 능력은 우수하지만 그와 별개로 개인적인 인성은 참으로 모가 난 인간입니다. 지금 기준으로 보면 일종의 〈분노조절장애〉가 있는 듯한데 사소한 일에도 극렬하게 분노하고, 특히 자신의 자존심을 눈곱만치라도 건드린다면 사실 여부를 알아볼 생각은 않고 화부터 내고 있습니다. 금 신상에 절하지 않은 것은 사실이지만 그것이 느부갓네살 자신을 업신여기고 무시해서 그런 것은 아닐 텐데 느부갓네살은 너무 쉽게 갈대아 술사들의 약 팔이에 넘어가 눈이 뒤집혔습니다.

(아니, 다니엘 친구들이 어디 그럴 인간들이냐고…. 어쩌면 지방에 너무 오래 내려가 있어서 그 친구들이 얼마나 멋진 인간들인지 느부갓네살이 까먹었을 수도 있겠다. 아니면 〈이것들이 처음에는 고분고분하더니 이제 좀 살 만해졌다고 나를 쌩까고 있냐?〉고 생각했을지도 모르고….)

느부갓네살이 그들에게 물어 이르되 사드락, 메삭, 아벳느고야, 너희가 내 신을 섬기지 아니하며 내가 세운 금 신상에게 절하지 아니한다, 하니 사실이냐. 이제라도 너희가 준비하였다가 나팔과 피리와 수금과 삼현금과 양금과 생황과 및 모든 악기 소리를 들을 때 내가 만든 신상 앞에 엎드려 절하면 좋거니와 너희가 만일 절하지 아니하면 즉시 너희를 맹렬히 타는 풀무 불 가운데에 던져 넣을 것이니 능히 너희를 내 손에서 건져낼 신이 누구이겠느냐, 하니 (단 3:14~15)

그러나 〈분노조절장애〉는 돌려 말하면 〈분노조절 잘해〉라고도 합니다. 아무리 분노조절이 안 된다며 깽판을 부리는 인간도 자기가 감당할 수 없는 갑 앞에서는 언제 그랬냐는 듯이 조절을 잘한다는 것이지요. 갈대아 술사들이 지껄였을 때는 극렬하게 화를 내던 느부갓네살은 막상 사드락과 메삭과 아벳느고가 그의 앞에 잡혀 오자 언제 그랬냐는 듯이 매우 합리적인 태도로 설득하고 있습니다. 앞에서 아스부나스와 멜살과 아리옥도 그랬듯이 바빌론 사람들은 뭔가 강압하기보다 설득과 대화를 중시하는 모양인데 느부갓네살은 불문곡직하고 샤우팅을 날리는 게 아니라 세 친구들에게 〈금 신상에 절하지 않은 게 사실인지〉 먼저 물어보고 〈지금이라도 마음을 고쳐 먹고 금 신상에 절하지 않겠는가〉 제안을 하고, 마지막으로 〈그렇게 하지 않으면 이러이러할 것이다〉라는 반대급부를 제시합니다. 고대의 전제군주가 이 정도로 신하에게 조곤조곤하고 조리 있게 설득하는 것도 보기 드문 일입니다. 게다가 분명히 앞에는 절 안 하고 개기는 놈들은 누구든지 용광로에 집어넣겠다고 했는데 세 친구들이 절하지 않았음을 알면서도 곧바로 풀무 불에 집어넣는 게 아니라 한 번 더 설득하고 기회를 주려고 하고 있습니다. 그러나 느부갓네살은 해서는 안 될 패드립을 던졌으니 〈내가 그렇게 하면 어떤 신이 너희를 내 손에서 구하겠냐〉는 것이었습니다. 당연히 이 드립은 하나님을 전심으로 경외하는 다니엘 친구들에게 있어서 피를 거꾸로 솟게 하는 패드립이었으며 느부갓네살도 앞에서 다니엘을 통해 보여 주신 하나님의 초월적인 권능을 까맣게 잊고 자신의 권력과 권위에 취해 본인 스스로도 미혹되어 버린 것을 제대로 인증해 주고 있었습니다.

(하나님, 들으셨죠? 이제부터는 하나님께서 손을 쓰실 차례입니다.)

사드락과 메삭과 아벳느고가 왕에게 대답하여 이르되 느부갓네 살이여, 우리가 이 일에 대하여 왕에게 대답할 필요가 없나이다. 왕 이여, 우리가 섬기는 하나님이 계신다면 우리를 맹렬히 타는 풀무 불 가운데에서 능히 건져내시겠고 왕의 손에서도 건져내시리이다. 그렇게 하지 아니하실지라도 왕이여, 우리가 왕의 신들을 섬기지도 아니하고 왕이 세우신 금 신상에게 절하지도 아니할 줄을 아옵소서. (단 3:16~18)

글에서는 잘 느껴지지 않지만 사실 다니엘의 세 친구들은 느부갓네살의 패드립을 듣고 어마어마하게 딥빡친 상태입니다. 물론 두 번째부터는 〈왕〉이라고 제대로 표현하지만 느부갓네살의 그 말을 듣고 처음 말머리를 틀 때는 〈느부갓네살이여!!〉라고 그 왕의 이름을 생짜로 불러 버립니다. 과거 사육신이 세조에게 혹독한 형벌을 당하면서 세조를 빡치게 했던 것이 임금인 세조에게 〈전하〉도 아니고 〈나으리〉라며 격을 낮춰 부름으로써 임금 취급도 하지 않고 내던졌기 때문인데 이건 아예 대놓고 느부갓네살의 이름을 부르며 던져 버렸기에 모르긴 몰라도 그 자리에 모인 모든 고관대작들과 백성들의 얼굴이 창백해지고도 남을 일입니다. 쉽게 말해 느부갓네살의 패 드립에 갑자기 빡친 그들이 순간적으로 "어이! 느부갓네살! 당신 말 다 했 어?"라고 소리를 지른 것과 같은 상황입니다. 물론 감정을 조절하고 이후 부터는 왕이여, 라고 제대로 호칭하지만 왕의 물음에 대해 대답할 가치도 없다느니, 하며 제쳐 버리고 〈우리가 분명히 말하는데, 잘 알아 둬라〉라는 투의 말은 결코 정상적인 상황에서 신하가 왕에게 쓸 수 있는 말이 아닙니 다. 그만큼 세 친구들도 의분이 치솟은 상황입니다.

바빌론 제국의 역사 전체를 통틀어서도 왕의 이름을 신하가, 그것도 타 국에서 포로로 끌려왔다가 목숨을 부지하고 등용된 자가, 그것도 모든 만 조백관들과 백성들이 보고 있는 앞에서 대놓고 불러 버린 것은 전례가 없 는 전무후무한 서프라이즈일 것이었습니다. 하나님을 모독하는 그 폭군 앞 에서 그의 이름을 대놓고 부르며 우리는 하나님이 반드시 구해 주실 것이 고, 그리 아니하실지라도 네가 세운 우상 따위에게 절할 일은 죽었다 깨어 나도 없을 테니 시간 끌지 말고 빨리 풀무 불인지 용광로인지 당장 가져와 서 우리를 던져 버리라는 사드락과 메삭과 아벳느고의 샤우팅은 바빌론 전 체를 얼어붙게 만들기에 충분한 신앙고백이었고 하늘 보좌를 뒤흔드는 경 배였습니다.

느부갓네살이 분이 가득하여 사드락과 메삭과 아벳느고를 향하 여 얼굴빛을 바꾸고 명령하여 이르되 그 풀무 불을 뜨겁게 하기를 평소보다 칠 배나 뜨겁게 하라, 하고 (단 3:19)

바빌론 전체의 시선이 집중된 와중에 쪽을 팔게 된 느부갓네살은 그야 말로 분노가 폭발하였고 그 용광로의 풀무 불을 평소보다 일곱 배나 더 뜨 겁게 하라고 명령합니다. 사실 정말 그들을 고통스럽게 하고 싶다면 불을 더 낮춰서 천천히 죽게 하는 게 나았을 테지만 너무 분노가 타오르면 머리가 돌아가지 않는 모양입니다.

군대 중 용사 몇 사람에게 명령하여 사드락과 메삭과 아벳느고를 결박하여 극렬히 타는 풀무 불 가운데에 던지라, 하니라. 그러자 그 사람들을 겉옷과 속옷과 모자와 다른 옷을 입은 채 결박하여 맹렬히 타는 풀무 불 가운데에 던졌더라. 왕의 명령이 엄하고 풀무 불이 심히 뜨거우므로 불꽃이 사드락과 메삭과 아벳느고를 붙든 사람을 태워 죽였고 이 세 사람 사드락과 메삭과 아벳느고는 결박된 채 맹렬히 타는 풀무 불 가운데에 떨어졌더라. (단 3:20~23)

요즘은 사형 집행이란 게 없지만 옛날에 사형 집행을 할 때는 무술에 특화된 교도관들을 선별하여 사형수를 데려와 집행하도록 했으니 이유인즉 죽음의 공포와 직면하게 된 사형수의 반항이 상상을 초월했기 때문입니다. 조선시대에도 사형수의 목을 치는 망나니는 그 부대에서 칼깨나 쓰는 병사를 시키거나 혹은 솜씨 좋은 백정을 아르바이트로 데려와 시켰으니 예나 지금이나 사형 집행은 아무나 할 수 있는 일이 아니었습니다. 그러니만치 느부갓네살은 바빌론의 모든 군대들 중에서도 가장 강력했을 자신의 근위대 중에서도 가장 뛰어난 특급전사들을 선발하여 세 친구들을 포박하여 용광로로 끌고 가도록 하는데 그들은 입고 있던 바빌론 관원의 관복을 그대로 입은 채 그 자리에서 용광로로 끌려 나갔습니다. 이 용광로는 용광로 본래의 기능을 하기보다는 금상에 절하지 않는 사람들을 본보기로 죽이는 목적이었기 때문에 밖에서 용광로 내부를 볼 수 있게 되어 있는 구조였다고 하는데 어쨌든 용광로였으니 다니엘의 세 친구들을 압송하는 군인들이 그들을 용광로 위에서 던져 넣어야 했습니다. 그러나 사드락과 메삭과 아벳느고를 용광로에 집어 던진 군인들이 한 가지 생각하지 못한 것은 그렇지 않아도 풀무 불이 펄펄 끓고 있을 용광로를 일곱 배나 더 뜨겁게 했으니 그 불꽃이 거의 용광로 꼭대기까지 활활 솟고 있을 텐데 그 불에 닿고서 무사할 수 있을까, 하는 것입니다. 사형수들을 얼른 던져 넣고 잽싸게 빠져나와야지, 했을 수도 있지만 마이크 타이슨이 말한 것처럼 누구나 그럴싸한 계획은 한 대 처맞기 전까지라고 했듯이 그 군인들의 계획(?)은 용광로 위에서는 순간 수포로 돌아가고 그들은 세 친구들을 용광로에 밀어 넣자마자 치솟아 오르는 불꽃을 피할 새도 없이 모조리 타 죽고 말았습니다.

그 때에 느부갓네살 왕이 놀라 급히 일어나서 모사들에게 물어 이르되 우리가 결박하여 불 가운데에 던진 자는 세 사람이 아니었느냐, 하니 그들이 왕에게 대답하여 이르되 왕이여, 옳소이다, 하더라. 왕이 또 말하여 이르되 내가 보니 결박되지 아니한 네 사람이 불 가운데로 다니는데 상하지도 아니하였고 그 넷째의 모양은 신들의 아들과 같도다, 하고 (단 3:24~25)

왕이 대답하여 말하기를 "보라, 내가 보니, 네 사람이 풀려서 불 가운데서 걸어 다니고 있는데, 그들이 다치지도 않았으며, 그 넷째의 모습은 하나님의 아들과 같도다." 하더라. (단 3:25, 킹제임스)

모르긴 몰라도 느부갓네살을 비롯한 모두가 용광로 위에서 그 병사들이 불꽃에 타 죽는 것에서부터 이미 기겁을 했을 텐데 더 놀라운 것은 분명히 셋을 던졌는데 불 속에서 멀쩡하게 서 있는 사람은 넷이었다는 것입니다. 느부갓네살은 자기가 잘못 본 것인가 싶어 눈을 비비고 다시 확인하고는 혹시나 싶어 옆에 있는 신하들에게 좀 전에 세 사람을 던지지 않았냐고 물었으나 역시나 신하들은 세 사람이 맞다고 대답합니다. 느부갓네살은 얼굴이 창백해진 채 신하들에게 자신이 보는 것을 설명하는데 포승줄 또는 사슬이 뜨거운 불에 탔는지, 녹았는지 결박이 모조리 풀려져 있고 다니엘의 세 친구와 함께 또 한 사람이 불 가운데 있었는데 그 모습이 〈하나님의 아들〉과 같았다고 말하고 있습니다. 죽으면 죽으리라, 하고 배도에 맞서 지조와 절개를 지켜 하나님의 이름을 높였던 사드락과 메삭과 아벳느고를 구하기 위해 무려 하나님의 아들, 예수님께서 직접 출동하셨다는 설이 있는데 그것이 참이라면 우리는 주님을 이곳 바빌론의 용광로에서 처음으로 만나 뵙게 된 것입니다. 물론 〈하나님의 아들〉이란 것이 〈신적인 존재〉 또는 〈천사〉를 의미하기에 천사라고 해도 가능합니다만 왠지 예수님이 직접 오셨다고 하는 게 더욱 은혜롭게 느껴집니다. 이런 모습을 보고 있는 느부갓네살은 어안이 벙벙했고 평생 바빌론의 여러 우상들과 신들을 섬겨 오면서 이런 역사를 펼치는 신은 난생처음이었습니다. 그제야 느부갓네살은 사드락과 메삭과 아벳느고가 왜 그렇게 자신만만하게 장담했는지 알고도 남았을 것입니다.

느부갓네살이 맹렬히 타는 풀무 불 아귀 가까이 가서 불러 이르되 지극히 높으신 하나님의 종 사드락, 메삭, 아벳느고야, 나와서 이리로 오라, 하매 사드락과 메삭과 아벳느고가 불 가운데에서 나온 지라. (단 3:26)

느부갓네살의 깨달음이 어찌나 컸던지 그 활활 타는 용광로에 신하를 보내어 전달해도 됐을 것을 본인이 직접 조심조심 다가가 그들을 나오라고 부르는데 마침내 그의 입에서 〈지극히 높으신 하나님〉이라는 경외가 터져 나왔습니다. 모르긴 몰라도 느부갓네살의 저 고백을 들은 후 주님께서 세 친구들의 어깨를 툭툭 치며 〈저 물건이 이제야 빠졌던 정신이 되돌아온 모양이니 나가서 잘해 봐라〉 하셨겠지요. 그러면서 손뼉을 마주치며 하이 파이브를 친 후 주님께서는 하늘 보좌로 돌아가시고 사드락과 메삭과 아벳느고는 믿든 곱든 왕이니 느부갓네살의 명령에 따라 용광로에서 척척 걸어 나왔습니다. 물론 용광로의 풀무 불을 껐다는 말이 없으니 그대로 용광로는 활활 타고 있는데 걸어 나온 것입니다. 아마 그 자리에 있던 모든 사람들이 그 모습을 보고 귀신이라도 본 듯 기절초풍하지 않았을까요?

총독과 지사와 행정관과 왕의 모사들이 모여 이 사람들을 본즉 불이 능히 그들의 몸을 해하지 못하였고 머리털도 그을리지 아니하였고 겉옷 빛도 변하지 아니하였고 불 탄 냄새도 없었더라. (단 3:27)

들판에서 맨 앞줄에 있었을 고관대작들이 얼른 모여들어 사드락과 메삭과 아벳느고를 살펴보았으나 그 뜨거운 불 속에서 머리카락 하나 타지 않았고 옷도 멀쩡했고 탄 냄새조차 없이 멀쩡한 것을 보며 감탄했을 터입니다. 분명 어제까지는 자신들의 평범한 동료였지만 이제부터는 그야말로 초월적인 존재로 인식될 것은 덤입니다. 그들의 상식으로는 도무지 이해할 수도, 납득할 수도 없는, 한마디로 기적이며 권능이었습니다. 하물며 그들을 용광로에 직접 던져 넣었던 느부갓네살의 마음은 어땠을지 짐작조차 할 수 없습니다.

느부갓네살이 말하여 이르되 사드락과 메삭과 아벳느고의 하나님을 찬송할지로다. 그가 그의 천사를 보내사 자기를 의뢰하고 그들의 몸을 바쳐 왕의 명령을 거역하고 그 하나님 밖에는 다른 신을 섬기지 아니하며 그에게 절하지 아니한 종들을 구원하셨도다. (단 3:28)

그러자 느부캇넷살이 일러 말하기를 "사드락과 메삭과 아벳느고의 하나님을 송축할지로다. 그 분께서 그의 천사를 보내시어, 자기를 의뢰하며 왕의 명령을 바꾸고 자기들의 몸을 내어 준 그의 종들을 구해 내셨으니, 이는 그들로 그들의 하나님 말고는 어떤 다른 신도 섬기거나 경배하지 않게 하려 하심이라. (단 3:28, 킹제임스)

마침내 느부갓네살의 입에서 〈사드락과 메삭과 아벳느고의 하나님에 대한 찬양〉이 나왔습니다. 그는 하나님께서 직접 손을 쓰셔서 하나님을 위해 목숨을 내던지려 했던 종들을 구해 주셨다는 것을 제대로 인지하고 있었으며 그들이 하나님 외에 다른 우상을 섬기거나 경배하지 않도록 하기 위한 뜻이었음도 명확하게 잘 보고 있었습니다. 〈분노조절 장애〉가 또다시 〈분노조절 잘해〉로 변했고 느부갓네살은 이제야 하나님의 권능을 제대로 알아보고 주님께 진심 어린 찬양을 올리고 있었습니다. 여기에서 우리는 〈성도들이 보는 성경은 하나님의 말씀이지만, 불신자들이 보는 성경은 성도들의 말과 행실〉이라는 평범한 진리를 깨달을 수 있습니다.

그러므로 내가 이제 조서를 내리노니 각 백성과 각 나라와 각 언어를 말하는 자가 모두 사드락과 메삭과 아벳느고의 하나님께 경솔히 말하거든 그 몸을 쪼개고 그 집을 거름터로 삼을지니 이는 이 같이 사람을 구원할 다른 신이 없음이니라, 하더라. 왕이 드디어 사드락과 메삭과 아벳느고를 바벨론 지방에서 더욱 높이니라. (단 3:29~30)

전에는 자신의 꿈을 풀어 주지 못한 바빌론 술사들을 토막으로 자르고 집을 공중변소로 만든다더니 이제는 하나님을 모독하는 자들을 그렇게 만들겠다는 참으로 기막힌 역전극을 보여 주고 있는 느부갓네살입니다. 자기네들이 멸망시키고 짓밟은 나라의 신을 무시하고 비웃어도 할 말이 없을 텐데 그 하나님의 권능을 몇 번이나 겪어 보고 나니 느부갓네살의 정신이 번쩍 들었는지 칙령을 보내고 조서를 쓰면서 전국에 포고령을 내렸습니다. 그 순간부터 하나님은 바빌론에 있어서도 신들 중 가장 위대한 신이며, 전능하고 초월적이며 절대적인 전지전능한 신으로 높여졌습니다. 그러나 역시나 느부갓네살은 평생 보고 배운 게 우상숭배였는지 그 시점에서도 거기까지였고 바빌론 제국 모든 신민들에게 〈우상을 폐하고 하나님만 경배하라〉고 선포하지는 못했습니다. 다만 자기가 믿는 신도 신이고, 신들은 여럿 있지만 그중 하나님께서 가장 위대하다는 정도만 인정했을 뿐입니다. 무당에게 전도를 했더니 그 무당이 모시는 신들 중에 하나님이 추가된 것과 같은 상황이라 하겠습니다. 젤 큰 신으로 말이죠. 물론 사드락과 메삭과 아벳느고는 다니엘이 하나님의 권능에 힘입어 느부갓네살에게 선보인 후 벼락 승진을 했던 것처럼 그들도 용광로 한 번 들어갔다 나온 공으로 또다시 승진하여 아마도 바빌론 각 도의 지방 총독들을 나누어 총괄하는 책임자로 오르지 않았을까 싶습니다. 저번에도 그랬거니와 이번의 사건으로 다니엘과 더불어 바빌론의 중앙정부와 지방정부를 다니엘과 세 친구들 손에 확실히 쥐게 되는 결과를 가져왔는데 제가 매우 주의 깊게 본 것은 하나님께서 다니엘과 친구들의 위기를 넘게 해 주시고, 그 목숨을 지켜 주시면서 덧붙여 바빌론에서 하나님의 이름을 높이시면서 또한 다니엘과 친구들에게 바빌론 조정의 통제권을 쥐게 해 주신 데는 느부갓네살을 향한 매우 특별한 계획을 실행하기 위한 준비 단계가 아닌가 싶은 것이었습니다.

두 번이나 하나님의 권능을 체험하고도 아직 회심하지 못한 그에게 하나님께서 삼세판이라고 가장 강력한 한 방을 준비하고 계셨는데 과연 그 사건은 무엇이며 다니엘과 친구들의 벼락 승진은 그 일과 어떤 관계가 있는 것인지 이어지는 다니엘 4장 강해를 기대해 주시기 바랍니다.

느부갓네살 왕은 천하에 거주하는 모든 백성들과 나라들과 각 언어를 말하는 자들에게 조서를 내리노라. 원하노니 너희에게 큰 평강이 있을지어다. (단 4:1)

4장.

느부갓네살의 7년 대환난 ━━━━━━━━

느부갓네살 왕은 천하에 거주하는 모든 백성들과 나라들과 각 언어를 말하는 자들에게 조서를 내리노라. 원하노니 너희에게 큰 평강이 있을지어다. (단 4:1)

바빌론 제국의 대왕이 제국령 내의 모든 신민들에게 하달하는 조서치고는 첫머리부터가 매우 감동적입니다. 평강이 있을지어다 하는 것은 통상 신약에서 사도들이 교회에 보내는 서신서에서나 볼 수 있는 인사말인데 걸핏하면 몸통을 쪼개고 집은 공중변소로 만들어 버린다는 그 느부갓네살의 입에서 저런 표현이 나온다는 게 무척이나 이채롭게 느껴지며 동시에 과연 저 닝겐이 무슨 일을 겪었기에 저렇게 변했나 싶기도 합니다.

지극히 높으신 하나님이 내게 행하신 이적과 놀라운 일을 내가 알게 하기를 즐겨하노라. 참으로 크도다. 그의 이적이어, 참으로 능하도다. 그의 놀라운 일이어, 그의 나라는 영원한 나라요, 그의 통치는 대대에 이르리로다. (단 4:2~3)

아니, 이 양반도 진미와 포도주 대신에 다니엘을 따라 콩죽과 물만 자셨는지 느닷없이 무슨 신앙고백을 하는지 통 모를 일입니다. 뭘 잘못 먹었는지, 또 간밤에 무슨 꿈을 꿨는지, 하루아침에 사람이 변해 버린 모습인데 그것도 무려 오리엔트를 호령하는 대바빌론 제국의 대왕이 신민들에게 내리는 조서 첫머리부터 자신이 체험한 〈높으신 하나님의 이적과 놀라운 일을 알린다〉고 떳떳이 밝혀 놓고 하나님의 능력과 왕국, 그 통치권을 높이 찬양하고 있습니다. 사람이 안 하던 짓을 하면 수명이 줄어들거나 혹은 죽을 때가 된 것이라더니 과연 느부갓네살이 갈 때가 된 걸까요?

(사실 왕이 간증을 하는 것 자체가 제너럴한 일은 아니다.)

나 느부갓네살이 내 집에 편히 있으며 내 궁에서 평강할 때에 한 꿈을 꾸고 그로 말미암아 두려워하였으니 곧 내 침상에서 생각하는 것과 머리 속으로 받은 환상으로 말미암아 번민하였었노라. (단 4:4~5)

그날도 느부갓네살은 퇴근하여(?) 조용히 쉬고 있었는데 아무래도 꿈의 은사가 있는지 또다시 놀라 자빠질 꿈을 꾸었습니다.

이러므로 내가 명령을 내려 바벨론의 모든 지혜자들을 내 앞으로 불러다가 그 꿈의 해석을 내게 알게 하라, 하였더라. 그 때에 박수와 술객과 갈대아 술사와 점쟁이가 들어왔으므로 내가 그 꿈을 그들에게 말하였으나 그들이 그 해석을 내게 알려 주지 못하였느니라. (단 4:6~7)

또다시 2장과 같은 상황이 반복되었는데 이번에는 느부갓네살이 조금은 착해졌는지 꿈까지 알아내라고 윽박지르는 게 아니라 술사들에게 꿈을 얘기해 주고 해몽을 들으려 했습니다. 다만 왜 다니엘을 제일 먼저 부르지 않고 엉뚱한 술사들부터 먼저 불러들여 물었는지 궁금할 수 있을 텐데 다니엘이 이제는 단순히 술사들의 우두머리만이 아니라 바빌론 중앙정계를 총괄하는 재상급인 터라 맡은 업무가 있어 곧바로 어전에 들어오지 못해 일단 급히 달려올 수 있는 술사들부터 먼저 불러서 초벌구이로 해몽을 물어보았을 수가 있고, 그때까지도 느부갓네살은 하나님을 유일신으로 인정하는 게 아니라 바빌론의 우상들도 믿었기 때문에 그 술사들을 마냥 뭉갤 수가 없었고, 더군다나 다니엘을 그 술사들의 장으로 삼았기에 아무려면 술사들이 다니엘로부터 뭔가 보고 배운 게 있지 않았을까 기대하는 심리도 있었을 터입니다. 뭐 물론 결과는 〈도와줘요! 다니엘!!〉이었지만 말입니다. 그래도 느부갓네살 입장에서는 2장에서의 경험을 바탕으로 바빌론 술사들의 한계치를 이미 알았기에 그때처럼 술사들을 싹 죽여 버리라고는 안 했던 듯합니다. 아마도 해몽을 못 하는 술사들을 보며 "그래, 너희들 수준이 그럼 그렇지. 다니엘한테나 물어봐야겠다." 이랬을지도 모릅니다. 이윽고 오래지 않아 다니엘이 업무를 마쳤는지 어전에 들어왔습니다.

그 후에 다니엘이 내 앞에 들어왔으니 그는 내 신의 이름을 따라 벨드사살이라 이름한 자요, 그의 안에는 거룩한 신들의 영이 있는 자라. 내가 그에게 꿈을 말하여 이르되 (단 4:8)

아무래도 이 편지가 전 국민이 다 보는 조서이기에 〈다니엘〉이라는 이름을 쓰고 부연하여 〈내 신의 이름을 따라 벨드사살〉이라고 이름을 붙인 사람이라고 설명하고 있습니다. 왜냐하면 바빌론 백성들에게 다니엘이라고 하면 누구인지 모를 테지만 벨드사살이라고 하면 〈아! 그 대감님?〉이라고 알 테니 말입니다. (A라 쓰고 B라 읽듯이 다니엘이라 쓰고 벨드사살이라 읽는다는 거죠.) 그의 안에 〈거룩한 신들의 영이 있다〉라고 하는 표현도 아직 느부갓네살이 유일신 하나님을 온전히 받아들이지 못해 여러 신들이 난무하는 바빌론식 개념으로 다니엘을 표현한 것이기도 하지만 그만큼 다니엘이 신과 교통하는 뛰어난 영성이 있음을 만백성 앞에 공표할 만큼 신뢰한다는 의미이기도 합니다. 설마하니 느부갓네살이 복수형이지만 단수형인 하나님을 뜻하는 〈엘로힘〉이란 단어를 알아서 그렇게 붙이지는 않았을 테니까요.

박수장 벨드사살아. 네 안에는 거룩한 신들의 영이 있은즉 어떤 은밀한 것이라도 네게는 어려울 것이 없는 줄을 내가 아노니 내 꿈에 본 환상의 해석을 내게 말하라. (단 4:9)

'오 마술사들의 우두머리인 벨트사살아, 네 안에는 거룩한 신들의 영이 있어 어떤 은밀한 것이라도 너를 두렵게 하지 못하는 줄 내가 아노니, 내가 본 내 꿈의 환상들과 그 해석을 내게 말하라. (단 4:9, 킹제임스)

박수장, 마술사들의 우두머리라 함은 바빌론의 모든 술사들을 통솔하는 다니엘의 직책명이기도 하지만 한편으로는 다니엘을 크게 높여 부르는 경칭이기도 합니다. 흔히 판타지 소설 같은 데서 나오는 〈대마법사, 대현자, 그랜드 마스터〉 등과 동의어입니다. 바빌론 어떤 신을 모시는 술사보다도 다니엘이 가장 뛰어나고 탁월한 능력자임을 가리킴으로써 느부갓네살 자신의 신뢰감은 물론 바빌론 전 국민들에게 다니엘을 크게 각인시켜 주고 있습니다.

내가 침상에서 나의 머리 속으로 받은 환상이 이러하니라. 내가 본즉 땅의 중앙에 한 나무가 있는 것을 보았는데 높이가 높더니 그 나무가 자라서 견고하여지고 그 높이는 하늘에 닿았으니 그 모양이 땅 끝에서도 보이겠고 그 잎사귀는 아름답고 그 열매는 많아서 만민의 먹을 것이 될 만하고 들짐승이 그 그늘에 있으며 공중에 나는 새는 그 가지에 깃들이고 육체를 가진 모든 것이 거기에서 먹을 것을 얻더라. (단 4:10~12)

내가 침상에서 머리 속으로 받은 환상 가운데에 또 본즉 한 순찰자, 한 거룩한 자가 하늘에서 내려왔는데 그가 소리 질러 이처럼 이르기를 그 나무를 베고 그 가지를 자르고 그 잎사귀를 떨고 그 열매를 헤치고 짐승들을 그 아래에서 떠나게 하고 새들을 그 가지에서 쫓아내라. 그러나 그 뿌리의 그루터기를 땅에 남겨 두고 쇠와 놋줄로 동이고 그것을 들 풀 가운데에 두어라. 그것이 하늘 이슬에 젖고 땅의 풀 가운데에서 짐승과 더불어 제 몫을 얻으리라. (단 4:13~14)

또 그 마음은 변하여 사람의 마음 같지 아니하고 짐승의 마음을 받아 일곱 때를 지내리라. 이는 순찰자들의 명령대로요, 거룩한 자들의 말대로이니 지극히 높으신 이가 사람의 나라를 다스리시며 자기의 뜻대로 그것을 누구에게든지 주시며 또 지극히 천한 자를 그 위에 세우시는 줄을 사람들이 알게 하려 함이라, 하였느니라. (단 4:16~17)

나 느부갓네살 왕이 이 꿈을 꾸었나니 너 벨드사살아, 그 해석을 밝히 말하라. 내 나라 모든 지혜자가 능히 내게 그 해석을 알게 하지 못하였으나 오직 너는 능히 하리니 이는 거룩한 신들의 영이 네 안에 있음이라. (단 4:18)

솔직히 느부갓네살도 왕으로서, 정치인으로서 짬밥과 눈치가 있는데 아무리 통밥을 굴려 봐도 그 꿈에 나오는 커다란 나무가 그 자신을 의미한다는 것을 모를 수가 없었을 것입니다. 2장에서의 경험도 있기에 느부갓네살은 이번에 보았던 그 나무도 분명 자신에 대한 것이라는 암시를 강하게 느꼈을 터입니다. 그런 나무가 느닷없이 잘려 나가고 가지와 잎사귀와 열매가 다 떨어지며 나무 아래에 빌붙어 살던 짐승들과 새들이 모조리 떠나 버리는, 그것도 모자라 뿌리의 그루터기는 쇠줄과 놋줄로 매여 풀 속에 파묻히고 인간의 마음에서 짐승의 마음으로 변하는 정신병까지 합병증으로 온다는 것이 누가 봐도 정신이 아찔할 악몽일 것입니다. 그것도 그 상태로 7

년이나 지낸다는 것이니…. 결국 느부갓네살은 〈해석을 알려줘, You can do it!!!〉이라며 극도의 초조함 가운데 다니엘의 입을 쳐다보고 있습니다.

벨드사살이라 이름 한 다니엘이 한동안 놀라며 마음으로 번민하는지라. 왕이 그에게 말하여 이르기를 벨드사살아, 너는 이 꿈과 그 해석으로 말미암아 번민할 것이 아니니라. 벨드사살이 대답하여 이르되 내 주여, 그 꿈은 왕을 미워하는 자에게 응하며 그 해석은 왕의 대적에게 응하기를 원하나이다. (단 4:19)

좋은 소식을 알려 주거나 혹은 가치중립적인 정보를 알려 주는 것이라면 기꺼이 즐겁게 말하겠지만 물어본 사람에게 영 좋지 못한 소식을 알려 주는 것이라면 전해 주는 사람도 마음이 편치 못할 것은 불문가지입니다. 잔뜩 기대하며 눈이 초롱초롱해져서 자기 입만 쳐다보는 사람한테 〈너님 망했음〉이라고 말하는 것만큼 살 떨리는 일이 없을 텐데 다니엘의 표정만 보고도 눈치를 챈 느부갓네살은 〈나도 대충 눈치 깠으니까 걱정 말고 말해〉라며 다니엘을 다독거렸고 다니엘은 느부갓네살의 적들에게나 그 꿈이 이루어졌으면 좋겠다는 〈위로+악몽 인증샷〉을 날리며 말문을 열기 시작했습니다.

(왕을 미워하는 사람과 적들에게나 그 꿈이 이루어졌으면 좋겠다는 말 자체가 그 꿈이 느자구없는 악몽·흉몽이란 소리입니다.)

왕께서 보신 그 나무가 자라서 견고하여지고 그 높이는 하늘에 닿았으니 땅 끝에서도 보이겠고 그 잎사귀는 아름답고 그 열매는 많아서 만민의 먹을 것이 될 만하고 들짐승은 그 아래에 살며 공중에 나는 새는 그 가지에 깃들었나이다. 왕이여, 이 나무는 곧 왕이시라. 이는 왕이 자라서 견고하여지고 창대하사 하늘에 닿으시며 권세는 땅

끝까지 미치심이니이다. (단 4:20~22)

왕이 보신즉 한 순찰자, 한 거룩한 자가 하늘에서 내려와서 이르기를 그 나무를 베어 없애라. 그러나 그 뿌리의 그루터기는 땅에 남겨 두고 쇠와 놋줄로 동이고 그것을 들 풀 가운데에 두라. 그것이 하늘 이슬에 젖고 또 들짐승들과 더불어 제 몫을 얻으며 일곱 때를 지내리라, 하였나이다. (단 4:23)

먼저 느부갓네살이 꾼 꿈 내용을 한 번 더 리바이벌한 후 다니엘은 본격적으로 해몽을 시작하는데 바로 하나님께서 느부갓네살에게 내리는 운명이라는 것입니다. 다만 이미 전해 들은 꿈 얘기를 또다시 읊는 것은 다니엘 자신이 잘못 듣지 않고 똑바로 다 듣고 접수했음을 〈복명복창〉하는 의미임과 동시에 한 번 더 느부갓네살에게 강조하려는 의미일 수도 있습니다. 뭐 모르긴 몰라도 느부갓네살은 그 나무가 자신이라는 것을 다니엘에게 듣는 순간부터 얼굴이 창백해졌을지도 모릅니다.

왕이여, 그 해석은 이러하니이다. 곧 지극히 높으신 이가 명령하신 것이 내 주 왕에게 미칠 것이라. 왕이 사람에게서 쫓겨나서 들짐승과 함께 살며 소처럼 풀을 먹으며 하늘 이슬에 젖을 것이요, 이와 같이 일곱 때를 지낼 것이라. 그 때에 지극히 높으신 이가 사람의 나라를 다스리시며 자기의 뜻대로 그것을 누구에게든지 주시는 줄을 아시리이다. 또 그들이 그 나무뿌리의 그루터기를 남겨 두라 하였은 즉 하나님이 다스리시는 줄을 왕이 깨달은 후에야 왕의 나라가 견고하리이다. (단 4:24~26)

이어지는 해몽은 느부갓네살에게 있어서는 사형선고나 마찬가지였습니다. 권세와 왕권에 집착하던 그가 사람들로부터 쫓아냄을 당하여 들의 짐승들과 함께 거하고 소처럼 풀을 먹고 이슬에 젖어 지내는 것을 무려 7년이나 겪는다는 것이니 느부갓네살은 물론이며 듣고 있는 모든 궁인들의 얼굴이 하얗게 질렸을 것입니다. 물론 다니엘은 바로 이어서 말하기를 7년후에 느부갓네살이 하나님께서 인간의 왕국을 다스리시고 하나님께서 원하시는 자에게 권세를 주신다는 것을 알고, 특히 하늘의 하나님께서 통치하심을 제대로 깨닫고 나서야 다시 왕으로서 견고하게 서게 될 것이라는 반대급부도 제시합니다. 쉽게 말해 그루터기를 남겨 놓은 것은 언젠가는 느부갓네살을 회복시켜 주시겠다는 약속인 것이니 유서 깊은 〈살려는 드릴게〉가 여기에서도 빛을 발합니다.

그런즉 왕이여, 내가 아뢰는 것을 받으시고 공의를 행함으로 죄를 사하고 가난한 자를 긍휼히 여김으로 죄악을 사하소서. 그리하시면 왕의 평안함이 혹시 장구하리이다, 하니라. (단 4:27)

고대 전제군주제 치하에서 절대왕권을 자랑하던 왕의 횡포는 상상을 초월했고 이 시절 왕에게 〈공의·정의〉 따위는 〈그거 먹는 거임? 우걱우걱〉이었습니다. 더 잔인하고, 더 포악하고, 더 잔혹하고, 더 악독해야 위엄 있고 능력 있고 뛰어난 왕이라 칭송받는 것이 이 시대에는 당연한 상식이었고 그게 정의였던 시절이었으니 다윗이 지금 기준으로 보면 그렇게 느자구 없는 짓을 저질렀어도 그 시절 기준으로는 하나님 마음에 합한 자였을 수도 있었던 것입니다. 게다가 왕에게 가서 〈공의를 행하십시오〉 하는 것은 돌려 말하면 〈너님 아주 불의한 인간임〉이라는 말이나 진배없기 때문에 그 말을 들은 왕에게 무슨 후환을 당할지도 모를 일이니 왕에게 그렇게 직언하고 간청하는 신하도 정말 드문 시절이었습니다. 직언했다가는 토막 살인을 당하고 집이 공중변소로 리모델링될 테니 말이지요. 게다가 이번 건은 정말 심각한 것이 다니엘조차 느부갓네살에게 이러이러하면 그 재앙이 비껴 나간다고 장담 못 합니다. 지금이라도 공의를 행하고 좋은 일들을 하면

〈혹시라도〉 그 일이 늦게 임할지도 모른다는 일종의 〈집행유예〉 같은 답변만 망설이며 했을 뿐입니다. 그러나 느부갓네살은 앞의 말들은 잊어버리고 다니엘이 맨 마지막에 얘기한 〈살려는 드릴게〉만 기억했던 모양입니다. 왜냐하면….

이 모든 일이 다 나 느부갓네살 왕에게 임하였느니라. 열두 달이 지난 후에 내가 바벨론 왕궁 지붕에서 거닐 새 나 왕이 말하여 이르되 이 큰 바벨론은 내가 능력과 권세로 건설하여 나의 도성으로 삼고 이것으로 내 위엄의 영광을 나타낸 것이 아니냐, 하였더니 (단 4:28~30)

다니엘로부터 그 해몽을 듣고 딱 1년이 되었을 때, 느부갓네살은 자기 궁전 지붕인지, 아니면 세계 7대 불가사의인 공중정원인지를 거닐다가 그냥 딱 눈깔이 삐어 자화자찬을 해 버립니다. 아마도 다니엘은 그 꿈이 이루어지기 전에 어느 정도 유예기간이 있는지는 하나님으로부터 답변을 받지 못했던지 느부갓네살에게 알려 주지 않은 모양인데 그 꿈을 꾸고 해몽을 듣고 나서도 그 일이 곧바로 임하지 않고 한 달, 두 달 미뤄지자 느부갓네살은 그 꿈이 비껴 나간 것으로 착각했던지 순간 정신 줄을 놓아버렸습니다. 그래도 후대의 헤롯은 즉결 처분을 당했는데 느부갓네살은 많이 봐주신 겁니다.

이 말이 아직도 나 왕의 입에 있을 때에 하늘에서 소리가 내려 이르되 느부갓네살 왕아, 네게 말하노니 나라의 왕위가 네게서 떠났느니라. 네가 사람에게서 쫓겨나서 들짐승과 함께 살면서 소처럼 풀을 먹을 것이요, 이와 같이 일곱 때를 지내서 지극히 높으신 이가 사람의 나라를 다스리시며 자기의 뜻대로 그것을 누구에게든지 주시는 줄을 알기까지 이르리라, 하더라. (단 4:31~32)

기브롯 핫다아와에서 히브리 백성들이 메추라기 고기가 이빨 사이에 있는데 씹기도 전에 급살을 맞았던 것처럼, 니느웨에서 요나가 사십 일이 지나면 니느웨가 무너진다고 외치고 다니자마자 왕부터 백성들까지 죄다 회개했던 것처럼, 느부갓네살이 자백을 하는 순간 핵미사일 발사 버튼을 누른 것처럼 시작되었습니다. 친절하게도 하늘에서 울리는 목소리가 느부갓네살이 다니엘로부터 들었던 그 해몽을 또다시 읊어 주며 기억을 되새겨 주었지만 이미 늦었습니다.

바로 그 때에 이 일이 나 느부갓네살에게 응하므로 내가 사람에게 쫓겨나서 소처럼 풀을 먹으며 몸이 하늘 이슬에 젖고 머리털이 독수리 털과 같이 자랐고 손톱은 새 발톱과 같이 되었더라. (단 4:33)

이제는 빼도 박도 못하게 되었습니다. 사람의 심령이 빠져나가고 그 자리에 짐승의 심령이 들어왔으니 느부갓네살은 자기 자신을 짐승으로, 풀 먹는 가축으로 인식하여 짐승처럼 행동했고 그러니 당연히 궁인들이 그를 케어할 수 없어 궐 밖으로 내쳐질 수밖에 없었습니다. 초식동물이라 다행이지, 육식동물이었으면 더욱 큰일 날 뻔했는데 어쨌든 느부갓네살은 바빌론 제국의 대왕에서 하루아침에 자기 자신을 초식동물로 생각하는 정신병자가 되어 저 푸른 초원 위에서 소처럼 풀을 뜯어 먹고 당연히 이불 같은 게 있을 턱이 없으니 밤낮으로 이슬을 맞고 비를 맞아 푹 젖고 손톱 발톱도 깎지 못해 왕창 자라고 머리카락은 말할 것도 없었을 터입니다. 굳이 정신의학적으로 설명하자면 에드워드 영이란 사람이 말한, 자기 자신을 소로 생각하여 소처럼 풀을 먹는 질병인 〈보안드로피〉일 수도 있습니다.

(1946년에 영국 정신요양소에서 레이몬드 해리슨이라는 학자가 관찰한 보고서에 실제로 느부갓네살과 같은 저런 정신병자가 있었다고 합니다. 느부갓네살처럼 머리털이 길게 자라고 손톱은 엄청 거칠고 두껍게 자랐는데 병원 음식은 먹지도 않고 병원 잔디밭에

서 자라는 풀을 뜯어 먹었으며 다행히 좋은 풀만 골라 뜯어 먹었는지 신체적 건강 상태는 좋은 편이었다고 합니다.)

그 기한이 차매 나 느부갓네살이 하늘을 우러러 보았더니 내 총명이 다시 내게로 돌아온지라. 이에 내가 지극히 높으신 이에게 감사하며 영생하시는 이를 찬양하고 경배하였나니 그 권세는 영원한 권세요, 그 나라는 대대에 이르리로다. 땅의 모든 사람들을 없는 것 같이 여기시며 하늘의 군대에게든지 땅의 사람에게든지 그는 자기 뜻대로 행하시나니 그의 손을 금하든지 혹시 이르기를 네가 무엇을 하느냐고 할 자가 아무도 없도다. (단 4:34~35)

종말의 때에는 짐승에 의한 7년 대환난이 있지만 느부갓네살은 짐승이 되어 7년 대환난을 보냈습니다. 하나님께서 정하신 기간이 다 만료되자 좋은 풀을 찾아 땅만 쳐다보고 있었을 느부갓네살은 자신도 모르게 하나님을 향해 하늘로 눈을 들었습니다. 바로 그 순간 쨍하고 해 뜰 날이 돌아오듯이 느부갓네살의 뇌가 다시 인간의 뇌로 전환되었고 나갔던 정신이 되돌아와 온전한 사람으로 회복되었습니다. 느부갓네살은 정신이 돌아온 후 지난 7년간 자신이 겪었던 고난들을 되돌아보며 하나님을 원망하는 대신 하나님 앞에 진심으로 엎드려 송축하고 찬양하였으며 하나님의 통치권과 왕국을 높이 인정하고 그제야 그의 마음과 뜻이 온전히 한 분이신 하나님을 만나 뵙게 되었습니다. (이 부분에서 느부갓네살이 구원받았을 것으로 보입니다.)

그 때에 내 총명이 내게로 돌아왔고 또 내 나라의 영광에 대하여도 내 위엄과 광명이 내게로 돌아왔고 또 나의 모사들과 관원들이 내게 찾아오니 내가 내 나라에서 다시 세움을 받고 또 지극한 위세가 내게 더하였느니라. (단 4:36)

그가 진정으로 하나님 앞에 엎드려 그분의 영광을 인정하고 높이는 순간 이성이 돌아와 온전해졌는데 어찌나 소문이 빠르던지 느부갓네살이 정신을 차렸다는 것을 어디 가서 말하지도 않았는데 신하들이 줄지어 찾아와서는 용포를 입히고 홀을 들리고 연에 태워서 대궐로 모셔 가기 시작했습니다.

(조선시대에는 왕이 타는 가마를 〈연〉이라고 불렀습니다. 그런데 이 장면은 마치 거지꼴로 찾아온 둘째 아들에게 아버지가 새 옷을 입히고 발에 신을 신기고 손에 반지를 끼워 주며 다시 아들로 삼아 주는 〈돌아온 탕자〉 예화를 연상시키는 모습입니다.)

사실 7년이나 정신병자로 풀을 뜯어 먹으며 살았으면 볼 꼴, 못 볼 꼴을 다 보인 터라 다시 왕으로 앉혀 달라고 하기에도 민망했을 터이고 7년이나 왕이 자리를 비운 동안 누가 왕위에 대신 앉아 있었을 수도 있는데 굴러온 돌이 다시 박힌 돌을 빼내기도 쉽지 않을 일이라 느부갓네살이 이렇게 정신을 차리자마자 금방 기다렸다는 듯이 왕으로 컴백하는 것은 모르긴 몰라도 세계사를 통틀어서도 유례가 없는 일입니다. 과연 느부갓네살의 복위는 어떻게 된 일이었을까요? 일단 하던 것부터 마무리 짓겠습니다.

그러므로 지금 나 느부갓네살은 하늘의 왕을 찬양하며 칭송하며 경배하노니 그의 일이 다 진실하고 그의 행하심이 의로우시므로 교만하게 행하는 자를 그가 능히 낮추심이라. (단 4:37)

고난이 유익이란 말은 참으로 느부갓네살에게 어울리는 말입니다. 7년 대환난을 겪고 난 그는 더 이상 아무 거리낌 없이 하나님을 향해 〈하늘의 왕〉이시라 높이 칭했고 하나님께서 진리와 공의를 주관하심을 인정하며 특히 〈교만하게 행하는 자들을 하나님께서 능히 낮추신다〉는 고백으로 구원의 인증샷을 찍었습니다. 7년 대환난 이전과 이후 느부갓네살의 변화는 상상 이상인데 이전에는 그의 비문이나 각종 건축물에 〈나는 바빌론 왕 느부갓네살, 하늘 끝에서 땅의 끝까지 온 천하의 지배자〉라며 적어 놓는 싹수가 노란 교만함을 보였다만 회심한 그의 고백은 겸손하기 이를 데 없습니다. 다만 이런 그의 회심이 바빌론 전체에 조서로 전달된 은혜로운 실천과는 별개로 그 열매는 다소 시큰둥했는데 4장 바로 다음 장에 나오는 벨사살왕이 저지르는 깽판을 보면 느부갓네살의 회심이 그 자신만 구원했을 뿐 왕실과 나라, 백성들을 전도하는 데까지는 미치지 못했다는 아쉬움을 볼 수 있기 때문입니다. 굳이 비유하면 태양신을 비롯하여 온갖 우상들이 판치던 이집트에서 신앙 개혁을 일으켜 유일신 숭배를 주창한 파라오 아케나톤이 자신이 죽자마자 그 모든 신앙 개혁이 무너져 버렸던 것과 혹은 유다 왕 므낫세가 말년에 회개하여 성군으로 끝맺었음에도 그의 아들인 아몬은 폭군이었던 것, 또한 니느웨가 요나 선지자의 전도로 회개하였으나 150년 후 다시 타락하여 나훔 선지자의 선포로 싹쓸이 패망하였던 것에 비할 수 있습니다. 어쩌면 신앙의 뿌리가 아예 없었던 불모지와 같은 바빌론 땅에서 왕 하나가 회심했다고 해서 그 나라와 백성들이 모두 돌아서기를 바라는 것이 무리였을 수도 있습니다만 이 일은 하나님께서 마음만 먹으면 서슬 퍼런 바빌론 왕도 얼마든지 휘저어 놓으실 수 있다는 것과 결국 모든 세상 왕국들은 하나님 손에서 폐하여지고 세워진다는 것을 제대로 보여 주신 인증샷이라 할 터입니다.

여기에서부터는 흥미로운 추리를 해 보겠습니다.

과연 느부갓네살이 7년 환난을 당하는 동안 어떻게 그의 왕위가 지켜졌고 정신을 차리자마자 기다렸다는 듯이 복위할 수 있었던 것이었을까요? 혹자는 느부갓네살을 별궁에 유폐하여 보살피다가 그가 정신이 돌아오자 대궐로 모신 것이라고도 하는데 엄연히 그가 들판에서 이슬을 맞고 풀을 뜯어 먹었다고 되어 있기에 그 설은 무리이고, 혹은 느부갓네살이 들판을 헤맬 동안에 〈대리 왕〉을 세워 통치하게 했다고도 분석하고 있습니다. 그설에 따르면 다니엘서 4장은 5장과도 연결되어 이어집니다. 바로 이런 스토리입니다.

> 1. 느부갓네살이 7년 동안 미치광이가 되어 통치를 못 하게 되니
> 2. 아들 벨사살이 2인자로서 대신 통치를 했는데
> 3. 오만하게 폭정을 저지르자 죽임을 당하고
> 4. 느부갓네살의 우호국이던 메디아의 다리오에게 왕위가 넘어가
> 5. 메디아인 다리오가 느부갓네살 대신 바빌론을 대리 통치하고
> 6. 느부갓네살이 회복되어 돌아오자 왕위를 돌려주고 돌아갔다.

(다리오는 왕의 이름이 아니라 파라오처럼 왕을 가리키는 직책명이라고 하는데 이 메디아인, 메대인 다리오는 〈아스티아게스〉왕이라고 합니다. 다리오와 비슷한 예가 아하수에로인데 그 또한 왕의 이름이 아니라 직책명이며 대표적으로 에스더의 남편 아하수에로는 원래 이름은 〈크세르크세스〉입니다.)

제법 그럴싸하지만 어림 택도 없는 소리인데 4장과 5장이 바로 이어져 나와 있으니 마치 느부갓네살을 이어서 곧바로 벨사살이 왕이 되는 것 같지만 느부갓네살을 이어 왕이 되는 인물은 벨사살이 아니라 느부갓네살의 아들 〈에윌므로닥〉입니다.

유다의 왕 여호야긴이 사로잡혀 간 지 삼십칠 년, 곧 바벨론의 왕 에윌므로닥이 즉위한 원년 십이월 그 달 이십칠일에 유다의 왕 여호야긴을 옥에서 내놓아 그 머리를 들게 하고(왕하 25:27)

벨사살은 느부갓네살을 계승한 에윌므로닥, 그 이후 네리글레살, 그 이

후 라바시마르둑, 그 이후 나보니두스의 아들로 왕위에 올라 통치를 하였으니 느부갓네살 이후 5대째인 셈입니다. 그러니 위의 〈메대 인 다리오 권한 대행설〉은 이러한 역사적 사실을 알지 못하고 그저 4장과 5장이 이어져 있으니 그런가 보다 하며 1차원적으로 생각한 오류인 것입니다. 더군다나 4장 말미에 이미 느부갓네살이 회복되어 왕으로 복귀한 내용이 나오는데 5장의 사건이 느부갓네살이 풀을 먹고 있던 7년이라는 기간 중에 일어난 사건이라면 느부갓네살이 조서에 단 한 줄도 벨사살의 일에 대해 쓰지 않았을 턱이 있겠습니까? 비정한 고대 왕정 시대에 왕을 죽이고 나라를 집어삼켜 놓고서 대리 왕 노릇이나 하다가 원래 왕이 돌아오자 곱다시 나라를 돌려준다는 게 말이나 되는 소리일까요? 일단 다니엘서에는 느부갓네살의 정신병이 언제 도졌는지 자세히 나와 있지 않지만 《70인역》에는 느부갓네살이 큰 나무 꿈을 꾼 때가 재위 18년이며 햇수로 보면 B.C. 587년이라고 합니다. 느부갓네살이 예루살렘 성을 포위할 때로 유다가 멸망하기 1년 전쯤 되는 시점입니다. 그러니 얼마나 느부갓네살의 기세가 등등했을지는 불문가지입니다. 그러다가 하루아침에 굴러떨어졌으니 더욱 극적인 운명이겠지요. 7일도, 7개월도 아니고 7년이라는 기간을 왕이 들판에서 풀을 뜯어 먹고 있는데도 나라가 굴러가고 왕위가 지켜지고 변란이나 반란, 혹은 느부갓네살을 시해하려는 움직임도 없이 평온한 나날이 이어졌던 것은 바로 2장과 3장에서 다니엘과 세 친구들이 제대로 실력 발휘를 하여 바빌론 중앙정부와 지방정부를 단단하게 장악하고 있었기 때문이었습니다.

2장에서는 다니엘이 모든 바빌론 고관대작들과 술사들을 대상으로 신묘막측한 선지자의 권능을 선보였고, 3장에서는 다니엘의 세 친구들이 바빌론의 고관대작들은 물론 지방정부의 영수들과 백성들 앞에서 용광로의 풀무 불에 들어갔다가 멀쩡하게 나오는 기가 막힌 기적을 보여 주었으니 바빌론 천하가 다니엘과 사드락, 메삭, 아벳느고 앞에서 멘탈이 깨졌음은 당연한 일입니다. 그랬으니 다니엘의 말 한마디에 바빌론 궁정과 조정은 마치 신탁이라도 내린 듯 움직였을 것이며 이번에도 느부갓네살의 꿈을 해몽해 주면서 〈7년 후에는 회복될 것〉이라는 명백한 시한을 정해 두었기에 비록 그 기간이 짧지는 않지만 이루어질 것은 확실한 것이니 그 누구도 그 말을 씹고 느부갓네살의 왕위를 강탈하려 들지 못했을 것 또한 자명한 일입니다. 다니엘은 중앙정부와 국무회의, 술사들을 장악하고 세 친구들은 지방정부를 장악하고 있으니 중앙 관료든, 지방 총독이든 누구든 허튼 마음을 품고 느부갓네살을 죽이거나 왕위를 찬탈할 마음을 먹지 못했으며 특히 다니엘과 세 친구들이 그런 지위에 처음 오른 때가 느부갓네살의 재위 2~3년째이고 느부갓네살이 정신병에 걸린 때가 재위 18~19년 차이니 이미 바빌론의 중앙정부와 지방정부는 다니엘과 친구들의 손에 장악된 지 어언 15~16년은 족히 되었기에 충분히 국정을 운영해 나갈 수 있었을 터입니다.

(느부갓네살의 유다 침공은 그의 결정인 동시에 하나님께서 정하신 유다의 운명이었으니 다니엘도 막지 못했을 것입니다. 하나님께서도 여기에 대해 느부갓네살을 만류하지 말라는 사인을 다니엘에게 주셨으리라 봅니다.)

바로 이런 이유로 느부갓네살이 7년이나 풀을 먹고 있었어도 그의 왕위가 빈틈없이 지켜져 그가 돌아오기만을 기다리고 있었던 것입니다. 또한 다니엘은 느부갓네살이 7년 대환난을 겪는 동안에도 뭔가 배려를 했을 것으로 여겨지는데 일단 그가 이슬을 맞고 풀을 먹는 것은 하나님께서 정하신 징계이기에 그것은 어떻게 할 수 없었다 해도 느부갓네살의 안전을 보장하기 위해 넓은 목초지 또는 초원을 쇠줄과 놋줄로 울타리를 쳐서 느부갓네살이 어디론가 휙 빠져나가서 실종되지 않도록 조치했고 요소요소에 헌병들을 배치하여 들짐승들이 그에게 달려들거나 혹은 어떤 불순한 마음을 품은 자객이 그를 죽이지 못하도록 지켰을 것입니다.

(만약 느부갓네살이 물가에서 잘못 발을 디뎌 빠지거나 하면 그 헌병들이 얼른 다가가서 끄집어내기도 했겠지? 당연히 헌병들은 다니엘에게 1일 단위로 〈임금님 동향 보고〉를 올렸을 거다.)

그랬으니 7년 기한이 차서 느부갓네살이 하늘을 우러러보며 제정신을 차리게 되었을 때도 지켜보던 헌병이 얼른 대궐로 뛰어와 보고했을 것이며 다니엘을 비롯한 대신들이 느부갓네살을 맞으러 용포와 왕관을 챙겨서 뛰어갔을 것입니다. 물론 그때도 대신들은 〈역시 다니엘 대감은 족집게라니까!!〉라고 생각했겠지요. 확실히 어떤 일이든 나이롱뽕으로 일어나는 것은 없고 하나님께서 다 안배를 하고 준비를 하신다는 것을 알 수 있는 스토리였습니다. 2장과 3장에서 다니엘과 세 친구들을 벼락출세를 시켜 바빌론 제국의 요직에 앉히신 것이 바로 이때를 위함이라는 것은 옛적 요셉이 이집트 총리가 되어 가족들을 흉년으로부터 구한 것, 훗날 에스더가 페르시아 왕비가 되어 유대 민족을 홀로코스트로부터 구한 것에 비견할 만한 일입니다.

느부갓네살과 엮인 이야기는 이렇게 끝을 맺었지만 이후에도 다니엘의 스토리는 이어지고 있습니다. 씁쓸한 것은 느부갓네살의 회심으로 아름답게 끝난 4장의 바로 다음 편 5장에서는 새로운 왕이 깽판을 치는 장면이 나온다는 것이지요. 마치 이것도 옛적 출애굽 배경처럼 〈요셉을 알지 못하는 새 왕이 일어난 것〉 같은 상황인데 대체 무슨 일이 일어난 것인지 이어지는 다니엘 5장 강해를 기대해 주시기 바랍니다.

벨사살 왕이 그의 귀족 천 명을 위하여 큰 잔치를 베풀고 그 천 명 앞에서 술을 마시니라. (단 5:1)

5장.

메네 메네 데겔 우바르신 ─────

벨사살 왕이 그의 귀족 천 명을 위하여 큰 잔치를 베풀고 그 천 명 앞에서 술을 마시니라. (단 5:1)

4장까지 분명히 느부갓네살왕이 7년간 정신병을 앓다가 회복하여 복위하는 데까지 나왔는데 5장에서는 느닷없이 벨사살이라는 새로운 왕이 등장합니다. 마치 창세기 마지막 장과 출애굽기 1장과의 이상한 이어짐 같은 상황인데 창세기 말미에서의 이집트 왕은 그토록 따사롭고 괜찮더니만 출애굽기 1장이 시작하자마자 요셉을 알지 못하는 새 왕이 일어나 히브리 민족을 갈아 마신 것처럼, 4장에서 느부갓네살왕이 그렇게 은혜롭게 하나님을 송축하더니 5장에서는 별 또라이 같은 놈이 등장해 하나님을 제대로 능멸하고 있습니다. 아니, 왕이 파티를 열어서 술 정도 마실 수 있지, 그걸 가지고 또라이라고 하기는 너무한 거 아니냐구요? 다음 절을 보시면 그 생각이 좀 달라지실 겁니다.

벨사살이 술을 마실 때에 명하여 그의 부친 느부갓네살이 예루살렘 성전에서 탈취하여 온 금, 은그릇을 가져오라고 명하였으니 이는 왕과 귀족들과 왕후들과 후궁들이 다 그것으로 마시려 함이었더라. 이에 예루살렘 하나님의 전 성소 중에서 탈취하여 온 금 그릇을 가져오매 왕이 그 귀족들과 왕후들과 후궁들과 더불어 그것으로 마시더라. (단 5:2~3)

왕궁 수라간 소주방에 술잔이 없어서 하필이면 예루살렘 성전에서 삥뜯어 온 그릇으로 술을 처먹는지 짜증이 제대로 나는데 성전에서 쓰던 그릇이라면 당연히 하나님께 바치는 제사를 올리는 소품들입니다. 그런데 그걸로 술을 따라 마시는 것도 모자라….

그들이 술을 마시고는 그 금, 은, 구리, 쇠, 나무, 돌로 만든 신들을 찬양하니라. (단 5:4)

아예 바빌론의 온갖 우상들을 찬양하고 나자빠졌습니다. 아마 여기에서 그 신들의 이름을 벨, 마르둑, 나부, 니눈타, 아쿠, 느고 등 실명으로 언급하지 않고 금과 은과 놋과 철과 나무와 돌로 만들었다고 설명한 이유는 그 신이란 것들이 모조리 사람의 손으로 만든 허탄한 우상에 불과하다는 것을 강조하려 함이겠지요? (도대체 다니엘은 어디 간 거야?)

그 때에 사람의 손가락들이 나타나서 왕궁 촛대 맞은편 석회벽에 글자를 쓰는데 왕이 그 글자 쓰는 손가락을 본지라. 이에 왕의 즐기던 얼굴 빛이 변하고 그 생각이 번민하여 넓적다리 마디가 녹는 듯하고 그의 무릎이 서로 부딪친지라. (단 5:5~6)

방금 전까지 신나게 부어라 마셔라 하며 호기를 부리던 벨사살왕이 가오 떨어지게 다리가 풀리고 양쪽 무릎이 서로 부딪치도록 벌벌 떠는 모습이 참으로 이채롭긴 하지만 영 이상한 것은 아닙니다. 느닷없이 사람은 없이 손가락만 떡하니 나타나서 궁전 벽에 글씨를 쓰고 있으니 이건 뭐 어느 공포 영화에나 나올 것 같은 장면입니다. 비단 왕만이 아니라 거기 있는 누구라도 넋이 나갔을 것은 불문가지입니다. 앞의 느부갓네살 때도 그랬듯이 이런 일이 생기면 〈점성가들, 마술사들, 점쟁이들, 갈대아 술사들〉을 불러 모으는 것이 바빌론 왕들의 위기 대처 매뉴얼인가 봅니다.

왕이 크게 소리 질러 술객과 갈대아 술사와 점쟁이를 불러오게 하고 바벨론의 지혜자들에게 말하되 누구를 막론하고 이 글자를 읽고 그 해석을 내게 보이면 자주색 옷을 입히고 금 사슬을 그의 목에 걸어 주리니 그를 나라의 셋째 통치자로 삼으리라, 하니라. (단 5:7)

왕이 크게 소리를 질러 점성가들과 칼데아인들과 점쟁이들을 불러오라 하고, 또 왕이 바빌론의 현자들에게 일러 말하기를 "누구라도 이 글을 읽고 그 해석을 나에게 알려 주는 자는 주홍색으로 옷 입을 것이요 금목걸이를 목에 두를 것이며 왕국에서 셋째 치리자가 될 것이라." 하더라. (단 5:7, 킹제임스)

얼마나 겁이 나고 떨렸으면 다급하게 소리를 질러 불러 모으고 그 현자들에게 꿈 해몽도 아니고, 글을 해석해 주면 바빌론 제국의 넘버 3로 세워 준다는 기가 막힌 복채를 제시합니다. 앞의 느부갓네살은 해석 못 하면 너희들 몸을 토막 내고 집을 화장실로 리모델링해 주겠다고 했었는데 말이지요.

그 때에 왕의 지혜자가 다 들어왔으나 능히 그 글자를 읽지 못하며 그 해석을 왕께 알려 주지 못하는지라. 그러므로 벨사살 왕이 크게 번민하여 그의 얼굴빛이 변하였고 귀족들도 다 놀라니라. (단 5:8~9)

당연히 느부갓네살 때도 그랬듯이 바빌론 술사들 따위는 그냥 월급만 축내는 버러지들이었고 이젠 아예 꿈을 풀이하는 것도 아닌, 글자 읽고 해석하는 것도 못 할 수준으로 다운그레이드가 되었습니다. 그러니 벨사살은 멘붕이 될 수밖에 없었는데 대체 이 와중에도 다니엘은 왜 보이지 않는 것일까요? 그런데 어째 지금까지 패턴을 보면 〈왕이 이상한 것을 보고 → 술사들에게 물어보고 → 술사들이 못 풀고 → 왕이 멘붕하고 → 다니엘이 해결한다〉는 구조로 반복되는 듯합니다. 과연 다니엘은 어디 있는 것일까요?

왕비가 왕과 그 귀족들의 말로 말미암아 잔치하는 궁에 들어왔더니 이에 말하여 이르되 왕이여, 만수무강 하옵소서. 왕의 생각을 번민하게 하지 말며 얼굴빛을 변할 것도 아니니이다. 왕의 나라에 거룩한 신들의 영이 있는 사람이 있으니 곧 왕의 부친 때에 있던 자로서 명철과 총명과 지혜가 신들의 지혜와 같은 자이니이다. 왕의 부친 느부갓네살 왕이 그를 세워 박수와 술객과 갈대아 술사와 점쟁이의 어른을 삼으셨으니 왕이 벨드사살이라 이름하는 이 다니엘은 마음이 민첩하고 지식과 총명이 있어 능히 꿈을 해석하며 은밀한 말을 밝히며 의문을 풀 수 있었나이다. 이제 다니엘을 부르소서. 그리하시면 그가 그 해석을 알려 드리리이다, 하니라. (단 5:10~12)

드디어 해결사 다니엘이 언급되었습니다. 그런데 어째 등장하는 모습이 좀 이채롭습니다. 다니엘은 〈왕비〉로부터 언급되는데 앞에 보면 벨사살왕과 그의 아내들과 후궁들이 같이 술을 마시고 있다고 나와 있는데 왜 갑자기 또 다른 왕비가 궁으로 들어오는 것인가 의아할 수도 있습니다. 그리고 어째 왕비가 다니엘을 소개하는 뉘앙스가 왠지 〈한물가서 은퇴한 옛사람〉을 회상하는 듯한 느낌이 강하며 왕비의 말을 듣고서야 벨사살이 다니엘을 부른다는 것은 돌려 말하면 5장 당시의 다니엘은 4장까지 쥐고 있던 지위와 권세가 더 이상 없는 상태였음도 암시됩니다. 마치 귀양을 가거나 유배를 보낸 옛 신하를 불러들이는 듯한 모양인데 어쨌든 모두가 멘붕에 빠져 있는 동안 유일하게 다니엘을 기억하고 있던 왕비의 추천으로 다시 다니엘이 컴백할 시간이 되었습니다.

이에 다니엘에 부름을 받아 왕의 앞에 나오매 왕이 다니엘에게 말하되 네가 나의 부왕이 유다에서 사로잡아 온 유다 자손 중의 그 다니엘이냐. 내가 네게 대하여 들은즉 네 안에는 신들의 영이 있으므로 네가 명철과 총명과 비상한 지혜가 있다, 하도다. 지금 여러 지혜자와 술객을 내 앞에 불러다가 그들에게 이 글을 읽고 그 해석을 내게 알게 하라, 하였으나 그들이 다 그 해석을 내게 보이지 못하였느니라. (단 5:13~15)

다니엘을 〈유다 포로〉 따위로 호칭하는 걸 보니 확실히 다니엘은 이 당시에 4장에서까지 누리고 있던 그 권세와 벼슬을 모조리 날려 먹고 야인이 되어 있던 상태인가 봅니다. 게다가 어찌 된 일인지 이 벨사살은 느부갓네살의 아들이라면서 다니엘에 대해 잘 알지도 못하고 그다지 관심도 없던 눈치이니 도대체 느부갓네살과 벨사살로 이어지는 4장과 5장 사이에 다니엘에게 무슨 일이 있었던 것인지 더욱더 궁금증이 커져 갑니다.

내가 네게 대하여 들은즉 너는 해석을 잘 하고 의문을 푼다, 하도다. 그런즉 이제 네가 이 글을 읽고 그 해석을 내게 알려 주면 네게 자주색 옷을 입히고 금 사슬을 네 목에 걸어 주어 너를 나라의 셋째 통치자로 삼으리라, 하니 (단 5:16)

내가 너에 관하여 들으니 너는 해석을 할 수 있고 의문을 해소한다, 하는 도다. 이제 네가 이 글을 읽고 그 해석을 내게 알려 주면 너는 주홍색으로 옷 입을 것이요, 금목걸이를 목에 두를 것이며 왕국의 셋째 치리자가 될 것이니라, 하더라. (단 5:16, 킹제임스)

이 부분을 대강 넘기기 일쑤인데 사실 〈셋째 치리자〉라는 것부터가 뭔가 의아한 표현입니다. 흔히 여기에서 벨사살왕이 다니엘을 총리, 재상, 영의정으로 임명하는 것이라 생각하는데 문제는 총리나 재상, 조선시대로 치면 영상 대감은 〈일인지하 만인지상〉이라 하여 왕 바로 다음, 왕국의 넘버 2입니다. 왕의 아내인 왕비, 중전은 원칙적으로 정치에 관여할 수 없기에 치리 서열에서 제외되며 왕의 장남인 왕세자, 태자 또한 정치에 관여하는 게 아니라 제왕 수업을 받는 데 집중해야 하기에 치리 서열에서는 빠집니다. 그러니 당연히 국정을 운영하는 총리, 재상이 첫째 치리자인 왕을 이어 〈둘째 치리자〉인 것이지요. 그런데 왜 벨사살은 다니엘을 〈셋째 치리자〉로 삼겠다고 했던 것일까요? 이 부분은 일단 넘어가고 하던 거 계속하겠습니다.

다니엘이 왕에게 대답하여 이르되 왕의 예물은 왕이 친히 가지시며 왕의 상급은 다른 사람에게 주옵소서. 그럴지라도 내가 왕을 위하여 이 글을 읽으며 그 해석을 아뢰리이다. (단 5:17)

(너님한테는 특별히 재능 기부로 무료 서비스한다.)

왕이여, 지극히 높으신 하나님이 왕의 부친 느부갓네살에게 나라와 큰 권세와 영광과 위엄을 주셨고 그에게 큰 권세를 주셨으므로 백성들과 나라들과 언어가 다른 모든 사람들이 그의 앞에서 떨며 두려워하였으며 그는 임의로 죽이며 임의로 살리며 임의로 높이며 임의로 낮추었더니 그가 마음이 높아지며 뜻이 완악하여 교만을 행하므로 그의 왕위가 폐한 바 되며 그의 영광을 빼앗기고 (단 5:18~20)

사람 중에서 쫓겨나서 그의 마음이 들짐승의 마음과 같았고 또 들나귀와 함께 살며 또 소처럼 풀을 먹으며 그의 몸이 하늘 이슬에 젖었으며 지극히 높으신 하나님이 사람 나라를 다스리시며 자기의 뜻대로 누구든지 그 자리에 세우시는 줄을 알기에 이르렀나이다. (단 5:21)

(느낌이 오실지 모르겠는데 다니엘은 담담해 보이면서도 상당히 감정적으로 얘기하고 있습니다. 뭔가 속에 깊은 빡침을 품은 듯한 뉘앙스가 느껴지며 모르긴 몰라도 이 말을 할 때 벨사살을 향해 눈에서 레이저를 쏘고 있지 않았을까 싶습니다.)

벨사살이여, 왕은 그의 아들이 되어서 이것을 다 알고도 아직도 마음을 낮추지 아니하고 도리어 자신을 하늘의 주재보다 높이며 그의 성전 그릇을 왕 앞으로 가져다가 왕과 귀족들과 왕후들과 후궁들이 다 그것으로 술을 마시고 왕이 또 보지도 듣지도 알지도 못하는 금, 은, 구리, 쇠와 나무, 돌로 만든 신상들을 찬양하고 도리어 왕의 호흡을 주장하시고 왕의 모든 길을 작정하시는 하나님께는 영광을 돌리지 아니한지라. 이러므로 그의 앞에서 이 손가락이 나와서 이 글을 기록하였나이다. (단 5:22~24)

다니엘은 더 이상 느부갓네살을 대하던 때처럼 겸손하면서도 조곤조곤하게, 조금 거북한 표현은 최대한 빙빙 돌리는 식으로, 그렇게 매너 있게 얘기하지 않습니다. 대놓고 퍼부어 대며 쌍욕 빼고 다 하고 있습니다. 대체 그동안 무슨 일이 있었기에 그 맑고 청초하고 겸손하던 미소년 다니엘을 이렇게 야수로 만들어 놓았던 것일까요? 아닌 게 아니라 다니엘은 벨사살이 내미는 보상에도 필요 없으니 그딴 거 너나 가지세요, 하며 손사래를 치고 있는데 앞에서 느부갓네살이 주던 선물과 향품과 예물들과 관직은 두말하지 않고 받아들였던 것과는 너무나 상반된 모습입니다. 사실 누가 호의로 선물하는 것들을 예의로 사양하는 것도 아니고 면전에서 딱 잘라 거절하는 것 자체가 굉장히 무례한 것인데 하물며 왕이 하사하는 것들을 그렇게 내던지는 행동은 그 자체가 왕을 능멸하는 태도였습니다. 제 말이 농담이 아닙니다. 1~4장에서 느부갓네살을 대하는 모습과 6장에서 다리오를 대하는 모습과 5장에서 벨사살을 대하는 모습을 보시면 그야말로 천지 차이입니다. 특히 모든 신료들이 왕을 알현할 때 가장 먼저 〈왕이여, 만세수를 하옵소서〉 내지는 〈오래 사소서, 영원히 사소서〉 등 만세를 먼저 부르는 것이 이 시절 기본 예법입니다. 심지어 벨사살에게 다니엘을 소개했던, 왕의 아내 혹은 어머니로 추정되는 그 왕비마저도 현역 왕인 벨사살을 향해 만세를 부르는 예를 갖추는데 하물며 불려 나온 다니엘은 벨사살에게 어떤 예도 갖추지 않습니다. 단순히 생략되었다고 하기에는 굉장히 심상치 않은 대목인데 벨사살과 벨드사살, 이름도 비슷한 두 사람 사이에 어떤 일이 있었을까요?

기록된 글자는 이것이니, 곧 메네 메네 데겔 우바르신이라. 그 글을 해석하건대 하나님이 이미 왕의 나라의 시대를 세어서 그것을 끝나게 하셨다, 함이요. 데겔은 왕을 저울에 달아 보니 부족함이 보였다, 함이요. 베레스는 왕의 나라가 나뉘어서 메대와 바사 사람에게 준 바 되었다, 함이니이다, 하니 (단 5:25~28)

페레스는 왕의 왕국이 나뉘어서 메데인들과 페르시아인들에게 주어진다, 함이니이다, 하더라. (단 5:28, 킹제임스)

그 유명한 〈메네 메네 데겔 우바르신〉이 여기에서 나왔습니다. 재어 보고 재어 봐도 도저히 안 되겠으니 넌 여기서 죽어라, 하는 뭐 그런 의미이지요. 특히 마지막의 베레스, 다른 말로 〈페레스〉는 나눈다는 뜻과 더불어 발음이 〈페르시아〉와 같아서 묘한 단어이기도 한데 이 예언은 벨사살을 끝으로 바빌론이 무너진다는 것과 동의어였고 벨사살은 이름처럼 바'벨'론을 '사살'해 버렸습니다.

이에 벨사살이 명하여 그들이 다니엘에게 자주색 옷을 입히게 하며 금 사슬을 그의 목에 걸어 주고 그를 위하여 조서를 내려 나라의 셋째 통치자로 삼으니라. (단 5:29)

이 장면도 어안이 벙벙한 대목인데 그 무서운 선포를 듣고도 벨사살은 자기가 말한 대로 다니엘에게 홍포를 입히고 금목걸이를 걸어 주고 왕국의 넘버 3로 임명하는 선포를 합니다. 이놈이 잔뜩 술에 절어서 무서운 걸 보고 멘탈이 나가더니 이제는 자기 대에 나라가 망한다는 경고까지 받고서 드디어 미친 건가 싶기도 하고, 혹은 망하는 것은 망하는 것이고 왕으로서의 마지막 체면과 가오를 살리고자 자기가 말한 대로 집행하는 것인가 하기도 하고, 혹은 자기 아버지 느부갓네살이 이런저런 무서운 꿈 해몽과 선포를 받고도 다니엘을 잘 대접하고 우대하여 그것을 극복하고 오래 집권했던 것을 기억했는지 다니엘에게 일종의 〈뇌물〉을 쓰려고 했는지 모를 일이지만 이 눈치 없는 놈은 아직까지도 자기가 단두대 위에 있다는 걸 모릅니다.

그 날 밤에 갈대아 왕 벨사살이 죽임을 당하였고 메대 사람 다리오가 나라를 얻었는데 그 때에 다리오는 육십이 세였더라. (단 5:30~31)

그날 밤 칼데아인들의 왕 벨사살이 죽임을 당하고 메디아인 다리오가 그 왕국을 취하니, 약 육십이 세였더라. (단 5:30~31, 킹제임스)

골때리는 것은 그렇게 1,000명의 왕후 귀족들을 모아 놓고 술판을 벌이고 있던 때가 수도 바빌론이 메디아와 페르시아 군대에 포위되어 한창 공방전이 벌어지고 있던 상황이었습니다. 얼른 성문으로 나가 군대를 호령하며 전투를 지휘해도 모자랄 판에 이 눈치 없는 놈은 귀족들을 불러 모아 술파티나 벌이고 있었던 것이지요. 1,000명이나 되는 귀족들을 모았으니 거기 모인 귀족들이 죄다 문관들만은 아닐 테고 무관들도 있었다면 필시 그 방어전을 이끌어야 할 지휘관, 참모들도 적잖았을 텐데 그렇게 다 불러 모아 술을 퍼마시고 있으면 성을 어떻게 지킬 생각이었는지 아찔할 상황입니

다니엘서! 한 권으로 끝내기

다.

(과거 후삼국 시대에 후백제 왕 견훤이 신라를 기습하여 경주를 함락시켰을 때 경애왕이 포석정에서 술판을 벌이고 있었던 것과 비슷한 상황이긴 한데 그때는 술판을 벌일 만하기도 했던 것이 그 전까지 신라가 고려를 도와 용주성과 대야성 등에서 승리를 거두기도 했기에 모처럼 기세가 오른 마당에 사기를 높이고 신하들을 격려하기 위한 차원에서라도 필요했습니다. 그러나 벨사살의 경우에는 수도가 포위되어 공방전이 벌어지던 와중에 벌어진 일이라 이건 뭐 왕으로서의 기본이 안 되어 있는 무개념이었지요.)

수도 바빌론 성이라 함은 그리스 학자 헤로도토스 기록에 의하면 성벽 두께가 26m, 높이가 106m이며 성벽 한 변이 22km이고 성벽에 구리 문이 100개이며 외벽과 내벽으로 이중 성벽인 데다 그 사이에는 물이 흐르는 참호인 해자를 파 놓았고 성벽 위에는 네 마리의 말이 끄는 전차가 달릴 수 있을 만큼 넓었으며 성벽 위에는 30m나 높이 솟은 망대가 일정 간격으로 수백 개나 설치되어 있었고 도시 가운데를 가로질러 흐르는 유프라테스강의 양쪽도 성벽으로 쳐 있어 그야말로 난공불락의 요새인 것은 맞습니다, 맞고요. 그 안에 저장된 군수물자 및 군량미도 20년은 너끈히 버틸 정도는 되어 당장은 그다지 걱정할 필요가 없어서 벨사살이 더욱 방심했을 수도 있습니다. 그런데 역사적으로 페르시아 왕 키루스, 그 유명한 고레스왕이 바빌론을 함락시킨 방법은 유프라테스강물의 물꼬를 터 성을 가로질러 흐르는 강물이 줄어들자 병사들이 걸어서 건널 만큼의 깊이가 되었고 그 수로를 통해 성내로 진입하여 점령한 것이었습니다. 과연 이 방법을 누가 알려 주었을까요? 모르긴 몰라도 바빌론 성의 구조에 대해 빠삭한 사람이어야 할 텐데 병사들은 성을 지키느라 개고생을 하는데 왕이란 놈과 장수라는 것들은 궁전에 모여 술이나 퍼마시는 것에 깊은 빡침을 느낀 바빌론 수비대의 어떤 중·하급 장교가 몰래 성을 빠져나와 페르시아 진영에 투항하여 알려 준 것이 아니었을까요?

(전쟁사를 보면 이런 일들이 비일비재합니다. 삼국지만 봐도…. 게다가 나보니두스와 벨사살 정권 때에 이전의 바빌론 주신인 마르둑 대신 나부 신앙을 우대하면서 기존의 마르둑 숭배자들의 반감을 크게 산 덕분에 고레스가 이 점을 제대로 노려 마르둑 사제 및 신도들이 스스로 성문을 열고 페르시아군이 들어오게 했다는 설도 있습니다. 결국 바빌론 성은 거의 전투 없이 무혈입성이나 다름없이 고레스의 손에 떨어진 것이지요.)

결국 그렇게 바빌론은 함락되고 시조 니므롯으로부터 수천 년을 이어온 바빌론 제국은 벨사살을 끝으로 멸망하고 말았으며 그 망국의 죄인 벨사살왕은 왕궁이 점령되던 때 고브리아스라는 페르시아 장군의 손에 참수를 당했으니 B.C. 539년 10월 13일이었습니다. 이어서 29일에 고레스왕이 입성하였고 바빌론이란 나라는 역사의 뒤안길로 사라졌습니다. 벨사살이 죽을 때 그를 〈갈대아 왕, 또는 칼데아인들의 왕〉이라 했는데 바빌론 왕도 아닌, 갈대아인들의 왕이라 굳이 호칭한 것은 여기에서의 갈대아인이 단순히 갈대아 민족을 의미하는 게 아니라 〈갈대아 술사들〉을 뜻하는 용어일 수도 있습니다. 즉, 벨사살을 향해 점쟁이와 술객들이나 믿고 따르던 무뇌충이라며 멸칭을 붙인 것이 아닐까, 하는 것이지요. 어쨌든 그렇게 벨사살의 목이 떨어지고 바빌론을 통치하도록 위임받은 사람은 메디아인 다리오인데 그의 나이는 62세로 그 시절 기준으로도 노인이며 그다지 오래 다스릴 것 같지는 않아 보입니다만 어쨌든 이 다리오가 누군지도 상당한 수수께끼였습니다. 유명한 페르시아 왕 다리우스가 있지만 고레스보다 후대 사람입니다. 게다가 페르시아인도 아니고 메디아인이라고 설명되어 있어 바빌론이 페르시아가 아니라 메디아에게 망한 것인가 생각되기도 하지만 이미 11년 전인 B.C. 550년에 메디아 제국은 페르시아 왕 고레스에게 합병되어 사라졌고 바빌론 멸망은 고레스의 지휘 아래에서 벌어진 일이었습니다. 다리오가 누구인지는 명확하지 않고 추측만 무성한데 메디아의 마지막 왕 아스티아게스 또는 그 아들인 키악사레스, 바빌론 성을 함락시킨 장군인 고브리아스와 욱바루 등 후보자들만 있습니다. 고레스의 아들 캄비세스라는 설도 있는데 고레스가 B.C. 590년 또는 576년생인데 590년에 태어났다면 바빌론 함락 당시 51세, 576년생이라면 37세인지라 그의 아들이 62세라는 건 좀 이상하지요.

그냥 이해하기 편하게 다리오를 왕의 명칭으로 생각하면 될 듯도 합니다. 굳이 표현하면 아하수에로는 대왕, 다리오는 분봉왕 정도라고 본다면 나중에 단 9:1에 나오는 〈메대 족속 아하수에로의 아들 다리오가 갈대아 나라 왕으로 세움을 받았다〉는 구절도 메디아 대왕의 아들이 갈대아, 즉 바빌론 담당 분봉왕으로 세워졌다는 의미로 쉽게 이해할 수 있습니다. 정말 머리를 쥐어짜 내 추리를 해 보면 옛 메디아 왕들의 후손들 중에서 62세 정도 된 무난한 노인네를 하나 세워서 새로 정복한 바빌론에 대한 민심 수습과 위임 통치를 맡겼다는 것이 되겠지요. 만약 다리오, 아하수에로를 왕의 이름으로 봐 버려서 다리우스, 크세르크세스로 대입시켜 버리면 완전히 족보가 꼬여 버립니다.

여기에서 흥미로운 추리를 함께 해 볼 텐데 〈다니엘을 알지 못하는 새 왕〉 벨사살은 누구일까요?

사실 지난 4장 강해에서 이미 밝혔듯이 벨사살은 느부갓네살을 바로 이어서 승계한 게 아니라 느부갓네살 이후 4대를 거쳐서 5대째에 승계한 왕입니다. 느부갓네살이 죽은 후 그의 아들인 에윌므로닥이 왕위에 올랐다가 그의 매형이자 느부갓네살의 사위 네르갈사레셀이란 자가 그를 죽이고 왕위를 찬탈했으며, 그도 오래지 않아 죽고 아들인 라바시마르둑이 즉위했는데 어린아이였던 그가 즉위 9개월 만에 맞아 죽는 참사를 당한 후 나보니두스가 왕위를 찬탈하여 즉위했습니다. 그러나 나보니두스는 왕국을 통치하는 것에 금방 흥미를 잃어버리고는 군대를 이끌고 대외 원정을 다니고 국제 무역과 사업에 투자하고 관리하는 그런 것에나 관심이 있었기 때문에 즉위한 지 얼마 되지 않아 아들인 벨사살을 권한대행, 대리 왕으로 앉혀 놓고 자신은 밖으로 나돌아 버렸던 것입니다. 5장에서 벨사살이 왕으로 나오는 것은 바로 이런 이유였습니다. 깔끔하게 연표로 정리하면 이렇습니다.

> B.C. 587년. 느부갓네살 재위 18년, 꿈을 꾸고 경고를 받음.
> B.C. 586년. 느부갓네살 재위 19년, 정신병에 걸려 풀을 먹음.
> B.C. 579년. 느부갓네살 재위 26년, 회복되어 복위함.
> B.C. 562년. 느부갓네살 재위 43년, 사망.

(느부갓네살은 43년간 바빌론 왕위에 있었고 4장에서 느부갓네살이 복위한 후 무려 17년간 조용히 살았습니다.)

> B.C. 562년. 에윌므로닥, 왕위 계승.
> B.C. 560년. 에윌므로닥 살해, 네르갈사레셀의 왕위 찬탈.
> B.C. 556년. 네르갈사레셀 사망, 라바시마르둑의 왕위 승계.
>   라바시마르둑 살해, 나보니두스의 왕위 찬탈.
> B.C. 553년. 나보니두스의 아들 벨사살, 대리 통치.
> B.C. 539년. 바빌론 멸망, 벨사살 처형.

(왕들의 이름은 다르게도 표기되는데 에윌므로닥은 아멜마르둑, 네르갈사레셀은 네리글레살, 라바시마르둑은 라바시소알곳 등으로 표기되기도 합니다. 느부갓네살과 나보니두스와 벨사살은 특이하게 다른 표기가 없이 단일 명칭으로만 쓰이는 편이지요. 앞에서 따로 언급은 안 했지만 바빌론이 포위되기 전에 이미 나보니두스가 군대를 이끌고 나갔다가 패하여 은거해 있는 상황이었습니다. 그러니 벨사살은 자기 아버지의 목숨도 위험한 마당에 수도가 포위된 상황에서 술판을 벌이고 있었던 것입니다.)

4장과 5장 사이에는 무려 40년의 간격이 있었던 것입니다. 다만 그 40

년 중에 느부갓네살이 다스린 기간이 17년이며 그가 죽고 나보니두스가 즉위하기까지 6년이며 벨사살이 왕이 된 것은 나보니두스가 즉위하고 3년 후, 벨사살이 통치한 기간은 14년이었습니다. 참으로 다사다난한 세월이었지요?

다니엘은 느부갓네살 대에 정권을 잡고 국정을 장악했고 느부갓네살 사후 에윌므로닥 대에도 그의 영향력은 그리 변함이 없었을 것이며 비록 에윌므로닥이 시해되고 네르갈사레셀이 찬탈했지만 느부갓네살의 사위이자 인척이었기에 다니엘의 영향력에는 큰 변동이 없었을 것입니다. 그러나 문제는 나보니두스였습니다. 이자는 네르갈사레셀이 죽자마자 그의 어린 아들 라바시마르둑을 죽이고 왕위를 찬탈했으며 철두철미한 우상숭배자에 사탄숭배자에다 훗날 프리메이슨과 일루미나티의 기원이 되는 가나안 상인조합의 수괴였던 터라 그가 왕이 되면서 가장 먼저 착수한 일이 다니엘을 바빌론 조정에서 지워 버리는 것이었습니다. 이미 4장에서의 대사건이 있고 40년이 지난 터라 이제는 다니엘을 기억하는 사람들도 많이 없어져 세대교체도 어지간히 일어났고 느부갓네살의 복위 이후 사망까지 거의 17년간 큰 이벤트 없이 조용히 이어 왔다면 더더욱 다니엘의 활약은 어지간히 나이 많은 궁정 어른들이나 기억하고 있는 옛일이 되었을 터입니다.

(바로 이런 이유로 벨사살에게 다니엘을 추천한 왕비는 벨사살의 아내가 아니라 어머니인 태후로 보는 게 타당합니다. 사실 킹제임스 성경과 개역 개정 성경이 아닌, 이전 개역 한글 성경에는 〈태후〉라고 명시되어 있습니다.)

그러니만치 다니엘의 영향력이 그렇지 않아도 떨어져 가고 있는 마당에 새로 왕위를 찬탈한 왕이 다니엘을 못 잡아먹어 안달이 난 인간이니 나보니두스는 〈전 정권의 적폐를 청산한다〉는 기치를 내걸고 다니엘의 세력을 축출하고 다니엘을 파직하는 대숙청을 감행합니다. 마치 출애굽기 1장에서 요셉을 알지 못하는 새 왕이 힉소스 왕조의 적폐를 청산한다며 히브리 민족을 노예화했던 것처럼 나보니두스와 벨사살 부자는 다니엘 정권에 대한 대규모 숙청에 착수했고 결국 다니엘은 실각하고 말았습니다. 모르긴 몰라도 수도 바빌론이 포위된 상태에서 벨사살이 다니엘을 금방 불러올 수 있었던 이유가 실각하여 숙청된 다니엘이 여기저기 귀양을 다니고 유배를 다니다가 페르시아가 쳐들어오자 바빌론 왕궁의 지하 감옥으로 옮겨져 갇혀 있었기 때문일 수도 있습니다. 예레미야가 시위대 뜰에 갇혀 있었던 것처럼 말이지요.

가만! 아까부터 계속 벨사살이 나보니두스의 아들이라고 하는데 어째서 왕비나 다니엘이나 벨사살을 향해 〈느부갓네살의 아들〉이라고 하는 걸까요? 물론 바빌론 말에는 할아버지, 증조할아버지 이런 표현이 없이 〈아버지〉만 있었기 때문에 할아버지나 증조할아버지를 표현하려면 아버지의 아버지, 아버지의 아버지의 아버지라고 써야 하기 때문에 간편하게 윗대 조상들을 모조리 퉁쳐서 아버지라고 하기도 했고 실제로 나보니두스도 왕족으로서 느부갓네살과 혈연이 없잖아 있기도 했으니 편리하게 윗대 조상인 느부갓네살을 아버지라고, 벨사살을 아들이라고 했을 수도 있습니다.

태후가 왕과 그 귀인들의 말로 인하여 잔치하는 궁에 들어 왔더니 이에 말하여 가로되 왕이여, 만세수를 하옵소서. 왕의 생각을 번민케 말며 낯빛을 변할 것이 아니니이다. (단 5:10)

그러나 벨사살의 경우에는 그렇게 간단히 계산될 노릇이 아니었으니 술판에 나타나 다니엘을 소개한 왕비는 바로 느부갓네살의 왕비이며 벨사살의 친어머니, 즉 태후였습니다. 아닌 게 아니라 후대의 에스더의 예에서도 보듯이 그 고대 시절에는 왕비라고 해도 왕이 부르지 않았는데 멋대로 어전에 나왔다가는 무사할 수 없었는데 이런 룰은 오직 왕의 어머니에게만

예외였고 벨사살에게 다니엘을 소개한 왕비는 벨사살의 아내가 아니라 어머니였기 때문에 아들이 술판을 벌이다가 이상한 손가락과 글자를 보고 벌벌 떨고 있다는 소식에 얼른 연회장으로 나온 것이었습니다. 이렇게 보면 그 왕비가 벨사살의 술판에 참석하지 않았던 것도 이해가 됩니다. 다니엘을 기억하고 있는 태후라면 어지간히 나이 드신 왕실 어르신인 터라 그런 술판에 앉아 있을 각이 아니니 말이지요. 조선시대 사극을 봐도 궁중 연회에 대왕대비마마께서 참석하는 경우는 잘 없지 않습니까. 나보니두스가 앞의 네르갈사레셀처럼 느부갓네살의 딸과 결혼한 사위라는 설도 있지만 저의 추리와 성경의 문자적 정황으로는 조금 다릅니다. 느부갓네살의 왕비는 남편인 느부갓네살이 죽고 과부 신세로 있다가 아들인 에윌므로닥이 사위 네르갈사레셀에게 살해당하고 왕위를 찬탈당하는 것을 보았고 그 악랄한 사위와 외손자로부터 다시 왕위를 빼앗은 왕족 나보니두스와 재혼했던 겁니다. 선왕 느부갓네살의 아내가 후임 왕 나보니두스와 다시 결혼한 것이며 벨사살이 나보니두스 대신 왕 노릇을 하고 술판을 벌이고 심지어 아내들(!!!)까지 있는 연령대인 걸 보면 태후는 벨사살을 낳아서 키우고 있던 상태에서 나보니두스와 결혼한 것입니다. 나보니두스 입장에서는 정통성 측면에서 선왕 느부갓네살의 아내와 결혼하는 것은 나쁘지 않았기에 결혼했지만 어쨌든 벨사살은 법적으로는 나보니두스의 아들이지만 생물학적으로는 그와는 피 한 방울 섞이지 않은 느부갓네살의 아들이었습니다. 이것을 다니엘도 알고 있었으니 〈너님은 느부갓네살의 아들인데 어떻게…!〉 라는 일침을 놓지요. 어쩌면 벨사살은 자기 아버지 느부갓네살이 풀을 먹고 정신병에 걸린 것을 보았을지도 모릅니다. 그런데도 그렇게 깽판을 쳤으니 그야말로 메네 메네 데겔 우바르신입니다.

(나보니두스의 어머니가 느부갓네살의 후궁이며 네르갈사레셀이 죽은 후 그의 아내이자 느부갓네살의 딸과 나보니두스가 결혼하여 벨사살을 낳았다는 기록도 있으나 역사 기록과 성경의 기록이 상충되는 경우가 비일비재합니다. 저는 성경에 명시된 내용을 기준으

로 하여 추리하는 것을 택했습니다.)

벨사살이 다니엘을 둘째 치리자가 아닌 셋째 치리자로 삼은 것도 자신이 죽는 순간까지 법적인 아버지 나보니두스가 멀쩡하게 살아 있었고 공식적인 바빌론 왕이었기에 왕국의 첫째 치리자는 바로 아버지 나보니두스였고, 아버지를 대신하여 권한대행, 대리 왕으로 치리하는 벨사살 본인이 〈둘째 치리자〉였기에 벨사살로서는 다니엘에게 〈셋째 치리자〉밖에 줄 수 없었던 것입니다. 다만 아무리 수도가 포위되었다고 해도 아버지 나보니두스가 페르시아에 대패하여 간신히 모처에 은거해 목숨만 부지하고 있는데도 구조대를 보내거나 혹은 걱정조차 하지 않고 술판이나 벌이고 있었다는 것에서 벨사살 또한 새아버지 나보니두스와 별로 사이가 좋지 않았고 한마디로 서로서로 소가 닭 보듯이 하고 있었을 가능성도 보입니다. 그러나 이들 부자가 유일하게 합을 맞추어 저지른 것은 바빌론에서 다니엘의 흔적을 지우고 그나마 미세하게 피어오르려 했던 하나님 신앙을 뿌리째 뽑아 버리고 다시 우상숭배의 복마전으로 만들어 버린 것이었으며 이것은 그야말로 헤롯과 빌라도가 원수였다가 당일에 친구가 되어 예수님을 죽이는 데 결탁한 것이나, 평소 대립하던 바리새인과 사두개인이 예수님을 대적하는 데는 합심한 것에 비교할 수 있습니다. 느부갓네살의 왕비이자 다니엘의 그 모든 역사를 기억하고 있던 태후는 왕위를 찬탈하고 아들을 죽인 사위에 대한 복수심과 더불어 어떻게든 자신의 다른 아들을 살려서 왕위에 올리기 위해 나보니두스와 결혼했지만 정작 새 남편이 상상을 초월하는 악인이었고 더군다나 자신이 낳은 아들조차 물들어 함께 미쳐 돌아가고 있으니 이런 참담한 상황에 그냥 정치에 관심 끄고 은둔하는 것을 택했을지도 모릅니다. 그렇기에 벨사살이 베푼 연회 자리에도 나오지 않고 외면했다가 아들이 겁에 질려 벌벌 떤다는 소리를 듣고 그래도 어머니로서 아들을 걱정하는 마음에 연회장으로 나와 마지막으로 다니엘을 추천했던 것입니다.

공사 감독 하나 죽였다고 추방당해 40년 광야 생활을 해야 했던 이집트 왕자 모세처럼 모든 것을 잃고 실각하여 고난 길을 걷고 있던 다니엘은 자신이 이루어 놓은 그 모든 것이 무너지고 실낱같이 바빌론 땅에 피어오르던 하나님 신앙이 산산조각 나는 것에 피눈물을 흘렸을 것이며 어쩌면 그 자신의 목숨도 진작 날아갔어야 하지만 자신을 기억하는 태후의 필사적인 비호로 간신히 목숨을 부지하며 하루하루 살아갔을 터입니다. 그나마 다니엘은 목숨이라도 건졌지만 사드락, 메삭, 아벳느고 등 세 친구들은 다니엘서 어디에도 다시 나오지 않는 것으로 미루어 보아 나보니두스와 벨사살이 〈전 정권의 적폐를 청산하는〉 대숙청 과정에서 벨사살에게 참살당했을 가능성도 높습니다. 다니엘도 인간인지라 자신의 친구들을 죽여 버린 벨사살에 대한 분노가 없지 않았을 것이며, 더군다나 우상숭배와 사탄숭배에 찌들어 심지어 예루살렘 성전의 그릇으로 술을 마시며 하나님을 모독하고 우상을 찬양하는 그 모습에 비느하스와 같은 의분이 타오르지 않을 수가 없었기에 내심으로는 벨사살이 뒈지든 말든 놔두고 싶었겠지만 태후를 봐서, 혹은 하나님께서 이미 다니엘에게 〈메네 메네 데겔 우바르신〉의 답변을 주셔서 벨사살에게 전하라고 명하셨기에 연회장으로 나와 벨사살에게 해석을 전달했을지도 모릅니다. 다니엘이 벨사살에게 보인 태도가 느부갓네살이나 이후 다리오에게 하는 모습과 달랐던 것은 이 때문이 아닐까요? 그러나 반전과 역전의 하나님은 그 원수 벨사살을 그날 밤으로 처형하여 복수하셨고, 비록 바빌론 제국의 풍채 당당한 총리는 아니고 페르시아 제국의 속령으로 재편된 바빌론 왕국의 총리로 다소 레벨이 낮아졌지만 다니엘은 실각한 죄수 신세에서 명예를 회복하는 놀라운 은총을 입게 되었습니다. 굳이 비유하면 미연방 국무장관에서 플로리다주 국무장관으로 좌천된 뭐 그런 상황이라 하겠습니다.

인생의 2막을 맞게 된 다니엘에게 정권이 바뀌고 빛을 보자마자 또다시 느닷없는 청천벽력이 닥치게 되는데, 교회를 안 다니는 사람들도 어지간하면 알고 있는 〈다니엘의 사자 굴〉 이야기에 대해 이어지는 다니엘 6장 강해를 기대해 주십시오.

다리오가 자기의 뜻대로 고관 백이십 명을 세워 전국을 통치하게 하고 (단 6:1)

6장.

사자 굴에서 살아남기

다리오가 자기의 뜻대로 고관 백이십 명을 세워 전국을 통치하게 하고 (단 6:1)

에스더 1장 1절과 매우 비슷한 대목인데 자세히 보면 에스더서에는 인도에서 에티오피아까지 127개 지방으로 나누었으며 이번 다니엘서 6장 1절은 〈120개〉 지방으로 나누어져 있는 터라 전혀 다른 내용이겠습니다. 그리고 어디까지나 페르시아 제국 내에서 구 바빌론 영역만 그렇게 120개 주로 쪼개어 통치한 것이며 나머지 영역과는 딱히 상관이 없겠습니다. 어쨌든 나이 62세에 속국을 다스리는 분봉왕이나마 왕위에 오른 메디아 출신의 다리오는 기분을 좀 내 보고 싶었음인지 아니면 새로운 점령지에 대한 효율적인 통치를 위해서였는지 구 바빌론 제국을 120개 지역으로 나눈 지방 분권 체제를 구축하였습니다. 아마도 그 120명의 고관, 총독들은 해당 지역 출신들로 세우지 않았을까 싶은 생각도 듭니다.

또 그들 위에 총리 셋을 두었으니 다니엘이 그 중의 하나이라. 이는 고관들로 총리에게 자기의 직무를 보고하게 하여 왕에게 손해가 없게 하려 함이었더라. 다니엘은 마음이 민첩하여 총리들과 고관들 위에 뛰어나므로 왕이 그를 세워 전국을 다스리게 하고자 한지라. (단 6:2~3)

이들 위에 세 총리를 두었으니, 그 중에서 다니엘이 첫째더라. 이는 고관들로 총리들에게 설명하게 하여 왕이 피해를 당하지 않게 하려는 것이더라. 이 다니엘은 탁월한 영이 있으므로 다른 총리들과 고관들보다 뛰어나니 왕이 그를 세워 전국을 다스리도록 구상하였더라. (단 6:2~3, 킹제임스)

쉽게 말해 120개 도의 관찰사들은 삼정승(?)에게 보고하고 그 보고를 받은 세 정승이 업무를 나누어 처리하며 왕은 최종 결재 도장만 찍는 업무 분담 체제였는데 재상들부터 총독들까지 모두가 다리오왕이 10원 한 푼 손해를 보지 않도록 일해야 했습니다. 그 와중에도 다니엘은 역시나 내공이 어디 가지 않아 새로운 정권에서도 두각을 드러냈고 이미 삼정승 중 으뜸인 영의정이었으나 아예 다리오는 다니엘에게 바빌론주의 120개 지역을 모두 총괄하도록 맡겨 놓고 노후를 편안하게 즐기며 욜로 인생을 보낼 생각이었습니다. 다니엘도 다 씨이고 본인 다리오도 다 씨이니 같은 〈다씨 집안 일가〉라 생각하며 얼씨구나, 하고 다니엘에게 다 맡겨 놓을 요량이었을까요?

이에 총리들과 고관들이 국사에 대하여 다니엘을 고발할 근거를 찾고자 하였으나 아무 근거, 아무 허물도 찾지 못하였으니 이는 그가 충성되어 아무 그릇됨도 없고 아무 허물도 없음이었더라. (단 6:4)

정권이 바뀌었는데도 여전히 유다 포로 출신 주제에 잘나가는 다니엘이 너무나 고까웠던 구 바빌론 왕조의 유신들은 다리오의 체제에 재등용되어 출세한 것만도 감사해야 할 노릇인데 도리어 다니엘을 질시하고 시기하여 어떻게든 그를 몰아낼 생각에 이런저런 뒷조사를 하였지만 어떤 건덕지 하나도 걸리지 않았습니다. 털어서 먼지 안 나는 사람이 누가 있겠냐만 정말로 먼지가 한 톨도 나지 않은 사람이 다니엘이었는데 그도 그럴 것이 부정축재로 걸자 한들 이미 전임 나보니두스·벨사살 정권 대에 숙청되면서 전

재산을 몰수당했을 테니 모아 놓은 재산이 있을 턱이 없고 여자 문제로 걸자니 유다에서 바빌론으로 끌려와 내시 장관에게 맡겨지면서 아주 높은 확률로 거세(!!!)를 당했을 터라 여자 문제도 있을 턱이 없고, 직권남용이나 직무 유기로 걸자니 돌볼 가정도 없는 사람이라 일하는 것으로 낙을 삼는 워커홀릭의 표본이었으니 정말 눈을 씻고 봐도 걸릴 것이 없었던 것입니다.

그들이 이르되 이 다니엘은 그 하나님의 율법에서 근거를 찾지 못하면 그를 고발할 수 없으리라, 하고 이에 총리들과 고관들이 모여 왕에게 나아가서 그에게 말하되 다리오 왕이여, 만수무강 하옵소서. 나라의 모든 총리와 지사와 총독과 법관과 관원이 의논하고 왕에게 한 법률을 세우며 한 금령을 정하실 것을 구하나이다. 왕이여, 그것은 곧 이제부터 삼십일 동안에 누구든지 왕 외의 어떤 신에게나 사람에게 무엇을 구하면 사자굴에 던져 넣기로 한 것이니이다. 그런즉 왕이여, 원하건대 금령을 세우시고 그 조서에 왕의 도장을 찍어 메대와 바사의 고치지 아니하는 규례를 따라 그것을 다시 고치지 못하게 하옵소서, 하매 이에 다리오 왕이 조서에 왕의 도장을 찍어 금령을 내니라. (단 6:5~9)

왕국의 모든 총리들과 총독들과 고관들과 자문관들과 군대 대장들이 함께 의논하여 한 왕의 규례를 수립하여 확고한 칙령을 제정했사오니, 즉 누구라도 삼십 일 동안에 왕 외에 어떤 신이나 사람에게 청원하면, 오 왕이여, 그 사람은 사자굴에 던져 넣는 것이니이다. (단 6:7, 킹제임스)

아무리 눈을 씻고 봐도 세상적인, 정치적인, 물질적인 그런 것으로는 도저히 다니엘을 걸고넘어질 길이 없기에 이들은 참으로 흉측한 음모를 꾸몄는데 바로 다니엘의 신앙을 빌미 삼아 함정에 빠뜨리려 한 것입니다. 본문에는 모든 총리·총독·고관·자문관·군대 대장들이라고는 하지만 저들이 다리오에게 압력을 넣을 생각으로 과장을 섞은 것일 테고 모르긴 몰라도 다니엘이 정말로 진충보국하며 분골쇄신하는 충신임을 알고서 당신네들 음모에서 나는 빼라, 하는 총리와 총독, 고관과 자문관, 군 지휘관들도 있었을 것 같습니다. 그러나 다니엘을 해치려 했던 자들이 더 많았고 그자들이 다소 갑의 입장이었던 모양인지라 저들은 다리오에게 가서 〈만조백관의 뜻〉이라며 법률안을 들이밀었습니다. 그 법이란 다름 아닌 30일 동안 다리오왕이 그 나라에서 가장 높임 받는 신이 되고 그 기간 동안에 다리오왕 외에 어떤 신이나 사람에게 뭘 청원하거나 기도하거나 하면 사자 굴에 던져 넣는다는 것이었습니다. 사실 다리오는 별생각 없이 결재했을 것으로 생각됩니다. 일단 사람인지라 비록 30일 동안이지만 자신이 신처럼 떠받들려진다는 것에 어깨가 으쓱하지 않을 사람이 없고 무엇보다 페르시아에 합병당한 옛 메디아 제국의 후손이라 의기소침하던 차에 모처럼 늘그막에 분봉왕이지만 바빌론이라는 거대한 제후국의 왕위에도 앉았는데 외지에서 날아온 낙하산이라 무시당할 줄 알았더니 저 바빌론의 유신들이 오히려 자신을 그리 신경 써 주고 존경한다고 하니 그 또한 반가울 일이었을 터입니다.

그리고 의외로 많은 분들이 간과하는 사실인데 정권만 바뀌었을 뿐 옛 바빌론의 문화와 전통이 고스란히 남아 있는 판에 벨과 나부를 비롯해 온갖 우상들을 신으로 섬기던 자들이 그 우상들에 대한 경배마저도 일절 금하고 다니엘 하나를 잡기 위해 다리오를 유일신(?)으로 높이는 법률안을 만들었다는 것 자체가 이것들이 얼마나 다니엘을 해치려는 악독한 마음을 품었는지, 그와 더불어 다니엘의 과거 행적과 우상들을 찬양하다가 그날 밤에 목이 떨어진 벨사살의 예에서 자기네 바빌론의 우상들도 아무 힘이 없다는 것을 깨닫고 그런 대담한 짓을 하고 있다는 추리가 가능합니다.

(신이고 뭐고 개뿔 힘도 없네. 우리가 한 30일 정도 저것들한테 기도 안 하고 제사 안

해도 우리한테 아무 소리 못 할걸?)

　어쨌든 다리오는 개인적인 우쭐함도 있거니와 어쨌든 만조백관의 명의로 전달된 상소이니 마냥 개코로 지지기도 부담스러웠는지 선뜻 서명을 해 주어 그 무슨 〈메대와 바사의 변개치 아니하는 규례〉로 만들어 버렸습니다. 에스더서에도 그렇지만 당시 메디아와 페르시아에서는 왕이 서명하고 인을 쳐서 결재한 법안은 물릴 수가 없는, 일종의 〈낙장불입〉의 룰이 있었습니다. 유일한 방책은 그 법을 뒤엎을 수 있는 새로운 법을 만드는 것인데 에스더와 모르드개도 바로 이런 방식을 동원해 하만의 음모를 물리쳤지요. 당연히 수석 총리, 영의정 대감 다니엘이 이런 법안이 국회를 통과하여 왕의 결재를 받았음을 모를 턱이 없었겠지만….

　다니엘이 이 조서에 왕의 도장이 찍힌 것을 알곧고 자기 집에 돌아가서는 윗방에 올라가 예루살렘으로 향한 창문을 열고 전에 하던 대로 하루 세 번씩 무릎을 꿇고 기도하며 그의 하나님께 감사하였더라. (단 6:10)

　그것을 알고도 다니엘은 눈도 깜짝하지 않고 늘 해 오던 대로 자기 방에서 예루살렘을 향해 창문을 열고 하루 3회 기도를 멈추지 않았습니다. 무슨 무슬림들이 메카를 향해 기도하는 것도 아니고 왜 하필 예루살렘을 향해 기도를 했는가 하니….

　주께서 전에 말씀하시기를 내 이름이 거기 있으리라, 하신 곳 이 성전을 향하여 주의 눈이 주야로 보시오며 주의 종이 이곳을 향하여 비는 기도를 들으시옵소서. 주의 종과 주의 백성 이스라엘이 이곳을 향하여 기도할 때에 주는 그 간구함을 들으시되 주께서 계신 곳, 하늘에서 들으시고 들으시사 사하여 주옵소서. (왕상 8:29~30)

바로 솔로몬이 처음으로 성전을 건립하여 바치면서 하나님께 올린 기도 때문이었습니다. 주의 백성들이 〈성전〉을 향하여 기도할 때 그 간구에 경청하시고 들어주십사 했던 기도에 의해 유대인들은 어느 곳에 있든지 성전이 있는 예루살렘을 향하여 기도했고 비록 멀리 떨어진 바빌론에 있고, 예루살렘에서 이미 성전은 무너졌지만 다니엘의 마음은 언제나 하나님의 성전이 있었던 예루살렘을 향하고 있었습니다. 이는 곧 그 기나긴 세월에도 불구하고 다니엘이 자신의 정체성을 잊지 않았다는 증거이기도 했습니다.

그 무리들이 모여서 다니엘이 자기 하나님 앞에 기도하며 간구하는 것을 발견하고 (단 6:11)

전에 두라 평원에서 느부갓네살이 금 신상을 세웠을 때 다니엘의 세 친구들이 절하는가 안 하는가 감시하던 인간들과 비슷하게 다니엘을 참소하려는 자들은 기다렸다는 듯이 그의 집 주변에 정탐꾼들을 보내 놓았다가 다니엘이 기도하는 모습을 포착했습니다.

이에 그들이 나아가서 왕의 금령에 관하여 왕께 아뢰되 왕이여, 왕이 이미 금령에 왕의 도장을 찍어서 이제부터 삼십 일 동안에는 누구든지 왕 외의 어떤 신에게나 사람에게 구하면 사자 굴에 던져 넣기로 하지 아니하였나이까, 하니 왕이 대답하여 이르되 이 일이 확실하니 메대와 바사의 고치지 못하는 규례니라, 하는지라. (단 6:12)

확실히 여기에서 다리오가 절대 권력을 휘두르는 1인 군주가 아님을 알 수 있는데 무슨 왕이 말끝마다 법을 따져 가며 조심스러운지 매우 이채로운 광경입니다. 이것은 다리오가 앞의 느부갓네살이나 벨사살처럼 본인이 절대적인 왕이 아닌, 진짜 왕으로부터 일부 지역을 위탁받아 다스리고 있는 분봉왕으로서 그 자신도 메디아와 페르시아의 대왕이 제정한 법령에 순복해야 하는 입장임을 보여 주는 모습입니다. 참고로 B.C. 550년에 페르시아 왕 고레스에 의해 메디아와 페르시아가 합병되었음에도 여전히 〈메디아와 페르시아〉로 병행하여 표기되는 이유는 원래 메디아 제국이 갑이었고 페르시아는 그 메디아 제국의 한 귀퉁이에 있는 제후국이었으며 메디아 제국이 인구와 국력, 체제 면에서 비할 바 없는 금싸라기였기 때문입니다. 과거 고려가 몽골 제국의 속국이 된 후 고려의 왕들이 몽골의 왕녀와 결혼하여 사위 국가가 된 것처럼 메디아 왕 아스티아게스가 자신의 딸을 페르시아 왕 캄비세스와 결혼시켜 낳은 아들이 고레스였습니다. 그러니 원래 페르시아는 메디아의 제후국이면서 사위 국가였고 비록 고레스라는 걸출한 명군이 출현하여 상국인 메디아를 합병하기는 했으나 애초에 두 나라가 같은 민족이었고 왕실도 장인·사위 관계였으니 페르시아가 메디아를 쳐서 멸망시켰다기보다 정권이 교체된 정도에 불과했습니다. 비유하자면 캘리포니아주가 미연방 정부를 집어삼킨 그런 상황이라 하겠군요. 그러니 애초부터 속국이었던 페르시아의 간부진들로는 거대한 메디아 제국을 집어삼킬 수조차 없었고 그러다 보니 페르시아가 메디아를 집어삼킨 것은 맞는데 정작 모양새는 메디아 제국 정부에 페르시아 관리들이 참여하는 각이 되었고 페르시아 왕 고레스가 메디아 옥좌에 앉아 있다는 것만 바뀌었을 뿐 실무적인 면에서는 메디아 제국이 그대로 살아 있는 것이나 진배없었습니다.

게다가 고레스는 기존 메디아 구정권의 불만을 최소화하기 위해 메디아 왕 아스티아게스에게 한 지역을 주어 다스리게 하고 국명조차 〈메디아·페르시아 제국〉으로 메디아의 이름을 폐하지 않고 남겨 두는 세심한 배려를 하기도 했습니다. 이런 이유로 그 유명한 〈메대와 바사의 변개치 아니하는 규례〉라는 표현이 나오게 된 것입니다. 혹은 메디아의 마지막 왕 아스티아게스의 아들인 키악사레스를 형식적인 메디아 왕으로 앉혀 두었다는 설도 있습니다. 아예 그리스 역사가 크세노폰의 기록에는 아스티아게스를 이어 메디아 왕이 된 키악사레스가 자신의 외동딸 아마티아를 고레스와 결혼시키고 메디아 왕위를 고레스에게 물려주어 페르시아와 나라를 합치게 했다고도 적고 있고 이렇게 되면 다리오왕은 다름 아닌 구 메디아 왕 키악사레스인데 원래 메디아 전체를 통치하다가 연로하자 왕위를 고레스에게 넘기고 바빌론 지역만 담당하는 분봉왕으로 물러났다는 가설도 가능해집니다. 그러나 키악사레스가 실존 인물인지 불투명하며 일단 정설은 아스티아게스왕 대에 고레스에 의해 메디아가 페르시아에 합병된 것이며 사실 무력으로 합병했다는 것도 불투명하여 가장 설득력 있는 설은 아들 없이 외동딸 만다네와 사위 캄비세스만 있던 아스티아게스가 자신의 메디아 왕국을 외손자인 고레스에게 물려준 것입니다. 이 동네 역사 한번 참 복잡하지요? 어쨌든 다니엘을 참소하려는 자들은 다리오의 입에서 확인 사살을 시키는 데 성공합니다.

그들이 왕 앞에서 말하여 이르되 왕이여, 사로잡혀 온 유다 자손 중에 다니엘이 왕과 왕의 도장이 찍힌 금령을 존중하지 아니하고 하루 세 번씩 기도하나이다, 하니 왕이 이 말을 듣고 그로 말미암아 심히 근심하여 다니엘을 구원하려고 마음을 쓰며 그를 건져내려고 힘을 다하다가 해가 지려 때에 이르렀더라. (단 6:13~14)

어쩨 다니엘의 세 친구들을 금 신상에 절하지 않았다고 참소하던 때와 수법이 비슷해 보입니다. 왕을 무시했다고 몰고 가는 것이지요. 다리오왕 또한 처음에는 다니엘이 자신을 높이는 칙령을 무시했다 하니 화는 났지만 문득 생각해 보니 자신이 너무 생각 없이 그 문서에 결재를 했다는 것을 깨닫게 되었습니다. 다니엘이 그럴 사람이 아니라는 것은 다리오 자신이 너무나 잘 아는 사실이었고 그제야 다리오는 정신을 차리고 다니엘을 구해낼 생각에 골몰하였습니다. 그러나 이미 옥새를 꾹 찍은 칙령을 뒤엎기란 자신이 알고 있는 메디아와 페르시아의 법령으로는 불가능했고 해가 떨어질 때까지 고민하고 고민하며 어떻게든 판례를 뒤져 보고 법률 자문 팀과 변호사들을 불러 모아 법률 상담도 받고 별짓을 다 해 보았음에도 어떻게 할 길이 없었습니다. 전대 느부갓네살이었다면 두말하지 않고 다니엘을 모함한 자들을 잡아들여 토막을 내고 그자들의 집을 공중변소로 리모델링했 겠지만 역시 준법정신 투철한 다리오는 그 정도 권력조차 즉각 발휘가 안 되는 상황이었습니다. 다니엘이 느부갓네살에게 왕 이후에 왕보다 못한 나라가 나온다고 한 것이 어쩌면 페르시아가 바빌론보다 영토와 국력은 강성 하지만 국가 체제나 왕권 면에서는 바빌론보다 못하다는 것일지도 모릅니다. 아무리 일종의 바지사장이자 괴뢰정권 수반이고 제후국 분봉왕이라도 본인 나와바리에서조차 어떻게 저 정도로 권력이 약하나 싶을 정도이니 말이지요.

그 무리들이 또 모여 왕에게로 나아와서 왕께 말하되 왕이여, 메대와 바사의 규례를 아시거니와 왕께서 세우신 금령과 법도는 고치지 못할 것이니이다, 하니 (단 6:15)

그때에 이 사람들이 왕 앞에 모여서 왕에게 말하기를 "오 왕이여, 메데인과 페르시아인의 법을 아소서. 왕께서 제정하신 칙령과 법규는 변경될 수 없나이다." 하더라. (단 6:15, 킹제임스)

아무리 눈치코치 없는 다리오도 이제는 깨달았을 것입니다. 이자들이 자신을 공경하고 높이려고 그 〈30일 신〉 법을 제정한 게 아니라 자신을 속여서 충신 다니엘을 모살하려는 음모였다는 것을 말이지요. 그렇지 않고서야 뻔히 그 〈신 같은〉 다리오왕이 다니엘을 살려 주려고 별짓을 다 하고 있다는 걸 알면서도 뻔뻔하게 몰려와서는 〈님아, 법을 지키셔야죠?〉 이러면서 협박질을 하고 있으니 이게 어디 왕을 보필하는 충신의 모습이겠습니까? 이 모습은 마치 예수님을 살려 줄 요량으로 그가 무슨 죄를 지었냐고 군중들에게 던지던 빌라도에게 대제사장들과 서기관들이 숫제 협박조로 〈예수를 십자가에 못 안 박으면 너님은 로마 황제의 충신 아님〉이라고 개드립을 친 것과 비슷합니다. 빌라도는 민란도 민란이려니와 이자들이 로마 황제에게 자신에 대해 상소라도 올려 음해할 것을 우려해서라도 수그러들 수밖에 없었는데 마찬가지로 다리오 역시 이자들이 법까지 들먹거리며 나오는 것에 기가 질렸을 것입니다. 아니할 말로 이것들이 독하게 마음을 먹고 퀵 배달 알바생 하나 시켜서 페르시아 수도 수사로 상소문을 보내어서는 〈다리오가 메대와 바사의 변개치 아니하는 규례를 개코로 지지고 법 알기를 우습게 알고 있음요, 처벌해 주셈〉이라고 던지기라도 하면 그날로 다리오에게 무슨 변이 닥칠지 모를 지경이니 더더욱 조심스러울 수밖에 없었습니다. 다리오는 페르시아에게 합병된 구 메디아 왕손인 터라 어떻게든 행동거지를 조심하고 삼가야 할 입장이니 더 그렇습니다. 결국 다리오는 눈물을 머금고 어명을 내렸습니다.

이에 왕이 명령하매 다니엘을 끌어다가 사자 굴에 던져 넣는지라. 왕이 다니엘에게 이르되 네가 항상 섬기는 너의 하나님이 너를 구원하시리라, 하니라. 이에 돌을 굴려다가 굴 어귀를 막으매 왕이 그의 도장과 귀족들의 도장으로 봉하였으니 이는 다니엘에 대한 조치를 고치지 못하게 하려 함이었더라. (단 6:16)

전에는 세 친구들이 풀무 불이 타오르는 용광로에 던져지더니 이제는 다니엘이 사자 굴에 던져졌습니다. 다리오는 다니엘에게 네 하나님이 꼭 구해 주시리라는 〈신앙고백〉을 남겼는데 어쩌면 그는 바빌론의 분봉왕으로 책봉되면서 일단 새 직장(?)에 적응하기 위해 바빌론의 궁중 기록을 비롯한 역사책부터 훑었을 것입니다. 그러니 당연히 느부갓네살 대부터 있었던 다니엘의 행적들을 보았을 것이며 다니엘의 세 친구들이 용광로에 들어갔다가 살아 나온 내용도 보았을 것은 불문가지입니다. 그렇지 않아도 그런 기록들에 다니엘은 거의 전설의 레전드처럼 남아 있는데 직접 옆에서 일하는 것만 봐도 엑설런트하여 과연 그 기록들이 야부리가 아니라 팩트라는 확신이 들었을 것입니다. 그렇기에 다리오는 다니엘을 사자 굴에 넣으면서도 그때 풀무 불에서 하나님께서 다니엘의 세 친구들을 구해 주신 것처럼 다니엘을 살려 주실 것이라는 어떤 확고한 믿음(?)이 있었을 것으로 보입니다.

왕이 궁에 돌아가서는 밤이 새도록 금식하고 그 앞에 오락을 그치고 잠자기를 마다하니라. 이튿날에 왕이 새벽에 일어나 급히 사자 굴로 가서 (단 6:18~19)

그러나 믿음은 믿음이고 어쨌든 사람인지라 다니엘이 걱정되는 것은 어쩔 수가 없었는지 다리오는 밤새도록 금식하고 어전에서 왕의 기분 전환을 위해 악기를 연주하는 악공들도 모조리 철수시키고 심지어 밤새 잠 한숨 자지 않고 걱정에 걱정을 하고도 모자라 아침에 동이 트자마자 사자 굴로 몸소 달려갔습니다. 메디아 출신 낙하산이라 모든 것이 낯선 바빌론 땅에서 물정도 잘 모르고 이것저것 서툴렀던 다리오에게 원래부터 그 나라 재상 출신에 탁월한 달란트를 가진 데다 충성심마저 발군인 다니엘은 그야말로 소울메이트이며 유비에게 온 제갈공명처럼 다시없을 금쪽같은 심복일 터입니다. 국왕이 신하 하나 때문에 저 정도로 걱정하고 고뇌한다는 것은 보통 의리로 가능한 일이 아닙니다.

다니엘이 든 굴에 가까이 이르러서 슬피 소리 질러 다니엘에게 묻되 살아 계시는 하나님의 종 다니엘아, 네가 항상 섬기는 네 하나님이 사자들에게서 능히 너를 구원하셨느냐, 하니라. (단 6:20)

바빌론 제국이 멸망했기에 더 이상 바빌론의 우상 이름 따위를 쓸 필요가 없어져 다니엘은 벨드사살이라는 이름 대신 원래 이름인 다니엘로 주민 등록을 새로 판 모양이었습니다. 그리 오래된 사이도 아니었을 테지만 다리오에게 다니엘은 그야말로 하나님의 임재를 직접 체험시켜 줄 만한 뛰어난 동반자였고 사자 굴로 달려온 그의 입에서 〈살아 계신 하나님〉이라는 표현이 망설임 없이 튀어나올 정도였습니다. 이제는 그 믿음에 화답할 차례겠지요.

다니엘이 왕에게 아뢰되 왕이여, 원하건대 왕은 만수무강 하옵소서. 나의 하나님이 이미 그의 천사를 보내어 사자들의 입을 봉하셨으므로 사자들이 나를 상해하지 못하였사오니 이는 나의 무죄함이 그 앞에 명백함이오며 또 왕이여, 나는 왕에게도 해를 끼치지 아니하였나이다, 하니라. 왕이 심히 기뻐서 명하여 다니엘을 굴에서 올리라, 하매 그들이 다니엘을 굴에서 올린즉 그의 몸이 조금도 상하지 아니하였으니 이는 그가 자기의 하나님을 믿음이었더라. (단 6:21~23)

예전 느부갓네살 대에나 있었던 그 기적을 몸소 눈앞에서 보게 된 다리오의 기분이 얼마나 째졌을지는 상상하기 어렵지 않습니다. 다니엘의 무죄는 그 살아 계신 하나님께서 보증하셨고 심지어 사자들의 입까지 막아 다니엘이 죽거나 다치지 않게 지켜 주셨으니 다리오는 밤새 걱정한 보람을 제대로 느꼈을 것입니다. 그는 두말하지 않고 다니엘을 사자 굴에서 꺼냈고 상처 하나 없이 멀쩡한 모습을 직접 두 눈으로 확인하며 기뻐하였습니다. 그리고 이제는 밤새 굶은 사자들에게 곱빼기 사료를 줄 차례입니다.

왕이 말하여 다니엘을 참소한 사람들을 끌어오게 하고 그들을 그들의 처자들과 함께 사자 굴에 던져 넣게 하였더니 그들이 굴 바닥에 닿기도 전에 사자들이 곧 그들을 움켜서 그 뼈까지도 부서뜨렸더

라. (단 6:24)

　반농담처럼 전해지기로는 사자 굴에 들어간 다니엘이 사자들에게 〈오늘 하루만 나를 잡아먹지 않고 참아 주면 내일 아침에 엄청 많은 먹이가 떨어질 거야, 나 다니엘이야, 나 믿지?〉라고 쇼부를 쳤다는 설이 있습니다. 옆에 같이 온 천사도 옳소!! 하며 박수를 치며 바람잡이를 해 주니 사자들은 정말 그런가 싶어 배고픔을 참으며 기다렸고 과연 다니엘의 예언(?)대로 아침에 다니엘이 올라가자마자 수많은 먹이들이 쏟아지는 대박을 맞았다고 하지요. 사실 다니엘을 참소한 자들이 그 상소문에 적힌 대로 바빌론주의 모든 총리·총독·고관·자문관·군대 대장들이었고 그들 모두와 그 가족들까지 잡아들여 사자 굴에 집어넣었다면 그날로 그 나라의 국정 운영은 마비되었을 것입니다. 물론 다니엘 하나 믿고 그랬다면 딱히 할 말은 없겠지만 만약 그랬다면 다니엘은 그야말로 늘그막에 과로에 시달려야 할 터이고 연령을 고려했을 때에 그만한 노인학대도 없었으니 아주 잠시 동안 다니엘은 〈차라리 저 사자 굴에서 죽을 걸 그랬나〉 싶었을지도 모릅니다. 앞서 언급했듯이 처음에는 다니엘을 참소하려는 총리들을 중심으로 120명의 총독들과 기타 고관, 자문관, 군대 대장들 모두를 대상으로 포섭이 들어갔으나 그중 상당수는 다니엘을 모해하려는 음모에 가담하지 않았고 다만 다니엘을 음해하는 상소를 올리는 것을 방해하지 않는 조건으로 제외되었을 것입니다. 그러니 총리, 총독, 고관, 자문관, 군대 대장들 중에서도 유력한 자들 중심으로 다니엘을 음해하려는 상소를 올렸고 어쨌든 나머지들을 침묵시킨 상태이니 〈만조백관의 뜻〉이라는 명목으로 올렸던 것이지요. 쉽게 말해 소수의 현행범과 다수의 방관자 같은 구조인데 그 소수가 다리오 정권의 중추를 이루는 고관대작들이었을 것은 더 말할 필요가 없습니다.

　다만 이제는 저들이 다리오를 농락하여 충신 다니엘을 모살하려는 음모를 꾸몄음이 만천하에 드러난 이상에야 다리오는 이런 대역부도한 역도들을 살려 둘 필요를 느끼지 않았고 모르긴 몰라도 이런 짓이 〈메대와 바사의 변개치 아니하는 규례〉로 따져도 충분히 삼족을 멸할 만한 대역죄에 해당하는 터라 더 이상 망설이지 않고 그들과 가족들까지 모조리 끌어다가 사자 굴에 던졌고 잔뜩 굶었던 사자들은 기다렸다는 듯이 뼈째 씹어 먹었습니다. 먹다가 배가 불러도 어차피 저들이 사자 굴에서 빠져나갈 길이 없으니 먼저 먹히나 뒤에 먹히나 차이일 뿐…. 다니엘을 죽이려던 사자 굴에 본인들이 빠져 죽는 걸 보니 후대의 하만이 생각나는 장면입니다.

1. 왕을 속이고 능멸하며 왕의 충신을 모살하려는 대역죄의 처리

2. 페르시아 본국으로부터 분봉왕 주제에 신 대접까지 받으려 했냐는 불경죄의 추궁을 피하고 뒤탈을 없애기 위한 증거인멸

3. 아직도 기가 살아서 메디아 출신의 분봉왕인 자신을 무시하고 국정을 농단하려 드는 구 바빌론 정권 요인들에 대한 적폐 청산

바로 이런 복합적인 이유가 원인이 되어 다리오는 자신의 정권 운영에 다소 무리가 갈 수 있음을 알면서도 주요 고관대작들을 전격적으로 참살하는 대숙청을 감행했습니다. 괴뢰정권의 군주, 고레스의 바지사장이라는 눈총을 일거에 털어 내고 바빌론 천하를 다리오 자신의 발아래에 조아리게 하며 더 이상 구 바빌론 제국 출신들이 나대지 못하도록 단속함과 동시에 이제는 완전히 시대가 변했음을 선포하는 개막식이나 다름없는 이벤트였습니다.

이에 다리오 왕이 온 땅에 있는 모든 백성과 나라들과 언어가 다른 모든 사람들에게 조서를 내려 이르되 원하건대 너희에게 큰 평강

이 있을지어다. (단 6:25)

어째 느부갓네살도 그렇고 다리오도 하나님의 놀라운 기적을 체험하고 나서는 마치 신약의 사도들이 서신서를 쓰듯이 인사말을 남기는 모습을 보여 주고 있습니다.

내가 이제 조서를 내리노라. 내 나라 관할 아래에 있는 사람들은 다 다니엘의 하나님 앞에서 떨며 두려워할지니 그는 살아 계시는 하나님이시요, 영원히 변하지 않으실 이시며 그의 나라는 멸망하지 아니할 것이요, 그의 권세는 무궁할 것이며 그는 구원도 하시며 건져 내기도 하시며 하늘에서든지 땅에서든지 이적과 기사를 행하시는 이로서 다니엘을 구원하여 사자의 입에서 벗어나게 하셨음이라, 하였더라. (단 6:26~27)

다리오의 신앙고백은 앞의 느부갓네살과 조금도 다르지 않은 진실한 간증이었습니다. 이제는 다니엘이라 쓰고서 벨드사살이라 읽는 것도 아닌, 다니엘 그 이름으로 당당하게 하나님의 이름을 온 바빌론 천하에 드높일 수 있었으니 하나님도, 다니엘도 이 순간을 얼마나 기다렸을지 모를 일입니다. 느부갓네살도 가고, 벨사살도 가고 바빌론 왕국도 가고 세월이 강물처럼 흘러가건만 여전히 다니엘, 그리고 그와 함께하시는 하나님은 시퍼렇게 살아 계심을 바빌론 모든 백성들의 뇌리에 똑똑히 박혔을 것입니다.

이 다니엘이 다리오 왕의 시대와 바사 사람 고레스 왕의 시대에 형통하였더라. (단 6:28)

다리오의 시대와 고레스의 시대가 따로 언급되는 것은 다니엘이 빛을 본 그 시절이 전체 제국의 역사로는 고레스의 치하이지만 다니엘이 맞대면

하여 업무를 보는 대상으로는 다리오의 정권이기 때문에 양쪽을 모두 포괄하여 가리킨 것입니다. 쉽게 말해서 서울시 공무원이면 그의 상관이 서울시장이지만 넓게 보면 행정부 수반인 대통령도 해당되는 것처럼 말입니다. 바빌론 궁정에서 벌어진 불의의 정변으로 숙청되어 고생하던 다니엘은 새로운 시대를 맞아 또다시 형통하였고 그는 이후로도 행복하게 살았습니다 (?)

이것으로 다니엘에 대한 역사적 이야기는 모두 완료되고 이제부터 본격적으로 〈선지자 다니엘〉에 대한 이야기가 시작되겠습니다. 대부분의 성도님들은 다니엘에 대해 사자 굴까지만 알고 계시지만 사실 다니엘서의 참맛은 바로 여기에서부터입니다. 신약의 요한계시록에 비견할 만한 구약의 계시록, 그 진면목에 대해서는 이어지는 다니엘 7장 강해를 기대해 주시기 바랍니다.

바빌론 벨사살 왕 원년에 다니엘이 그의 침상에서 꿈을 꾸며 머리속으로 환상을 받고 그 꿈을 기록하며 그 일의 대략을 진술하니라. (단 7:1)

7장.

네 짐승과 열 뿔과 작은 뿔 ────────

바벨론 벨사살 왕 원년에 다니엘이 그의 침상에서 꿈을 꾸며 머리 속으로 환상을 받고 그 꿈을 기록하며 그 일의 대략을 진술하니라. (단 7:1)

다니엘은 느부갓네살 사후 에윌므로닥과 네르갈사레셀, 라바시마르둑을 거쳐 나보니두스·벨사살 대에 실각하여 숙청되었으며 나보니두스가 즉위한 때는 B.C. 562년 느부갓네살이 죽고 6년이 지난 후인 B.C. 556년이었습니다. 그러나 나보니두스는 오래 다스리지 않고 곧 벨사살에게 통치를 맡기고 떠났는데 나보니두스가 벨사살을 대리 왕으로 세우고 떠난 해가 언제인지 확실치는 않지만 즉위 7년 후인 B.C. 549년이라는 설이 있고, 즉위 3년 후인 B.C. 553년이라는 설이 있고, 6년 후인 B.C. 550년이라는 설이 분분합니다. 어쨌든 B.C. 553년에서 B.C 550년까지 사이로 볼 수 있는데 최대치로 잡아서 B.C. 553년을 벨사살 통치가 시작된 원년으로 선정하겠습니다. 그러면 나보니두스는 불과 3년을 다스리고 떠난 것이니 그야말로 느부갓네살의 아들 벨사살에게 왕위를 돌려주는 전달자 역할 정도만 한 셈인데 정권 교체 후에 시시각각 나보니두스와 벨사살의 칼날이 목을 조여 오는 상황에서 다니엘은 하나님과 독대하는 시간을 가졌고 하나님께서는 비로소 그에게 미래에 일어날 일들을 계시와 환상으로 보여 주셨습니다.

다니엘이 진술하여 이르되 내가 밤에 환상을 보았는데 하늘의 네

바람이 큰 바다로 몰려 불더니 (단 7:2)

다니엘이 꾼 꿈은 단순한 꿈이 아니라 환상이었습니다. 그런데 그의 환상에 나타난 것은 〈하늘의 네 바람〉이었는데 어째 이걸 보면 떠오르는 구절들이 있습니다.

이 일 후에 내가 네 천사가 땅 네 모퉁이에 선 것을 보니 땅의 사방의 바람을 붙잡아 바람으로 하여금 땅에나 바다에나 각종 나무에 불지 못하게 하더라. (계 7:1)

공교롭게도 다니엘서 7장, 계시록 7장에 똑같이 나오는데 하나님께서 무슨 역사를 하시거나 집행을 하실 때 〈바람〉으로 표현되는 초자연적인 능력을 발하시는 듯합니다. 다니엘의 환상에서도 바람들이 바다에 휘몰아쳤고 모르긴 몰라도 그 바다에서 튀어나올 뭔가를 위해 판을 깔아 주는 모양입니다.

큰 짐승 넷이 바다에서 나왔는데 그 모양이 각각 다르더라. 첫째는 사자와 같은데 독수리의 날개가 있더니 내가 보는 중에 그 날개가 뽑혔고 또 땅에서 들려서 사람처럼 두 발로 서게 함을 받았으며 또 사람의 마음을 받았더라. (단 7:4)

바다에서 올라온 네 짐승이 있는데 첫째는 독수리의 날개가 달린 사자 모습을 했고 그 날개가 뽑혔고 땅에서 들려 사람처럼 발로 서 있고, 사람의 마음을 받은 짐승이었습니다. 사실 어렵게 생각할 것도 없이 앞 2장에서 느부갓네살이 꾼 꿈의 다른 버전입니다. 그때는 한 형상의 각 부분들로 표현되었고 이번에는 네 짐승으로 따로 표현된 것뿐입니다. 그때에 첫째로 언급된, 금으로 된 머리가 바빌론이었듯이 이 첫째 짐승도 바빌론 제국입니다. 날개 달린 사자라니 얼마나 강대한 권세를 상징하는가 싶겠지만 그 날개가 뽑혔다고 하니 그야말로 하루아침에 권세를 잃고 풀이나 뜯어 먹던 느부갓네살 모습 그대로이며 짐승이 사람처럼 두 발로 서려 했고 사람의 마음을 받았다는 것에서 느부갓네살의 회심을 묘사한 듯합니다. 그 바빌론 제국에서 얼마나 느부갓네살이 대단한 자였으면 하나님이 주신 환상에서조차 바빌론 제국이 느부갓네살과 동일시되는지 참으로 굉장하다 싶습니다.

다른 짐승, 곧 둘째는 곰과 같은데 그것이 몸 한쪽을 들었고 그 입의 잇 사이에는 세 갈빗대가 물렸는데 그것에게 말하는 자들이 있어 이르기를 일어나서 많은 고기를 먹으라, 하였더라. (단 7:5)

둘째 짐승은 당연히 순서대로 페르시아 제국입니다. 그 입에 세 개의 갈비뼈가 물려 있는 것은 전통적인 해석에 의하면 페르시아가 정복하는 오리엔트 3대 강국인 바빌론, 리디아, 이집트이며 그러고도 많은 고기를 먹는다고 하니 인도에서 에티오피아에 이르는 거대한 영토를 점령하여 대제국을 건설하는 그대로입니다. 다만 몸 한쪽이 들려 있어 다소 부자연스러운 모습인데 이것 또한 전통적인 해석으로는 이 제국이 단일 체제가 아니라 메디아와 페르시아의 연합국가, 일종의 연방제라서 두 나라가 합쳐져서 하나를 이루는데 한쪽이 갑이고 한쪽이 을인 그런 모습을 곰의 몸 한쪽이 들려 있는 것으로 환상에서 묘사되었습니다.

그 후에 내가 또 본즉 다른 짐승, 곧 표범과 같은 것이 있는데 그 등에는 새의 날개 넷이 있고 그 짐승에게 또 머리 넷이 있으며 권세를 받았더라. (단 7:6)

셋째 짐승은 페르시아를 멸망시키고 건설된 알렉산드로스 대왕의 헬라 제국입니다. 날쌘 표범에 날개까지 달렸으나 그 신속하고 민첩함은 이루 말할 수 없는데 딱 그대로 알렉산드로스는 역사상 유례가 없을 만큼 재빠른 전쟁으로 그리스를 제패하고 페르시아를 점령하고 인도까지 원정하며 당대 알려진 세계의 끝까지 평정하는 압도적인 제국을 건설하고 죽은 것이 딱 32세였습니다. 그는 하나님께서 〈권세를 주셨다〉고 할 만큼 준비되고 세워진 자였으며 환상에 나온 대로 그가 죽자마자 헬라 제국은 네 개로 쪼개졌으니 프톨레미, 카산데르, 리시마쿠스, 셀류쿠스 네 장군이 제국을 사이좋게 나눠 가진 것입니다.

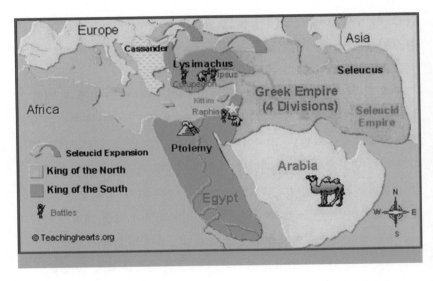

(프톨레미는 이집트, 팔레스타인, 시리아 일부를 차지하여 이집트 프톨레마이오스 왕조를 창건하고 카산데르는 마케도니아와 그리스를 차지했으며 리시마쿠스는 트라키아와 소아시아 일대를 먹고 셀류쿠스는 구 페르시아 영토, 메소포타미아와 소아시아 일부 및 시리아 북부를 가졌습니다.)

내가 밤 환상 가운데에 그 다음에 본 넷째 짐승은 무섭고 놀라우며 또 매우 강하며 또 쇠로 된 큰 이가 있어서 먹고 부서드리고 그 나

머지를 발로 밟았으며 이 짐승은 전의 모든 짐승과 다르고 또 열 뿔이 있더라. (단 7:7)

마침내 넷째 짐승, 로마 제국의 등장입니다. 로마는 앞에 나온 바빌론, 페르시아, 헬라보다 더 막강하고 위압적인 제국이었으며 이탈리아반도 한 귀퉁이에서 발흥한 이래로 주변의 모든 나라들을 먹고 산산이 부수며 발로 밟으며 다 쳐서 부수고 거대한 제국을 건설하기에 이르렀습니다. 첫째 짐승인 바빌론의 영역도 로마 제국에 복속되었고 둘째 짐승 페르시아의 후신인 파르티아와 사산 왕조 페르시아도 로마 제국에 박살이 났으며 셋째 짐승 헬라도 로마 제국에 멸망을 당했으니 아무리 생각해도 넷째 짐승 로마 제국이 최강일 수밖에 없습니다. 게다가 넷째 짐승의 머리에 열 개의 뿔까지 있는데….

내가 그 뿔을 유심히 보는 중에 다른 작은 뿔이 그 사이에서 나더니 첫 번째 뿔 중의 셋이 그 앞에서 뿌리까지 뽑혔으며 이 작은 뿔에는 사람의 눈 같은 눈들이 있고 또 입이 있어 큰 말을 하였더라. (단 7:8)

내가 그 뿔들을 살펴보았더니, 보라, 그것들 가운데서 또 다른 작은 뿔이 나오더니, 먼저 나온 뿔 세 개가 그 앞에서 뿌리째 뽑혔더라. 또 보라, 이 뿔에는 사람의 눈 같은 눈이 있고 또 큰일들을 말하는 입이 있더라. (단 7:8, 킹제임스)

마침내 열 뿔 사이에서 작은 뿔이 나왔으니 잘 아시다시피 이 작은 뿔은 〈적그리스도〉를 의미합니다. 뿔에 눈이 달려 있다니 기묘하지만 적그리스도를 옹립하려는 일루미나티의 세력이 〈전시안〉이라는 눈깔을 상징으로 쓰는 걸 보면 어쩌면 그것까지 세트로 보여 주신 것일 수도 있습니다. 또한 큰일들을 말하는 입이 있다고 한 걸 보면 딱 이게 떠오르기도 하는군요.

또 짐승이 과장되고 신성 모독을 말하는 입을 받고 또 마흔 두 달 동안 일할 권세를 받으니라. (계 13:5)

그 짐승이 큰일들과 모독하는 말들을 하는 입을 받았으며 또 마흔 두 달 동안 활동할 권세를 받았더라. (계 13:5, 킹제임스)

계 13장에서 언급되는 짐승, 적그리스도에 대한 묘사를 봐도 큰일들을 말하는 입을 받았다고 하니 이 작은 뿔이 그 짐승이라는 것을 확실하게 보여 주고 있습니다. 전통적인 세대주의 종말론 해석으로는 넷째 짐승 머리 위의 열 뿔은 구 로마 제국의 강역에서 나타날 유럽 10개국이며 그들을 중심으로 미래에 등장하게 될 유럽 합중국이 적그리스도가 다스릴 단일세계 정부의 베이스가 될 것입니다. 다만 세 뿔이 뽑힌다고 하는데 모르긴 몰라도 신흥 세력일 적그리스도가 갑이 되려면 기존의 유럽 강국을 어느 정도 꺾어 놓아야 하기에 최소한 영국, 프랑스, 독일 정도 나라들이 적그리스도에게 뽑혀 나가지 않을까 추측하는 경우가 많습니다.

내가 보니 왕좌가 놓이고 옛적부터 항상 계신 이가 좌정하셨는데 그의 옷은 희기가 눈 같고 그의 머리털은 깨끗한 양의 털 같고 그의 보좌는 불꽃이요, 그의 바퀴는 타오르는 불이며 불이 강처럼 흘러 그의 앞에서 나오며 그를 섬기는 자는 천천이요, 그 앞에서 모셔 선 자는 만만이며, 심판을 베푸는데 책들이 펴 놓였더라. (단 7:9~10)

내가 보았더니 보좌들이 넘어져 있고, 옛날부터 계신 분이 앉으셨는데, 그 분의 옷은 눈 같이 희고 그 분의 머리털은 순전한 양모 같더라. 그 분의 보좌는 불타는 불꽃 같고 그 바퀴들은 타는 불 같더라.

(단 7:9, 킹제임스)

　대강 묘사된 것만 봐도 옛날부터 계신 분이란 하나님이신데 이 장면은 다름 아닌 〈백보좌 심판대〉가 아닌가 합니다. 역본에 따라 〈보좌들〉이라고 하는 것을 보면 하나님의 보좌 하나만 있는 게 아닌 하나님과 그리스도와 함께 왕 노릇을 하는 성도들의 보좌들도 있고 수백만 명 천사들이 섬기고 수천만 명이 심판을 보려고 앞에 섰습니다. 그 책들에 기록되지 않은 자들은 뭐 얄짤 없이 불못으로 직행이겠지요. 백보좌 심판대 앞에 나왔다는 것부터 이미 구원받지 못한, 오로지 행위대로만 심판을 받고 불못행이 예정된 자들일 터입니다. (이 상황은 한마디로 심판 직전의 세팅된 모습….)

　그 때에 내가 작은 뿔이 말하는 큰 목소리로 말미암아 주목하여 보는 사이에 짐승이 죽임을 당하고 그의 시체가 상한 바 되어 타오르는 불에 던져졌으며 (단 7:11)

　불못으로 보내는 심판의 첫 타자는 바로 작은 뿔, 적그리스도였는데 여기에서 그는 〈짐승〉으로 정확히 표현되고 있습니다. 불못에 떨어진 자체가 〈둘째 사망〉, 즉 죽은 것이기에 멀쩡하게 살아 있어도 불못에서 영원무궁토록 고통받는 것 자체가 죽임을 당한 것과 진배없는 것입니다.

　그 남은 짐승들은 그의 권세를 빼앗겼으나 그 생명은 보존되어 정한 시기가 이르기를 기다리게 되었더라. (단 7:12)

　물론 적그리스도의 왕국은 무너졌지만 그렇다고 인간 세상이 아주 절단이 난 것은 아니며 지구는 천년왕국이라는 이름으로 더 유지되어 새 하늘과 새 땅이 올 때까지는 사용될 것이기에 바빌론, 페르시아, 헬라, 로마로 대표되는 인간 문명은 적그리스도가 불못에 떨어지는 아마겟돈 전쟁 후에도 좀 더 이어질 예정입니다. (어려운 것은 전혀 없습니다.)

내가 또 밤 환상 중에 보니 인자 같은 이가 하늘 구름을 타고 와서 옛적부터 항상 계신 이에게 나아가 그 앞으로 인도되매 그에게 권세와 영광과 나라를 주고 모든 백성과 나라들과 다른 언어를 말하는 모든 자들이 그를 섬기게 하였으니 그의 권세는 소멸되지 아니하는 영원한 권세요, 그의 나라는 멸망하지 아니할 것이니라. (단 7:13~14)

이건 뭐 더 말할 것도 없이 예수님을 목격한 것입니다.

나 다니엘이 중심에 근심하며 내 머리 속의 환상이 나를 번민하게 한지라. (단 7:15)

나 다니엘이 내 몸 가운데 있는 내 영 안에서 슬퍼하였고 내 머리의 환상들이 나를 괴롭게 하였기에 (단 7:15, 킹제임스)

사람의 머리로 도무지 받아들이기 힘든 초월적인 환상들을 다 보았고 더군다나 네 짐승들이 깽판을 부리는 것을 목격하고 나니 앞으로 이어질 세계의 운명에 대해 다니엘은 걱정이 아니 될 수 없었습니다. 〈나 다니엘〉 이라는 표현에서 확실히 다니엘서는 이 다니엘 선지자에 의해 집필되었음도 엿볼 수 있군요.

내가 그 곁에 모셔 선 자들 중 하나에게 나아가서 이 모든 일의 진상을 물으매 그가 내게 말하여 그 일의 해석을 알려 주며 이르되 (단 7:16)

사도 요한이 계시록을 집필할 때도 이십사 장로 중의 한 명과 천사가 와서 가이드를 해 주었듯이 다니엘은 보좌 앞에 줄지어 선 천사들 중 한 명에게 슬그머니 다가가 쿡쿡 찔렀습니다. 그러자 기다렸다는 듯이 그는 다니엘에게 설명해 주기 시작합니다. 밤새 멘트를 외워 놓고 다니엘이 물어보기만 기다렸던 것일까요?

그 네 큰 짐승은 세상에 일어날 네 왕이라. 지극히 높으신 이의 성도들이 나라를 얻으리니 그 누림이 영원하고 영원하고 영원하리라. (단 7:17~18)

이 커다란 네 짐승은 땅에서 일어날 네 왕이라. 그러나 지극히 높으신 분의 성도들이 그 왕국을 얻으리니, 영원하고 영원무궁한 그 왕국을 차지하리라. (단 7:17~18, 킹제임스)

천사의 설명인즉슨 좀 전에 본 네 짐승은 네 거대한 제국인데 하나님의 성도들이 그 나라들을 접수하고 영원하고 영원무궁한 나라에서 왕 노릇을 한다는 얘기입니다. 바빌론과 페르시아, 이어서 로마 제국과 유럽 합중국, 최종적으로 단일세계정부로 귀결되는 그 나라들이 예수님과 그분을 따르는 성도들의 지상 재림으로 박살 나고 천년왕국과 영원한 새 하늘과 새 땅을 성도들이 차지하게 된다는 것인데 다니엘 입장에서는 너무 축약한 설명이라 썩 와닿지 않았던 모양입니다. 정말 궁금했던 것은 따로 있었거든요.

이에 내가 넷째 짐승에 관하여 확실히 알고자 하였으니 곧 그것은 모든 짐승과 달라서 심히 무섭더라. 그 이는 쇠요, 그 발톱은 놋이니 먹고 부서뜨리고 나머지는 발로 밟았으며 또 그것의 머리에는 열 뿔이 있고 그 외에 또 다른 뿔이 나오매 세 뿔이 그 앞에서 빠졌으며 그 뿔에는 눈도 있고 큰 말을 하는 입도 있고 그 모양이 그의 동류보다 커 보이더라. 내가 본즉 이 뿔이 성도들과 더불어 싸워 그들에게 이

겠더니 (단 7:19~21)

오랜 공무원 생활과 정치 활동으로 내공이 쌓일 대로 쌓여 눈치 하나는 100단이 넘었을 다니엘은 좀 전에 설명을 해 준 천사가 그 네 짐승은 네 왕이라고 했을 때 자신이 오래전에 해석해 주었던 느부갓네살의 꿈에 나온 형상을 떠올렸을지도 모릅니다. 그때는 예사로 보았던 형상의 다리와 발·발가락이 뜻밖에도 무시무시한 짐승과 그 짐승의 머리에 난 열 개의 뿔, 그리고 강하고 무서워 보이는 작은 뿔의 모습으로 나타나 있으니 궁금할 수밖에 없었습니다. 더군다나 그 작은 뿔이 무려 성도들과 싸워 그들을 이긴다고 했으니 더더욱 신경이 쓰였을 것입니다. 왜냐하면 다니엘의 기준으로 성도, 거룩한 백성이란 이스라엘, 유대인밖에 없었습니다. 그 당시에 이방인 교회 성도라는 개념이 생기기에는 너무 이른 시점이었고 초대교회의 사도들도 쉽게 받아들이기 어려워했던 그것을 다니엘이 납득하기는 불가능했습니다. 그런데 분명 다니엘이 알기로는 유다 왕국이 바빌론 제국에 의해 멸망하여 유대인들이 모조리 바빌론으로 끌려와 있는 상황이며 하나님께서 정하신 70년이 다 차면 고토로 돌아가게 되어 있는데 느닷없이 이 넷째 짐승의 열 뿔과 작은 뿔이 또다시 이스라엘을 쳐서 짓밟는다고 하니 아찔할 수밖에 없었습니다. (어? 이상하네? 이런 상황을 예언한 선지자가 없었는데?)

옛적부터 항상 계신 이가 와서 지극히 높으신 이의 성도들을 위하여 원한을 풀어 주셨고 때가 이르매 성도들이 나라를 얻었더라. (단 7:22)

물론 삼위 하나님이 모두 〈옛날부터 계셨고 지극히 높으신〉 분들이시지만 구분을 위해 따로 표현해 놓은 것입니다. 그 작은 뿔, 적그리스도가 미친 듯이 깽판을 부리며 이스라엘, 유대인을 짓밟았으나 예수님의 지상 재림이 이루어지고 성도들을 괴롭히던 것들도 일곱 대접 재앙으로 심판을 받아 깡그리 멸살하니 작은 뿔의 나라, 세계정부는 성도들의 차지가 되었습니다.

모신 자가 이처럼 이르되 넷째 짐승은 곧 땅의 넷째 나라인데 이는 다른 나라들과는 달라서 온 천하를 삼키고 밟아 부서뜨릴 것이며 그 열 뿔은 그 나라에서 일어날 열 왕이요, 그 후에 또 하나가 일어나리니 그는 먼저 있던 자들과 다르고 또 세 왕을 복종시킬 것이며 (단 7:23~24)

넷째 짐승은 헬라 제국에 이은 로마 제국이며 앞의 모든 나라들을 압도하며 지중해 일대를 제패함으로써 당대의 문화권 사람들 눈에는 〈천하 통일〉을 달성한 위업을 자랑하게 될 것입니다. 그 로마 제국의 강역에서 10개의 나라가 새로 일어나며 이어서 그 10개국 중 3개국이 그 뒤에 일어날 누군가에게 복속을 당하게 됩니다.

그가 장차 지극히 높으신 이를 말로 대적하며 또 지극히 높으신 이의 성도를 괴롭게 할 것이며 그가 또 때와 법을 고치고자 할 것이며 성도들은 그의 손에 붙인 바 되어 한 때와 두 때와 반 때를 지내리라. (단 7:25)

그는 지극히 높으신 하느님에게 욕을 퍼부으며 지극히 높으신 하느님을 섬기는 거룩한 백성을 못살게 굴 것이다. 축제일과 법마저 바꿀 셈으로 한 해하고 두 해에다 반 년 동안이나 그들을 한 손에 넣고 휘두를 것이다. (단 7:25, 공동번역)

10개국 중 3개국을 복속시켜 우위를 차지한 그는 10개국 연방의 총수로 군림하게 되고 이어서 세계를 지배하는 총통으로 자리매김하며 그의 주요 타깃이 된 성도들은 여지없이 그의 손에 떨어져 한 때와 두 때와 반 때, 3년 반 동안 압제를 당하게 되었습니다. 그런데 그가 저지르는 주요 패악질 중 〈때와 법을 고친다〉는 것이 있는데 어렵게 생각할 것이 없습니다. 때와 법이라고 하니 복잡하지만 〈절기와 율법〉이라 하면 간단합니다. 각종 절기와 율법을 목숨보다 중시하며 그것을 지키기 위해 정말 목숨까지 내던지는 나라와 민족은 이스라엘, 유대인뿐이며 그 적그리스도는 최종 목표인 이스라엘의 말살을 위해 유대인의 절기와 율법을 멋대로 폐지하고 변개하는 패악을 저지릅니다.

그러나 심판이 시작되면 그는 권세를 빼앗기고 완전히 멸망할 것이요, 나라와 권세와 온 천하 나라들의 위세가 지극히 높으신 이의 거룩한 백성에게 붙인 바 되리니 그의 나라는 영원한 나라이라, 모든 권세 있는 자들이 다 그를 섬기며 복종하리라. (단 7:26~27)

그러나 그 패악질은 이미 한 때와 두 때와 반 때, 3년 반이라는 한정된 기한이 정해진 것이었고 그 기한이 끝날 즈음에 심판은 여지없이 시작되었습니다. 적그리스도의 왕국은 예수님과 하늘 군대가 재림하면서 멸망하고 그 자신도 불과 유황으로 타는 못에 떨어져 세세토록 형벌을 당하게 될 운명입니다. 그리고 이어지는 것은 영원한 천년왕국이며 하나님의 성도들은 거기서 왕 노릇을 하고 그 나라는 왕 노릇을 하는 성도들과 성도들에게 딸린 백성들에게 주어져 번영을 누리게 될 것입니다.

그 말이 이에 그친지라. 나 다니엘은 중심에 번민하였으며 내 얼굴빛이 변하였으나 내가 이 일을 마음에 간직하였느니라. (단 7:28)

환상이 끝나고 다시 현실로 돌아온 다니엘은 목격했던 모든 것들로 인해 고민이 끝이 없었습니다. 자신의 동포 후손들에게 닥쳐올 무서운 고난을 생각해도 기가 막힐 노릇이며 얼마나 고민했으면 얼굴이 창백해지고 광대뼈가 튀어나와 얼굴 형태가 달라 보일 지경이었으나 그럼에도 다니엘은 여기저기 떠들고 다니지 않고 그 일들을 조용히 간직해 두었습니다.

이쯤에서 새로운 얘기를 하겠습니다.

전통적인 세대주의 종말론의 해석은 네 짐승을 바빌론과 페르시아, 헬라와 로마 제국으로 보고 있으며 이들은 국가로서 존속한 이스라엘을 점령하고 예루살렘을 지배한 나라들입니다. 또한 마지막 넷째 짐승의 머리에 난 열 뿔은 구 로마 제국의 강역에서 일어날 10개국을 중심으로 한 유럽 합중국, 작은 뿔은 그 유럽 합중국을 지배하며 그것을 기반으로 단일세계정부를 수립할 적그리스도를 의미합니다. 열 뿔은 10개국이자 10개국의 수괴이며 작은 뿔 또한 적그리스도이자 단일세계정부 자체를 의미한다고 보는 것이 보다 디테일한 해석일 것입니다. 2장과 7장을 비교해 보면 대략 이렇습니다.

(말미의 A.D. 476년이란 연도는 참고만 하십시오.)

이렇게 깔끔한 해석에 반하는 다른 의견이 있는데 2장 강해에서 이미 한 번 언급해 드린 내용입니다. 넷째 짐승의 머리에서 열 뿔이 난다는 것은 서기 476년에 로마 제국이 무너진 후 기나긴 시간적 간격이 없이 곧바로 그 로마 제국의 옛 영토에 10개국이 일어났다는 것을 의미한다는 것입니다. 이 의견에 따르면 바빌론에 이어서 바로 페르시아가 나왔고, 페르시아에 이어서 바로 헬라가 나왔고, 헬라에 이어서 바로 로마 제국이 나왔기에 열 뿔 또한 로마 제국에 이어서 곧바로 나타날 10개국으로 해석해야 한다는 것이며 그 해석에 따르면 열 뿔이 나타나는 것은 결코 역사의 마지막 때가 아닌 바로….

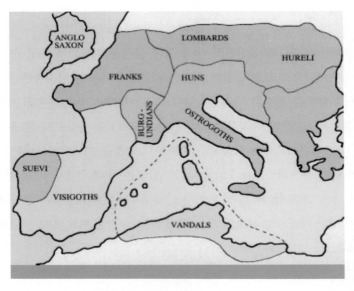

(넷째 짐승, 로마 제국의 머리에 났다는 열 뿔…?)

그리고 바로 이 나라들로부터 현대의 유럽 국가들이 기원하였다는 것을 주장하고 있습니다. 구체적으로 하나하나 짚어 보자면 이렇습니다.

1. 앵글로·색슨 왕국 - 영국
2. 프랑크 왕국 - 프랑스
3. 알레마니 왕국 - 독일
4. 부르군트 왕국 - 스위스
5. 롬바르드 왕국 - 이탈리아
6. 서고트 왕국 - 스페인

7. 수에비 왕국 - 포르투갈
8. 동고트 왕국 - 멸망
9. 반달 왕국 - 멸망
10. 헤룰리 왕국 - 멸망

그러니 열 뿔은 다니엘의 때부터 먼 미래에 등장할 유럽 합중국 같은 나라는 결코 아니며 열 뿔에 이어서 등장하는 작은 뿔도 유럽 합중국의 수괴가 아니라 다른 존재라는 것입니다.

1. 넷째 짐승에게서 나왔고
2. 열 뿔이 나타난 이후에 생겼고
3. 먼저 있던 자들과 다르고
4. 세 왕을 복종시키고
5. 말로 지극히 높으신 자를 대적하고
6. 지극히 높으신 자의 성도를 괴롭게 하고
7. 때와 법을 변개코자 하며
8. 한 때와 두 때와 반 때 동안 압제하는

작은 뿔은 바로 로마 가톨릭, 바티칸의 교황권이라는 것입니다. 이런 주장에 의하면 로마 교황권이 작은 뿔인 이유는 다음과 같습니다. 무척이나 디테일하게 설명하고 있지만 최대한 요점만 빼내어 나열해 보겠습니다.

1. 무너져 가던 로마 제국으로부터 생겨났고

2. 10개국으로 쪼개진 후에 일어났으며

3. 종교 체제라는 점에서 먼저 있던 왕국들과는 다르고

4. 동로마 제국이 교황권을 돕고자 10개국 중 헤룰리, 반달, 동 고트 왕국을 멸망시켰으며 이로 인해 교황권은 전 세계 교회 의 머리라는 초월적인 자리에 설 수 있게 되었고

5. 교황들은 자신을 하나님처럼 높이며

6. 하나님을 대적하고 종교재판과 십자군을 동원해 성도들을 학살하고 압제하였으며

7. 기존의 일곱 절기 대신에 성경에도 없는 축일들을 만들어 내 고 성경의 율법 대신 성모 마리아와 성자·성녀들을 신격화하 는 우상숭배를 만들어 내며 십계명조차 변개하는 배도를 저 질렀으니

작은 뿔이야말로 가톨릭 교황권이 아니고 무엇이겠습니꽈?

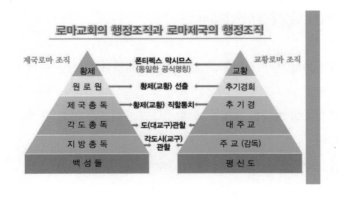

(여기까지만 보면 정말 그럴듯하다.)

그런데 뭔가 좀 허전한 기분이 드신 다면 기분 탓만은 아닙니다. 분명히 작은 뿔이 교황권이 라는 근거는 8개 항목이었는데 설명은 왜 7개 항목만 되어 있느냐는 것이 지요. 위의 일곱 가지 항목만 보면 〈어! 정말 그런가?〉 싶을 정도로 아다리 가 딱딱 맞고 솔깃하지만 마지막 8번째 항목이 앞의 7개 항목을 모조리 뒤

———————————————— 다니엘서! 한 권으로 끝내기

엎어 버릴 열쇠이기에 특별히 빼 두었습니다. 앞의 모든 설명을 한 큐에 개소리로 만들어 줄 8번째 항목 말이지요. 우선 한 때와 두 때와 반 때는 3년 반, 1,260일이며 이들은 연·일 계산법을 당연한 듯이 적용하여 1일을 1년으로 환산해 1,260일을 1,260년으로 변환하는데 각각 다른 기산점을 기준으로 하여 그에 1,260년을 더하는 총 7가지의 예측을 하고 있습니다.

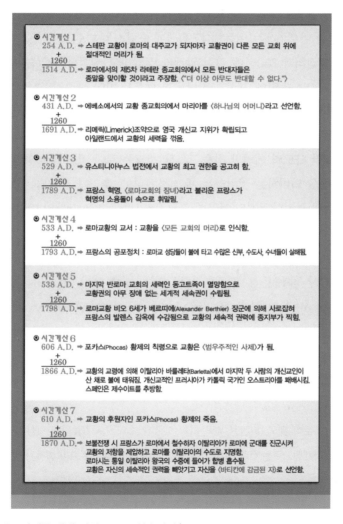

(이 중 5번째를 대개 정설로 보고 있습니다.)

그러니 한마디로 성도들이 그의 손에 붙인 바 되어 보내게 되는 한 때와 두 때와 반 때는 열 뿔 중 뽑혀 나가는 세 뿔에서 마지막 뿔인 동고트 왕국이 멸망한 서기 538년부터 시작되며 그해로부터 1,260년을 더하면 1798년이 나오고 그해에 무슨 일이 있었는가 하니 프랑스 혁명 발발 5년 후인 1789년 2월 15일에 나폴레옹의 부하인 베르티에 장군이 교황 비오 6세를 체포하여 유폐시킴으로써 가톨릭 교황권을 박살 내 버린 사건이 있었다는 것입니다. 잡혀간 비오 6세는 이듬해 1799년에 프랑스의 발렌스에서 옥사했고 이로써 교황권의 1,260년에 걸친 압제가 끝났다고 해석하고 있습니다. 그리고 그 1,260년 동안에 교회가 하나님께 보호를 받아 보존될 수 있었던 것이 바로 〈여자가 독수리의 날개를 받아 광야로 날아가 한 때와 두 때와 반 때를 양육받은〉 것이라고 보고 있지요. 그러니 결국 다니엘 선지자가 말하는 작은 뿔, 요한 사도가 예언한 짐승, 적그리스도는 로마 가톨릭 교황권과 그 수괴인 교황을 의미하는 것이라는 게 결론입니다. 추리가 시작되는 것은 여기에서부터인데 지난번에도 언급해 드린 바 있기에 조금 간략히 반증하자면,

> 1. 서로마 제국이 로마 제국의 전부도 아니고 수도가 로마에서 콘스탄티노폴리스로 옮겨졌다 해서 로마 제국이 로마 제국이 아닌 게 되는 것도 아닌데 왜 서기 476년 서로마 제국의 멸망을 로마 제국이 멸망한 것으로 계산하고 동로마 제국이 이후 1,000년을 더 존속하다 서기 1453년에 멸망한 것은 전혀 고려하지 않는가?

(말이 〈동로마 제국, 비잔틴 제국〉이지, 그것은 후대 역사가들이 편의상 붙인 명칭이고 당연히 자체적으로는 〈로마 제국〉이라는 국명을 사용했으며 로마 황제가 멀쩡하게 다스렸습니다.)

> 2. 서로마 영토에 세워진 게르만 왕국 10개국 중 동고트, 반달, 헤

룰리 왕국만 멸망한 게 아니라 결국은 프랑크 왕국을 제외하고는 모조리 멸망했는데 왜 앞의 3개국 멸망만 반영하는가?

3. 이탈리아, 독일, 프랑스의 기원은 롬바르드, 알레마니, 프랑크 왕국이 아니라 게르만 왕국들 중 유일하게 멸망하지 않고 남은 프랑크 왕국이 상속 분쟁으로 인해 베르됭 조약 및 메이르선 조약이 체결되어 3개국으로 쪼개졌고 서프랑크가 프랑스, 동프랑크가 독일, 중부 프랑크가 이탈리아의 기원이 되었다는 것이 역사학계의 정설인데 왜 이런 사실은 싹 숨기고 있는가?

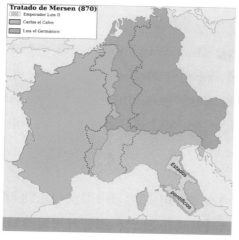

(서기 870년 메이르선 조약 체결 직후 프랑크 3왕국 영토)

4. 특히 알레마니 왕국은 독일의 기원은커녕 본격적인 왕국 체계를 갖추기도 전인 부족 연맹 수준에서 멸망했고 스페인과 포르투갈도 서고트와 수에비 왕국에서 기원한 것이 아니라 이슬람 제국에 의해 이베리아반도가 점령되고 수백 년이 지난 후 가톨릭 신자들에 의한 재정복 운동, 레콩키스타가 발발하면서 세워진 것이다.

5. 한 때, 두 때, 반 때가 끝나고 짐승이 멸망하는 것은 아마겟돈 전쟁으로 예수님이 지상 재림하셔서 친히 멸하시고 짐승을 잡아 불못에 집어넣으신 것인데 1789년에 그런 일이 언제 있었나?

6. 1789년 이후에도 교황권이 멀쩡하게 존속하면서 평화의 사도, 인류의 큰 어른 노릇을 하며 여전히 하나님 행세를 하고 하나님을 모독하고 교회와 성도들을 대적하고 미혹하며 패악질은 할 것 다 하고 있는데 어딜 봐서 교황권이 무너진 것인가?

7. 무엇보다도 한 때, 두 때, 반 때가 끝나 짐승이 잡히고 권세가 무너지면 예수님의 지상 재림과 천년왕국이 수립되어야 하는데 대체 재림은 언제 있었고 천년왕국은 언제 세워지는 건가? 아니, 지금이 어딜 봐서 천년왕국인가? 아, 천년왕국은 상징이라고...?

8. 계 13장에서 짐승이 죽은 것이 1789년 교황 비오 6세의 유폐와 사망이라면 죽은 것 같은 짐승이 상처가 나아 다시 살아났는데 교황 비오 6세가 죽었다가 다시 살아나기라도 했는가?

9. 죽었다가 살아난 짐승을 온 세상이 따른다고 하는데 그렇게 되면 교황권이 무너진 게 아니지 않은가? 1929년 라테란 조약으로 인한 바티칸 시국의 회복을 짐승이 죽었다가 살아난 것이라고 한다면 한 때 두 때 반 때가 다 끝났는데 예수님의 재림도 없고 천년왕국도 없고 짐승은 여전히 살아서 권세를 부린다는 것이니 이게 과연 성경에 맞는 해석인가?

10. 계 12장에서 광야로 도망치는 여자를 교회라고 해석하는데 그 여자가 교회라면 어떻게 교회가 철장으로 만국을 다스릴 예수님을 낳을 수 있는가? 예수님이 십자가 보혈로 교회를 낳으셨지, 교회가 예수님을 낳은 것이 아님은 기초 중의 기초 아닌가?

더 해 볼까요? 한 20번 항목까지 붙일 수 있을 것 같은데요. 그렇게 적그리스도를 교황권으로 퉁쳐 버리면 대체 그 짐승을 타고 노니는 바빌론의 음녀는 뭐라고 해석할 것인지 그것도 참 대답이 궁할 노릇입니다. 교황권이 가장 강성할 때도 오른손과 이마에 표를 받게 하고 그 표 없이는 사고팔고 못하게 하며 표가 없거나 우상에 절하지 않으면 다 죽이는 짓은 하지도 못했습니다. 그런 일 자체가 현재까지의 인류 역사, 세계사에서 단 한 번도 일어난 적이 없었고 말입니다. 사실 로마 제국의 멸망을 A.D. 476년으로 잡은 것부터가 어림 택도 없는 소리이며 그 이후의 모든 해석은 제법 그럴싸하지만 한 편의 스페이스 오페라에 불과한데 이런 뻔한 소리를 해야만 했던 이유는 바로 종교개혁자들의 기준에서 당대의 패권을 잡고 성도들을 악랄하게 핍박하던 로마 가톨릭의 교황권이야말로 그 적그리스도와 피차일반이며 그렇게 해석하고 가르쳐야만 성도들은 물론 유럽인들이 교황권의 미혹에서 깨어나 그들과 맞서 싸울 동기부여가 되기 때문입니다. 이는 그 당시 종교개혁자들 기준에서는 매우 타당한 해석이었고 그렇게 할 수밖에 없는 불가피한 선택이었지만 그리고 500년 가까이 지난 지금에 와서도 그 소리를 여전히 하고 있는 것은 한심스러운 일이 아닐 수 없습니다. 더군다나 중세 이래 무려 나폴레옹 전쟁 때까지 독일 지역에는 신성 로마 제국이 멀쩡하게 존속하여 〈로마 제국〉의 대통을 잇고 있었고 그 무렵 큰소리깨나 친다는 제국들, 심지어 나치 독일의 히틀러조차 로마 제국을 표방한 데다 유럽에서 〈황제〉 칭호를 쓰려면 어떻게든 그 왕가 혈통에 로마 제국과 사돈의 팔촌의 오촌 당숙에 육촌 동생 정도는 연관이 있어야 가능했습니다.

교황권의 행적과 짐승, 적그리스도의 행실이 겹치는 이유도 별다른 게 아니라 원래 교황권의 보좌와 권세와 행적이 적그리스도가 앉고 갖고 행사해야 할 것들인데 아직은 막는 자가 있어서 멸망의 아들이 드러날 때가 아닌 터라 교황이라고 하는 권한대행, 바지사장을 대신 앉혀 두고 흉내를 내게 한 것입니다. 그들은 짐승 위에 탄 음녀마냥 짐승의 보좌와 권세를 대신 누리고 휘두르며 살다가 때가 되어 짐승이 모습을 드러내 직접 활동하게 되면 당연히 용도 폐기가 되어 토사구팽을 당하는데 그것이 바로 계 17장에서 음녀가 짐승에게 벌거벗겨지고 잡아먹히고 불태워지는 장면입니다. 여기까지 해석하기에는 종교개혁 당시의 정황상 불가능했기에 결국 그 시절 기준으로 가장 타당한, 교황권을 적그리스도로 지목하는 데까지만 했었던 것이지요. 당연한 말이지만 지금 와서까지 그러고 있으면 기관총을 쓰는 곳에 화승총 들고 나타난 꼴입니다. 넷째 짐승의 머리에 난 열 뿔은 구 로마 제국의 판도에서 일어날 10개국을 중심으로 한 유럽 합중국이며 작은 뿔은 그 나라를 다스리고 단일세계정부를 수립할 적그리스도입니다. 시간적 간격이 있는 게 맞느냐 아니냐를 떠나서 예언을 이루시는 때와 기한은 하나님의 주권이기에 우리가 따질 바도 아니고 우리는 그저 그렇게 되리라, 한 말씀이 이루어질 때까지 기다리고 있으면 되는 것이고 그것이 실무적으로 이루어지는 것을 보면 되는 것입니다. 어쩌면 서로마 제국 멸망 후 게르만 왕국 10개국이 수립된 것도 그 〈열 뿔〉의 예표일지도 모를 일입니다. 일종의 예고편 말이지요.

이것으로 열 뿔 짐승과 작은 뿔에 대한 오해가 다소나마 풀리셨다면 이어지는 다니엘서 8장 강해를 기대해 주시기 바랍니다.

나 다니엘에게 처음에 나타난 환상 후 벨사살 왕 제삼년에 다시 한 환상이 나타나니라. (단 8:1)

8장.

2,300주야의 허와 실 ──────────

나 다니엘에게 처음에 나타난 환상 후 벨사살 왕 제삼년에 다시 한 환상이 나타나니라. (단 8:1)

7장에서 다니엘은 벨사살 치리 원년에 환상을 보았는데 좀 더 지나서 재위 3년 차에 다시 한번 환상을 보게 되었습니다. 벨사살 원년이 B.C. 553년이니 이번에 환상을 받은 때는 B.C. 551년이며 벨사살이 사살당한 때로부터 12년 전입니다.

내가 환상을 보았는데 내가 그것을 볼 때에 내 몸은 엘람 지방 수산 성에 있었고 내가 환상을 보기는 을래 강변에서이니라. (단 8:2)

내가 환상 중에 보았고 내가 보았을 때 나는 엘람 지방에 있는 수산 궁에 있었으며, 또 내가 환상 중에 보았더니 나는 울래 강가에 있었느니라. (단 8:2, 킹제임스)

이 구절은 상당히 난해한 장면인데 다니엘이 환상을 본 시점이 그가 〈엘람의 수산 궁에 방문했을 때〉인지 아니면 아예 그 환상 속에서 다니엘 자신이 엘람의 수산 궁에 있었는지 매우 헷갈리는 내용입니다. 가톨릭 성경에서는 다니엘이 엘람의 수산 궁에 있었던 것부터가 환상이라고 적혀 있으며 각각이 다 다른 해석입니다.

1. 가톨릭 성경 - 수산 궁과 울래 강가 모두 환상 속의 장면
2. 공동 번역 - 수산 궁과 울래 강가에서 환상을 보았음.
3. 표준 새번역 - 수산 궁과 울래 강가 모두 환상 속의 장면
4. 개역 개정 - 몸은 수산 성에 있고, 울래 강가에서 환상을 목격
5. 개역 한글 - 몸은 수산 성에 있고, 울래 강가에서 환상을 목격
6. 흠정역 - 몸은 수산 궁에 있고 울래 강가는 환상 속 장면
7. 킹제임스 - 몸은 수산 궁에 있고 울래 강가는 환상 속 장면

참으로 머리가 깨지는 갈등이 아닐 수 없습니다. 확실한 것은 〈엘람〉
은 수사, 즉 수산을 수도로 하는 오리엔트의 한 국가이며 아시리아에 의해
B.C. 645년에 한 번 멸망했다가 아시리아가 바빌론에게 멸망한 후 독립했
고 B.C. 539년에 페르시아에게 수도 수사가 함락되면서 멸망하여 페르시
아의 일부가 되었습니다. 이후 수사는 페르세폴리스와 더불어 페르시아의
수도가 되어 에스더서에 보면 아하수에로왕이 수산 궁에 머무는 모습도 나
오는데 다니엘이 환상을 본 B.C. 551년 기준으로는 아직 엘람이 독립국가
로 멀쩡하게 존속한 시기였습니다. 그런데 멀쩡한 국가로 존재하던 엘람을
〈왕국〉이 아닌 〈지방〉으로 기록했다는 것은 무슨 의미일까요. 결국 가능한
추리를 해 보면,

1. 다니엘이 환상에서 본 엘람은 당시 국가로서 존속했던 엘람
왕국이 아닌, 그 시점에서 12년 후 멸망하여 페르시아의 지방
속령이 된 엘람이며 그 자체가 미래를 본 환상이었다.

2. 다니엘이 〈엘람 지방〉이라고 쓴 것은 그냥 〈엘람 땅〉이라
는 의미일 수도 있으며 당시 기준으로 독립국이었던 엘람 왕
국 수도 수산 궁으로 일종의 〈외교 사절〉 임무를 받고 방문
한 상태에서 환상을 보고 환상 속에서 울래 강가에 있었던

| 것이다, 또는 수산 성내의 울래 강가에서 환상을 보았다.

2번의 경우 조금 더 추리를 해 보자면 바빌론 중앙정부를 호령하던 재상을 타국의 사신으로 보낸다는 것이 매우 드물다는 것을 볼 때 어쩌면 수산 궁 방문 자체가 다니엘에 대한 숙청 작업의 일환일 수도 있습니다. 다니엘을 멀리 엘람의 수산 궁으로 보내 놓은 뒤 나보니두스가 벨사살을 대리 왕으로 앉혀 내정을 총괄하게 하고 본인은 군대를 이끌고 지방을 순회하면서 지방정부들을 장악했고 다니엘이 돌아왔을 때는 이미 실각한 후였을 가능성입니다. 그 과정에서 다니엘의 세 친구들은 나보니두스와 벨사살에 의해 참살당하고 다니엘은 목숨만 겨우 건져서 이후 12년 동안 유폐되어 있다가 모두에게 잊혔을 즈음 그 〈메네 메네 데겔 우바르신〉 사건으로 다시 컴백하게 되는 것이지요. (상상력 한번 끝장난다...)

내가 눈을 들어 본즉 강가에 두 뿔 가진 숫양이 섰는데 그 두 뿔이 다 길었으며 그 중 한 뿔은 다른 뿔보다 길었고 그 긴 것은 나중에 난 것이더라. 내가 본즉 그 숫양이 서쪽과 북쪽과 남쪽을 향하여 받으나 그것을 당할 짐승이 하나도 없고 그 손에서 구할 자가 없으므로 그것이 원하는 대로 행하고 강하여졌더라. (단 8:3~4)

이 숫양에 대해서는 친절하게 뒤에 보시면 스포일러가 나와 있으니 바로 메디아·페르시아 제국입니다. 두 뿔이란 메디아와 페르시아 두 나라이며 메디아가 먼저 있었고 나중에 나온 페르시아가 더 강성하여 갑이 되었다는 것을 의미합니다. 아시는 바와 같이 페르시아 제국은 이란 고원 귀퉁이에서 발흥하여 서쪽으로는 바빌론과 리디아, 시리아, 팔레스타인 일대를 정복하고 북쪽으로는 카스피해와 마케도니아까지 이르렀으며 남쪽으로는 이집트와 에티오피아에 육박하는 거대한 제국이었습니다. 오죽하면 7장에서 이미 갈빗대 세 개를 입에 물고도 모자라서 많은 고기를 먹으려고 하는 곰으로 묘사되었을까요? (숲속 동물 친구들 중 누가 저 숫양한테 비벼 볼 수 있을까?)

내가 생각할 때에 한 숫염소가 서쪽에서부터 와서 온 지면에 두루 다니되 땅에 닿지 아니하며 그 염소의 두 눈 사이에는 현저한 뿔이 있더라. (단 8:5)

그런데 그 숫양에게 도전하는 용자가 나타났으니 양 눈 사이에 멋진 뿔을 가진, 유니콘처럼 생긴 숫염소였습니다. 얼마나 재빠른지 발이 땅에 닿지 않을 정도로 신속했고 숫염소는 마치 철천지원수라도 만난 것처럼 숫양을 향해 돌격했습니다.

그것이 두 뿔 가진 숫양, 곧 내가 본 바 강가에 섰던 양에게로 나아가되 분노한 힘으로 그것에게로 달려가더니 내가 본즉 그것이 숫양에게로 가까이 나아가서는 더욱 성내어 그 숫양을 쳐서 그 두 뿔을 꺾으나 숫양에게는 그것을 대적할 힘이 없으므로 그것이 숫양을 땅에 엎드러뜨리고 짓밟았으나 숫양을 그 손에서 벗어나게 할 자가 없었더라. (단 8:7~8)

이 숫염소의 정체도 뒤에 친절하게 나와 있으니 바로 그리스의 왕, 헬라 왕이며 더 정확하게는 알렉산드로스 대왕입니다. 그는 원래 마케도니아 왕이었으나 카이로네이아 전투에서 그리스 연합군을 격파하고 그리스 전체의 왕으로 등극했고 이어서 페르시아 전쟁의 복수전이라는 명목으로 그리스 연합군을 이끌고 페르시아 원정에 나섭니다. 먼저 그라니코스강 회전에서 페르시아 군대의 그리스 용병대를 쳐부순 뒤 이수스에서 페르시아 육군을 대파하고 티루스에서 페르시아 해군의 근거지를 공략하고는 이집트를 점령하고 페르시아 영내로 진격, 가우가멜라·아르벨라 회전에서 페르시아의 주력 부대를 섬멸함으로써 그야말로 페르시아 제국을 탈탈 털어 버리는 압승을 거두었습니다. (어차피 페르시아에서 헬라로 배턴 터치할 운명의 데스티니…)

숫염소가 스스로 심히 강대하여 가더니 강성할 때에 그 큰 뿔이 꺾이고 그 대신에 현저한 뿔 넷이 하늘 사방을 향하여 났더라. (단 8:8)

그러므로 그 숫염소가 매우 강대해지다가 강하게 되었을 때 그 큰 뿔이 꺾였고, 그 자리에 두드러진 뿔 넷이 하늘의 네 바람을 향하여 나왔음이라. (단 8:8, 킹제임스)

그러나 알렉산드로스의 헬라 제국은 페르시아보다 더 기가 막혔는데 기껏 그리스·이집트·소아시아·페르시아를 통합한 제국을 건설했다 싶더니 그 알렉산드로스가 덜커덕 죽어 버리는 바람에 제국은 여지없이 4등분으로 쪼개졌습니다. 7장에 설명해 드린 것처럼 셀류쿠스, 카산데르, 리시마쿠스, 프톨레미가 각각 나라를 맡아 나눠 가졌던 것이지요.

그 중 한 뿔에서 또 작은 뿔 하나가 나서 남쪽과 동쪽과 또 영화로운 땅을 향하여 심히 커지더니 그것이 하늘 군대에 미칠 만큼 커져서 그 군대와 별들 중의 몇을 땅에 떨어뜨리고 그것들을 짓밟고 (단 8:9~10)

작은 뿔이라는 말에 7장에서의 적그리스도가 떠오르신다면 절반만 맞은 것입니다. 정확하게 말하자면 〈적그리스도의 예표〉가 되는 헬라 왕 안티오코스 4세, 다른 말로 안티오코스 에피파네스입니다. 이자가 하도 패악질을 해 대니 사람들은 이름인 에피파네스를 꼬아서 〈에피마네스〉라 불렀는데 뜻인즉슨 〈미친놈〉입니다. 그는 B.C. 175년부터 B.C. 164년까지 헬라 제국의 4등분 토막 중 셀류쿠스 왕조 시리아의 왕으로 통치했고 다니엘이 본 환상대로 남쪽의 이집트, 동쪽의 구 페르시아 지역으로 치고 나갔으며 아름다운 땅, 다른 말로는 〈영화로운 땅〉인 가나안 지경으로도 침공하여 탈탈 털어먹는 성과를 올렸습니다. 하늘의 군대에 이를 만큼 커졌다는 표현이 딱 훗날 아마겟돈 전쟁에서 예수님께서 이끄신 하늘 군대와 맞서려 드는 적그리스도의 모습 그대로인데 어쨌든 이 당시 기준으로 1차적 해석을 해 보자면 〈이 땅에서 하나님의 군대에 해당하는〉 이스라엘 유대인들을 짓밟고 별, 즉 제사장들과 서기관들, 랍비들을 비롯한 지도자들을 박해했다는 의미입니다.

또 스스로 높아져서 군대의 주재를 대적하며 그에게 매일 드리는 제사를 없애 버렸고 그의 성소를 헐었으며 그의 악으로 말미암아 백성이 매일 드리는 제사가 넘긴 바 되었고 그것이 또 진리를 땅에 던지며 자의로 행하여 형통하였더라. (단 8:11~12)

정녕, 그는 자신을 군대의 통치자에게까지 높였으며 그로 인하여 매일 드리는 희생제도 없어지고 그의 성소의 처소도 허물어졌도다. 한 군대가 그에게 주어져서 죄과로 인하여 매일 드리는 희생제도 반대케 하며 그 작은 뿔이 진리를 땅에 던지고 마음대로 행하며 번성하였더라. (단 8:11~12, 킹제임스)

자기 자신을 만군의 주 하나님으로까지 높이고 하나님께 바칠 제사와 예물을 금하며 성소를 허물며 진리를 핍박하는, 그야말로 미래의 7년 대환난, 후 3년 반에 짐승, 적그리스도가 저지를 패악질을 미리 보는 듯한 모습입니다. 정확하게 이런 짓을 휴거 이후 대환난의 때 적그리스도가 저지를 것이며 1차적으로는 당시의 헬라 왕 안티오코스 에피파네스가 저질렀던 죄악들입니다. 다니엘 선지자의 시점에서는 400여 년 후에 일어날 일들이지요. 이 장면은 현재 우리가 읽는 신구약 66권의 정경으로는 감을 잡기가 쉽지 않아 가톨릭 성경에 포함된 〈외경〉인 마카베오서를 참고하겠습니다. 가톨릭에서 보는 성경은 우리가 사용하는 성경과 번역에서 차이가 있으며 이것저것 덧붙인 내용들이 많은데 아예 외경에 해당하는 토비트기, 유디트기, 마카베오 상·하서, 바룩서, 지혜서, 집회서 등 7편이 더 붙어서 총 73권으로 되어 있습니다. 이 중 마카베오 상·하서는 말라기와 마태복음 사이의 신구약 중간사, 그중에서도 헬라의 압제로부터 이스라엘이 독립하여 다윗 왕조의 유다 왕국이 멸망한 이래 444년 만에 하스몬 왕조 이스라엘 왕국이 재건되는 과정을 그리고 있는 역사서인데 정확하게 안티오코스 에피파네스의 이야기가 포함되어 있어 단 8장의 해석에 매우 좋은 참고 자료가 되고 있습니다.

그들에게서 죄의 뿌리가 나왔는데, 그가 안티오코스 임금의 아들로서 로마에 인질로 잡혀갔던 안티오코스 에피파네스이다. 그는 그리스 왕국 백삼십칠년에 임금이 되었다. (마카베오상 1:10)

백사십삼년에 이집트를 쳐부수고 돌아가면서, 안티오코스는 강력한 군대를 이끌고 이스라엘과 예루살렘으로 올라갔다. 그는 거드럭거리며 성소에 들어가 금 제단, 등잔과 그것에 딸린 모든 기물, 제사상과 잔, 대접과 금향로, 휘장과 관을 내오고, 성전 정면에 씌워져 있던 금장식을 모두 벗겨냈다. 또 은과 금, 값진 기물들과 깊숙이 간직되어 있던 보물들을 찾아냈다. 그는 마구 살육을 저지르고 오만불손한 말을 한 다음, 그 모든 것을 가지고 자기 나라로 돌아갔다. (마카베오상 1:20~24)

이태 뒤 임금이 유다의 성읍들에 조공 징수관을 파견하니, 그자가 강력한 군대를 이끌고 예루살렘에 들어왔다. 그가 평화로운 말로 주민들을 속이자 그들은 그를 믿었다. 그러나 그는 갑자기 그 도성을 습격하여 큰 타격을 입히고 이스라엘 백성을 많이 죽였다. (마카베오상 1:29~30)

원래 이 당시의 대제사장은 오니아스라는 신실한 지도자였으나 그의 동생 야손이 안티오코스에게 접근하여 돈을 줄 테니 형의 자리를 자기에게 달라고 딜을 걸었습니다.

야손은 임금을 알현하는 자리에서, 은 삼백육십 탈렌트와 또 다른 수입에서 팔십 탈렌트를 바치겠다고 약속하였다. 그것에 덧붙여, 자기의 권한으로 체육관과 청년 학교를 설립하고 예루살렘 주민들을 안티오키아 시민으로 등록하도록 임금이 승낙해 준다면, 백오십 탈렌트를 더 바치겠다고 언약하였다. (마카베오하 4:8~9)

안티오코스는 얼씨구나 하고 오니아스의 대제사장직을 폐하고 야손에게 넘겨주었으니 이때가 B.C. 175년이었으며 야손은 대제사장이 되자 유대인들에게 헬레니즘식의 생활을 강요하며 동족들을 압제했습니다. 그러나….

그런데 메넬라오스는 임금에게 인도되자 자신을 권위 있는 것처럼 내세우고, 야손보다 은 삼백 탈렌트를 더 바쳐 대사제직을 확보하였다. (마카베오하 4:24)

그러자 메넬라오스는 좋은 기회를 얻었다고 생각하여, 성전의 금 기물들을 몇 개 훔쳐서 안드로니코스에게 바쳤다. 그는 이미 티로와 그 주변 여러 성읍에 다른 기물들을 팔아먹은 적이 있었다. (마카베오

하 4:32)

뜻밖에도 야손이 안티오코스에게 심부름을 보낸 메넬라오스라는 자가 야손이 바친 것보다 300달란트를 더 웃돈으로 얹어 주고 대제사장직을 가로채는 일이 발생했으며 새로 대제사장이 된 메넬라오스는 성전 기물을 팔아서 그 〈웃돈〉을 마련하고 있었습니다. 쫓겨났던 야손이 다시 반격을 해오는 바람에 그와 메넬라오스가 내전을 벌이는 동안 안티오코스는 이집트 원정을 마무리하고 돌아와서는 예루살렘을 쳐서 박살을 내는 행패를 부렸습니다.

이 일에 관한 보고가 임금에게 들어가자 그는 유다인들이 반란을 일으켰다고 생각하였다. 그래서 그는 야수처럼 격분한 마음으로 이집트에서 돌아와 이 도성을 무력으로 점령해 버렸다. 그리고 나서 걸리는 사람마다 사정없이 칼로 쳐 죽이고 집으로 들어간 이들도 학살하라고 군사들에게 명령하였다. (마카베오하 5:11~12)

그리하여 젊은이와 늙은이를 살해하고 여자와 아이를 도륙하고, 처녀와 젖먹이를 살육하는 일이 자행되었다. 단 사흘 만에 팔만 명이 살해되고 사만 명이 백병전으로 죽었다. 노예로 팔려 간 사람도 살육당한 사람만큼 많았다. 임금은 그것으로 만족하지 않고, 법과 조국의 배반자가 된 메넬라오스의 인도를 받아 무엄하게도 온 세상에서 가장 거룩한 성전으로 들어갔다. 그는 거룩한 기물들에 손을 대고, 다른 임금들이 그곳의 발전과 영광과 영예를 위하여 바친 예물들을 더러운 손으로 휩쓸어 갔다. (마카베오하 5:13~16)

이렇게 예루살렘의 성전을 부정하게 만든 그는 성전 이름도 고쳐 〈올림포스의 제우스 신전〉이라고 부르며 압제의 마침표를 찍었습니다. 이때가

B.C. 168년이었습니다. 당시 안티오코스가 유대인들에게 강요한 것들이
이러하니,

임금은 사신들을 보내어 예루살렘과 유다의 성읍들에 이러한 칙
서를 내렸다. 유다인들이 자기 고장에 낯선 관습을 따르게 할 것, 성
소에서 번제물과 희생제물과 제주를 바치지 못하게 하고, 안식일과
축제를 더럽힐 것, 성소와 성직자들을 모독할 것, 이교 제단과 신전
과 우상을 만들고, 돼지와 부정한 짐승을 희생 제물로 바칠 것, (마카
베오상 1:44~47)

그들의 아들들을 할례 받지 못하게 하고, 온갖 부정한 것과 속된
것으로 그들 자신을 혐오스럽게 만들도록 할 것. 그리하여 율법을
잊고 모든 규정을 바꾸게 할 것. 임금의 말대로 하지 않는 자는 사형
에 처할 것. (마카베오상 1:48~50)

(아놔, 이런 〈미친놈〉을 봤나…. 과연 에피마네스로세….)

바로 이런 짓을 훗날 적그리스도가 그대로 할 것입니다.

내가 들은즉 한 거룩한 이가 말하더니 다른 거룩한 이가 그 말하
는 이에게 묻되 환상에 나타난 바 매일 드리는 제사와 망하게 하는
죄악에 대한 일과 성소와 백성이 내준 바 되며 짓밟힐 일이 어느 때
까지 이를꼬, 하매 그가 내게 이르되 이천삼백 주야까지니 그 때에
성소가 정결하게 되리라, 하였느니라. (단 8:13~14)

그때 내가 한 성도가 말하는 것을 들었는데, 말하였던 그 어떤 성
도에게 또 다른 성도가 말하기를 "매일 드리는 희생제와 멸망의 죄

과, 즉 성소와 군대를 내어주어 발 아래 짓밟히게 하는 환상이 얼마나 오래가겠느냐? 하니," 그가 나에게 말하기를 "이천삼백 일까지니, 그때에 성소가 깨끗하게 되리라." 하였더라. (단 8:13~14, 킹제임스)

드디어 그 유명한 2,300주야가 등장하였습니다. 거룩한 자, 곧 성도라고 하였지만 사실 이들은 천사일 것입니다. 두 천사가 서로 주고받는 것을 다니엘이 슬그머니 엿들은 것이지요. 내용인즉슨 이렇게 희생제가 금해지고 이스라엘과 성소가 짓밟히는 압제가 얼마나 이어질 것인가 하는 것인데 그에 대한 대답은 2,300일, 일명 2,300주야라는 것입니다. 그때가 되면 성소가 정결해진다는 의미이지요. 이 2,300주야는 종말론자들에게 초미의 관심사였습니다. 과연 무엇을 의미하는 기간인가 하는 것인데 흔히 하루를 1년으로 환산하는 연·일 계산법을 적용해 2,300주야를 2,300년으로 해석하는 것이 널리 퍼진 셈법이었습니다. 8장 바로 다음의 9장에 70이레를 계산할 때도 하루를 1년으로 환산하는 연·일 계산법이 쓰이기 때문에 더욱 그렇습니다. 안식교에서는 2,300주야의 기산점과 70이레의 기산점이 동일하다고 보고 B.C. 457년 아닥사스다왕의 예루살렘 중건령을 기점으로 잡아 거기서 2,300년을 계산해 1844년에 예수님께서 재림하신다고 외치며 흰옷 입고 설치던, 1992년 다미선교회 시한부 종말론 사건의 프리퀄을 만들었으나 당연히 빗나갔습니다. 그것을 그쪽 용어로 〈대실망〉이라고 하는데 여기에 대해 그냥 에러 난 것을 인정하면 될 것을 그 당시 환상을 보고 계시를 받던 어떤 어린 종이 등장해 1844년에 예수님께서는 하늘 성소로 들어가셔서 예언이 성취되었으며 거기에서부터 구원받은 성도의 품성과 행위를 조사해 천국 입성 여부를 결정하는 〈조사 심판〉을 하신다고 나발을 불어 대었던 것이 문제였습니다.

(그 어린 종이 바로 유명한 안식교의 여선지자 엘렌 G. 화이트입니다. 역사상 가장 성

공한 계시놀음꾼이지요.)

혹자는 2,300주야를 2,300년으로 환산하고 적그리스도의 예표 안티오
코스 에피파네스가 헬라 왕임에 착안하여 그 헬라의 시조라 할 수 있는 알
렉산드로스 대왕이 처음으로 예루살렘과 성전을 점령한 시점인 B.C. 333
년을 기산점으로 하여 2,300년이 지나 예루살렘이 회복되는 1967년이 나
오는 것을 결과로 산출하는 경우도 있습니다. 그러나 〈B.C 333년+2,300
년=1967년 예루살렘 회복=성소 정결〉설은 성경 본문의 문자적 해석에 전
혀 맞지 않고 실무적으로도 들어맞지 않는 오류입니다. 단 8장은 엄연히
헬라 왕 안티오코스 에파파네스가 저지르는 패악질, 적그리스도의 예표로
서의 압제가 주된 내용입니다. 그런 관계로 2,300주야 동안 이어지는 성소
를 짓밟는 행동들은 다른 누군가가 아닌 그 안티오코스가 저지르는 것들이
며 너무도 당연하게도 2,300주야는 실무적인 2,300일 이외의 어떤 해석도
나올 수 없습니다. 안티오코스가 2,300년 동안 살아서 깽판을 부린다는 게
가능하지 않고서는 말입니다. 언제를 기준으로 2,300일을 잡느냐고 하지
만 사실 기산점이란 것은 꼭 기산점을 잡아 거기에서부터 출발하는 게 아
닌, 결과물을 놓고 거기에서부터 역주행할 수도 있습니다. 그러면 성소가
정결함을 입은 때로부터 역산하여 2,300일을 계산하면 되겠지요.

**그들은 백사십팔년 아홉째 달, 곧 키슬레우 달 스무닷샛날 아침
일찍 일어나 새로 만든 번제 제단 위에서 율법에 따라 희생제물을
바쳤다.** (마카베오상 4:52~53)

**유다와 그의 형제들과 이스라엘 온 회중은 해마다 그때가 돌아오
면, 키슬레우 달 스무닷샛날부터 여드레 동안 제단 봉헌 축일로 기
쁘고 즐겁게 지내기로 결정하였다.** (마카베오상 4:59)

안티오코스 에피파네스에 맞서 일어난 이스라엘 저항군이 마침내 헬라를 축출하고 예루살렘 성전을 탈환하여 정화시킨 시점은 현재의 달력으로 환산하면 B.C. 164년 12월, 그해에 안티오코스가 사망하였습니다. B.C. 164년으로부터 2,300일을 역주행하면 대략 B.C. 171년인데 이때로 말하자면 이미 4년 전 B.C. 175년에 야손이 안티오코스에게 뇌물을 바치고 대제사장 자리를 사려 했으며 신실한 대제사장 오니아스가 완전히 안티오코스에 의해 제사장 직분을 박탈당한 때가 B.C. 171년이었던 것입니다. 진짜 제사장은 쫓겨나고 가짜들이 제사장 행세를 하며 성소를 농락하며 성전 기물을 팔아먹는 그런 상황이 이미 성소가 짓밟히고 더럽혀진 것이 아니면 무엇이라 할 것이며 그때로부터 안티오코스 에피파네스가 죽고 유다 마카비의 혁명군에 의하여 성소가 정결함을 입기까지 걸린 기간은 2,300일이었습니다. 성소가 정결함을 입기까지 2,300주야라는 것은 하루가 1년인 것도 아닌 문자 그대로의 기간이었고 기록된 대로 실무적인 성취로 이루어질 예언인 것입니다.

나 다니엘이 이 환상을 보고 그 뜻을 알고자 할 때에 사람 모양 같은 것이 내 앞에 섰고 내가 들은즉 을래 강 두 언덕 사이에서 사람의 목소리가 있어 외쳐 이르되 가브리엘아, 이 환상을 이 사람에게 깨닫게 하라, 하더니 (단 8:15~16)

이미 과거 시점이라 역사적으로 결과물이 드러난 현대에 와서도 그 2,300주야의 해석이 오락가락하는 마당에 방금 막 계시를 받은 다니엘의 입장에서는 더더욱 어안이 벙벙할 수밖에 없는 상황이었습니다만 그럴 줄 알고 하나님께서는 천사장 가브리엘을 시켜 다니엘에게 설명을 해 주게 하십니다.

그가 내가 선 곳으로 나왔는데 그가 나올 때에 내가 두려워서 얼

굴을 땅에 대고 엎드리매 그가 내게 이르되 인자야, 깨달아 알라. 이 환상은 정한 때 끝에 관한 것이니라. 그가 내게 말할 때에 내가 얼굴을 땅에 대고 엎드리어 깊이 잠들매 그가 나를 어루만져서 일으켜 세우며 이르되 진노하시는 때가 마친 후에 될 일을 내가 네게 알게 하리니 이 환상은 정한 때 끝에 관한 것임이라. (단 8:17~19)

그리하여 내가 서 있는 곳에 그가 가까이 왔으니 그가 왔을 때 내가 두려워서 얼굴을 대고 엎드렸으나 내게 말하기를 "오 인자야, 깨달으라. 그 환상은 마지막 때에 있을 것임이라." 하였더라. 그가 나와 말하고 있을 때 내가 얼굴을 땅에 대고 깊은 잠이 들었으나 그가 나를 어루만져 일으켜 세우고 말하기를 "보라, 내가 진노의 마지막 끝에 있을 일을 네게 알게 하리라. 그 끝은 정한 때에 있으리라. (단 8:17~19, 킹제임스)

당연한 말이지만 천사를 보고 사람이 멀쩡할 수가 없습니다. 그것도 인간 모습으로 너프된 것도 아닌, 풀 옵션을 갖춘 천사장을 보았으니 인간인 다니엘 입장에서는 그 자리에서 뻣뻣해져 기절할 것은 당연지사입니다. 가브리엘은 일단 다니엘에게 응급처치를 하여 일으켜 세운 후 설명하기 시작합니다. 사실 〈마지막 때에 있을 것〉이라는 구절 때문에 단 8장을 너무 쉽게 대환난 때의 적그리스도에 대해 설명하는 것이라고 넘겨짚기 일쑤인데 그 마지막 때란 휴거 이후 대환난 때를 의미한다기보다는 19절에 나오는 〈진노의 마지막 때〉, 즉 바빌론으로부터 페르시아와 헬라를 거쳐 점점 패악질과 배도가 쌓이고 쌓여 안티오코스 에피파네스 대에 절정을 이루게 되자 하나님께서 진노를 터뜨리셔서 안티오코스를 쳐 없애시는 시점을 가리키는 것이라 보는 것이 타당합니다. 물론 안티오코스의 모든 것이 적그리스도의 예표이기에 중의적인 표현으로 마지막 때를 그 마지막 때로 볼 수도 있겠지만 그것은 어디까지나 부차적이고 상징적인 해석이며 문자적인 해석은 안티오코스 에피파네스의 〈마지막 때〉입니다.

네가 본 바 두 뿔 가진 숫양은 곧 메대와 바사 왕들이요, 털이 많은 숫염소는 곧 헬라 왕이요, 그의 두 눈 사이에 있는 큰 뿔은 곧 그 첫째 왕이요, 이 뿔이 꺾이고 그 대신에 네 뿔이 났은즉 그 나라 가운데에서 네 나라가 일어나되 그의 권세만 못하리라. (단 8:20~22)

네가 본 두 뿔을 가진 그 숫양은 메디아와 페르시아의 왕들이요, 그 거친 숫염소는 그리스의 왕이며 그의 양 눈 사이에 있는 큰 뿔은 그 첫째 왕이라. 이제 그 뿔이 꺾이고 그 대신 그 자리에 네 뿔이 났으니 네 왕국이 그 민족에서 일어날 것이나 그의 권세에는 미치지 못하리라. (단 8:20~22, 킹제임스)

페르시아 제국을 친절하게 메디아와 페르시아라고 디테일하게 설명해 주는 센스를 발휘하며 가브리엘 천사는 숫양과 숫염소에 대해 해석해 주고 있습니다. 알렉산드로스가 죽고 4개국으로 쪼개진 그 나라는 두 번 다시 알렉산드로스 때처럼 막강한 제국으로 성장하지 못했음이 역사적인 사실입니다.

이 네 나라 마지막 때에 반역자들이 가득할 즈음에 한 왕이 일어나리니 그 얼굴은 뻔뻔하며 속임수에 능하며 (단 8:23)

이 네 나라 마지막 때에 패역자들이 가득할 즈음에 한 왕이 일어나리니 그 얼굴은 엄장하며 궤휼에 능하며 (단 8:23, 개역 한글)

그들 왕국의 나중 때에 범죄자들이 가득 차게 되면 무서운 용모를 하고 난해한 문장들을 깨닫는 한 왕이 일어나리라. (단 8:23, 킹제임스)

이 구절을 적그리스도의 예표인 안티오코스 에피파네스를 가리키는 게 아닌, 진짜 적그리스도의 본체를 가리켜 말씀하신 것으로 보는 분들이 정말 많습니다. 시대의 징조를 분별하는 사역자들 대부분이 이 구절이 휴거 이후 등장할 적그리스도의 외모와 속성을 알려 주는 내용이라고 보고 있습니다. 여기서 〈범죄자〉란 흔히 생각하는 그런 범죄자가 아니라 〈배교한 유대인〉들이라고 하는데 거기에 대한 근거는 이러합니다.

그 무렵에 이스라엘에서 변절자들이 생겨 많은 이들을 이러한 말로 꾀었다. "자, 가서 우리 주변의 민족들과 계약을 맺읍시다. 그들을 멀리하고 지내는 동안에 우리는 재난만 숱하게 당했을 뿐이오." (마카베오상 1:11)

(어딜 가나 사람 사는 곳은 똑같다. 매국노들이 판을 치니….)

그리고 죄 많은 족속과 변절자들을 그 안에 배치시켰다. 이들은 거기에 굳게 자리 잡은 뒤 무기와 양식을 저장하고 예루살렘에서 거둔 전리품을 쌓아 두었다. 그리하여 그들은 큰 위협이 되었다. (마카베오상 1:34~35)

이런 배교자들이 가득 차게 되었을 즈음에 비로소 안티오코스 에피파네스가 나타나 성소를 짓밟게 되었던 것인데 사도 바울이 말씀하신 내용과도 정말 흡사한 바람에 더더욱 많은 분들이 그렇게 믿게 되었습니다.

누가 어떻게 하여도 너희가 미혹되지 말라. 먼저 배교하는 일이 있고 저 불법의 사람, 곧 멸망의 아들이 나타나기 전에는 그 날이 이르지 아니하리니 (살후 2:3)

배교에 이은 적그리스도의 등장, 다니엘 선지자의 환상에서도 배교자들이 가득 찬 후 적그리스도의 예표가 등장하였던 것입니다. 무서운 용모는 물론 안티오코스 에피파네스도 그러했겠지만 훗날의 적그리스도 또한 무섭고 카리스마 넘치는 인상일 것이며 특히 〈난해한 문장들을 깨닫는다〉는 것에서 일루미나티의 비밀 지식들을 통달하여 그 비밀결사대, 그림자 정부를 능히 지도하는 존재라는 의미로도 해석되는 듯합니다. 그러나 단 8:23이 적그리스도를 말하는 게 아니라 명백하게 안티오코스 에피파네스를 가리키는 것임을 밝혀 주는 결정적 한 방은 그 시점이 그냥 마지막 때가 아니라 〈이 네 나라 마지막 때〉라는 것입니다. 알렉산드로스의 헬라 제국이 쪼개져 수립된 4국 시대의 마지막 때라는 확고부동한 배경이 설정되어 있기 때문에 저 구절은 절대로 종말의 때에 등장할 적그리스도를 가리켜 말씀하신 게 아닙니다. 너무나 아쉽지만 무섭고 엄장하고 뻔뻔한 얼굴과 궤휼과 속임수에 능한 것은 그냥 안티오코스의 외모와 재능을 말하는 것이며 난해한 문장들을 깨닫는 것도 헬레니즘 지식과 문화에 통달했다는 의미로 보셔야 할 것입니다.

그 권세가 강할 것이나 자기의 힘으로 말미암은 것이 아니며 그가 장차 놀랍게 파괴 행위를 하고 자의로 행하며 형통하며 강한 자들과 거룩한 백성을 멸하리라. (단 8:24)

당연한 말이지만 안티오코스 에피파네스의 권세는 그 사람이 뭐 대단해서 얻게 된 것이 아니라 하나님께서 허용하신 범위 내에서 성경을 이루시기 위한 요소로 사용하신 것입니다. 훗날의 적그리스도 또한 마찬가지로 불신 세상을 심판하시기 위한 대환난의 한 소품이자 요소일 뿐입니다. 또한 안티오코스는 거룩한 백성, 유대인들을 멸하려 획책하며 훗날의 적그리스도 또한 동일하게 이스라엘, 유대인들을 그 타깃으로 삼을 것입니다.

그가 꾀를 베풀어 제 손으로 속임수를 행하고 마음에 스스로 큰 체하며 또 평화로운 때에 많은 무리를 멸하며 또 스스로 서서 만왕의 왕을 대적할 것이나 그가 사람의 손으로 말미암지 아니하고 깨지리라. (단 8:25)

그의 지혜를 통하여 그가 자기 손에 기술을 늘려서 자기 마음속에 자신을 높이고 평화로 많은 것을 멸하리라. 그는 또한 통치자들 중의 통치자를 대적하여 설 것이나 그가 사람의 손에 의하지 않고 부서지게 되리라. (단 8:25, 킹제임스)

머리를 잘 굴려 온갖 음모를 꾸미고, 자신을 높이고 하나님을 대적하고, 평화를 외치며 뒤로 기습을 하고 살육을 일삼고 있는 안티오코스 에피파네스의 최후는 비참하기 이를 데 없었습니다.

또 유다인들이 안티오코스가 예루살렘 제단 위에 세웠던 역겨운 것을 부수어 버리고 성소 둘레에 전처럼 높은 성벽을 쌓았으며, 그의 성읍인 벳추르에도 그렇게 하였다는 것이다. 이 말을 들은 임금은 깜짝 놀라 큰 충격을 받았다. 그리고 자기가 원하던 대로 일이 되지 않아 실망한 나머지 병이 들어 자리에 누웠다. 그는 계속되는 큰 실망 때문에 오랫동안 누워 있다가 마침내 죽음이 닥친 것을 느꼈다. (마카베오상 6:7~9)

안티오코스 에피파네스는 무언가 하다가 다치거나 잘못된 것도 아닌 느닷없이 병이 들어 몸져누워서는 죽음을 기다리는 신세가 되어 버렸습니다. 마카베오서 하권에서는 좀 더 디테일하게 그때 상황을 설명해 주고 있습니다.

화가 치밀어 오른 그는 자기를 패주시킨 자들에게 받은 피해에 대한 화풀이를 유다인들에게 하리라고 생각하였다. 그래서 목적지에 이를 때까지 쉬지 말고 병거를 몰라고 병거병에게 지시하였다. 그러나 하늘의 심판이 그와 함께 가고 있었다. 그는 거만을 떨며, "내가 예루살렘에 다다르기만 하면 그곳을 유다인들의 공동묘지로 만들겠다."고 말하였다. (마카베오하 9:4)

그러나 모든 것을 보시는 주 이스라엘의 하느님께서 보이지 않는 치명타를 그에게 가하셨다. 그 말을 끝내자마자 그는 내장에 극심한 통증을 느끼고 속으로 지독한 고통을 겪게 되었다. (마카베오하 9:5)

그러나 그는 오만함을 조금도 버리지 않고, 오히려 더욱 거만해져서 유다인들에게 불 같이 화를 내며 더 빨리 가라고 지시하였다. 그러다가 내달리는 병거에서 떨어지고 말았다. 너무 세게 떨어져 몸의 뼈마디가 모두 어긋났다. (마카베오하 9:7)

이 사악한 자의 눈에서는 구더기들이 기어 나오고, 극심한 고통 속에서도 살아 있기는 하지만 살은 썩어 문드러져 갔다. 그 썩는 냄새가 온 군대를 참을 수 없게 만들었다. (마카베오하 9:9)

마침내 기가 꺾인 그는 거만함을 거의 다 버리고, 하느님의 채찍질로 점점 심해지는 고통 속에서 깨달음을 얻기 시작하였다. (마카베오하 9:11)

그뿐만 아니라 자신도 유다인이 되어, 사람이 사는 곳이면 어디나 가서 하느님의 권능을 선포하겠다고 하였다. (마카베오하 9:17)

결국 그는 하나님께서 헤롯을 치셨던 것처럼 치시는 바람에 그 어떤 손도 대 보지 못하고 자신의 옛 행실들을 후회하고 하나님께 살려만 주시면 정신 차리겠다며 빌면서 죽어 갔습니다. 적그리스도 또한 사람의 손이 아닌, 예수 님의 손으로 파멸을 맞아 육신과 영이 온전히 파멸을 맞게 될 것입니다.

여기까지 정리해 보자면 이렇습니다.

1. 안티오코스는 무서운 용모를 하고 헬레니즘 지식에 통달하고
   → 적그리스도는 무서운 외모에 일루미나티의 지식에 통달 하고

2. 안티오코스가 침략을 시작할 때 배교한 유대인들로 가득했고
   → 적그리스도가 드러나기 전에 먼저 배교하는 일이 있고

3. 안티오코스가 성전을 짓밟고 제우스 우상을 세웠으며
   → 적그리스도는 성전을 짓밟고 자신의 우상을 세울 것이며

4. 안티오코스는 제사와 예물을 금하고 절기와 율법을 변개하며
   → 적그리스도도 제사와 예물을 금하고 절기와 율법을 변개하며

5. 안티오코스는 유다 마카비가 이끄는 이스라엘 군대와 맞서고
   → 적그리스도는 예수 그리스도께서 이끄는 하늘 군대와 맞서고

6. 안티오코스 옆에 타락한 대제사장이 있었고
   → 적그리스도 옆에 거짓 선지자가 있을 것이고

7. 안티오코스는 하나님의 치심을 받아 천벌을 받아 죽었고
  → 적그리스도는 예수님께 붙잡혀 불과 유황 못에 던져지고

8. 안티오코스의 죽음 이후 성소가 정결함을 받고
  → 적그리스도의 심판 후 세상이 정결하여 천년왕국이 수립되니

그야말로 단 8장에서 적그리스도의 예표와 본체를 모두 본 것과 진배없는 엄청난 계시의 말씀을 받았다고 해야겠습니다. 이런 상황이니 단 8장을 안티오코스 에피파네스로 해석하지 않고 아예 대환난 때의 적그리스도로 해석하는 오해가 벌어지는 것도 무리가 아니겠지요.

이미 말한바 주야에 대한 환상은 확실하니 너는 그 환상을 간직하라. 이는 여러 날 후의 일임이라, 하더라. (단 8:26)

2,300주야부터 시작해 숫양과 숫염소의 환상을 보았다가 나중에는 두 천사가 얘기하는 모습을 보았고 가브리엘 천사로부터 따로 예언을 받았으니 실로 방대한 내용입니다만 환상으로 받은 내용들을 아직 발설하지는 말라는 엄명을 받았는데 이유인즉 그것이 일어나려면 아직 많은 날이 지나야 했기에 미리부터 주변 사람들 마음을 들뜨게 할 필요는 없었기 때문이었을까요?

이에 나 다니엘이 지쳐서 여러 날 앓다가 일어나서 왕의 일을 보았느니라. 내가 그 환상으로 말미암아 놀랐고 그 뜻을 깨닫는 사람도 없었느니라. (단 8:27)

쉽게 접수되기도 어려운 것들을 너무 많이 본 다니엘은 머리가 깨질 지경이 되어 그 자리에서 엎어져 기절했고 며칠이나 앓은 후에야 일어날 수 있었습니다. 만약 그가 엘람의 수산 궁에 외교 사절로 온 것이라면 기절한 그를 그쪽 관계자들이 얼른 치료하여 외교적 업무를 마무리할 수 있게 도왔을 것입니다. 어쨌든 너무 많은 것을 봐 버린 다니엘은 자신이 본 환상들로 인해 놀라고 두려웠으나 자신 외에는 깨달을 사람도 없었고 자기 자신조차 그런 환상들이 구체적으로 무엇을 의미하는지 알기는 어려웠습니다. 결국 다니엘은 일단 받은 것들을 잘 봉인하여 간수해 두기로 하고 아무 일 없었다는 듯이 업무로 복귀하는 것을 택하였습니다.

그러나 이번에 본 환상들과 계시들은 시작에 불과했습니다. 하나님께서 예루살렘에 대해 다니엘에게 준비해 두신 계시와 환상들은 아직도 묵직하게 남아 있었고 그가 보고 들어야 할 것들은 여전히 많고 많이 남아 있는데 2,300주야 다음으로 종말론 학자들의 초미의 관심사인 70이레의 허와 실에 대해서는 이어지는 다니엘서 강해 9장을 참고하여 주시기 바랍니다.

메대 족속 아하수에로의 아들 다리오가 갈대아 나라 왕으로 세움을 받던 첫 해 (단 9:1)

9장.

70이레의 허와 실 ────────

메대 족속 아하수에로의 아들 다리오가 갈대아 나라 왕으로 세움을 받던 첫 해 (단 9:1)

메대인들의 씨, 아하수에로의 아들 다리오가 칼데아인들의 나라를 통치하는 왕으로 책봉되었던 첫째 해, (단 9:1, 킹제임스)

시작부터 아찔합니다. 대부분의 성도님들이 상식처럼 알고 계시는 〈아하수에로〉는 에스더의 남편이며 역사 속 페르시아 왕 크세르크세스이며 특히 영화 〈300〉에서 아주 카리스마 넘치게 등장하여 〈나는 관대하다!!!〉를 연발했던 바로 그 양반입니다. 그런데 그 아하수에로가 페르시아 사람이 아닌 메디아 사람이며 벨사살을 죽이고 바빌론의 분봉왕이 된 다리오의 아버지라고 하니 이건 뭐 족보가 어떻게 되는 노릇인지 어안이 벙벙할 노릇입니다. 특히 다리오를 페르시아 왕 다리우스로 알고 계시던 분들도 더러 계신 터라 일단 그 둘이 메디아 출신이라는 것부터 뜨악할 판인데 대체 이게 어떻게 된 계산인가 슬슬 머리들이 아파 올 줄로 압니다. 그러나 어려울 것이 없습니다. 걸출한 성경사학자들이 연구한 바로는 〈아하수에로와 다리오〉는 이름이 아니라 직책명이며 굳이 설명하면 아하수에로는 대왕, 다리오는 분봉왕에 해당하는 명칭입니다. 그러니 저 구절은 이미 앞의 강해에서 설명해 드렸다시피 〈메디아 대왕의 후손인 분봉왕〉이라는 의미입니다. 이미 페르시아 왕 고레스가 바빌론을 멸망시켰을 때 메디아는 페르시아에 합병된 후였기에 다리오는 메디아 왕족이라는 것만 확실할 뿐, 그가 누구의 아들이며 이름이 무엇인지는 알려진 바가 없습니다. 딱 거기까지만 알고 계시면 될 듯합니다. 아무튼 그가 바빌론의 분봉왕이 된 해는 B.C. 539년 10월이었습니다.

곧 그 통치 원년에 나 다니엘이 책을 통해 여호와께서 말씀으로 선지자 예레미야에게 알려 주신 그 연수를 깨달았나니 곧 예루살렘의 황폐함이 칠십 년 만에 그치리라, 하신 것이니라. (단 9:2)

너무나 상식적으로 알려져 있는 〈바빌론 유수 70년〉 기간은 당시의 다니엘에게는 전혀 알려져 있지 않은 새로운 것이었고 그가 예레미야 선지자의 기록들을 참고하여 하나님께서 예루살렘의 황폐함을 70년 동안의 기간으로 정하셨음을 알게 되었습니다. 그 사실을 알게 된 때는 다리오 원년인 B.C. 538년이며 다니엘이 약 B.C. 605년경에 포로로 끌려왔기에 거의 포로 짬밥이 67호봉이 되었을 무렵입니다.

이 모든 땅이 폐허가 되어 놀랄 일이 될 것이며 이 민족들은 칠십 년 동안 바벨론의 왕을 섬기리라. 여호와의 말씀이니라. 칠십 년이 끝나면 내가 바벨론의 왕과 그의 나라와 갈대아인의 땅을 그 죄악으로 말미암아 벌하여 영원히 폐허가 되게 하되 (렘 25:11~12)

다만 다니엘이 포로로 잡힌 B.C. 605년부터 계산하면 그 기간이 끝나는 것은 B.C. 535년이 되어야 하는데 고레스가 이스라엘 백성들의 고토 귀환을 허락한 것은 고레스 원년이었습니다.

바사 왕 고레스 원년에 여호와께서 예레미야의 입을 통하여 하신 말씀을 이루게 하시려고 바사 왕 고레스의 마음을 감동시키시매 그

가 온 나라에 공포도 하고 조서도 내려 이르되 (스 1:1)

물론 고레스가 페르시아 왕이 된 것은 B.C. 559년이지만 메디아를 병합한 때가 B.C. 550년, 바빌론 정복이 B.C. 539년이기에 바빌론까지 정복하여 페르시아 제국을 공고하게 만든 그때로부터 계산하면 B.C. 538년이 이른바 〈원년〉이라 할 수도 있습니다. 특히 그 원년이란 것이 고레스가 바빌론을 통치하기 시작한 첫해라는 의미라면 더욱 그렇습니다. 그렇게 되면 B.C. 605년부터 538년까지 67년이라 70년과는 약 3년의 오차가 있지 않겠냐 하겠지만 사실 B.C. 605년은 다니엘이 포로로 잡혀간 시점이라 예루살렘이 황폐해졌다고 하기에는 조금 무리가 있습니다. 제대로 성전까지 박살이 나서 예루살렘이 황폐해진 것은 유다 왕국이 깡그리 멸망한 B.C. 586년 8월이며 이후 성전을 재건하고 도시와 거리를 정비한 때는 B.C. 515년 3월이기 때문에 결과는 70년 7개월, 거의 문자적으로 들어맞게 됩니다. 이제부터는 해석이 필요 없이 그냥 같이 따라 읽어도 될 만한 아름다운 기도의 정석입니다.

내가 금식하며 베옷을 입고 재를 덮어쓰고 주 하나님께 기도하며 간구하기를 결심하고 내 하나님 여호와께 기도하며 자복하여 이르기를 크시고 두려워할 주 하나님, 주를 사랑하고 주의 계명을 지키는 자를 위하여 언약을 지키시고 그에게 인자를 베푸시는 이시여 (단 9:3~4)

우리는 이미 범죄하여 패역하고 행악하며 반역하여 주의 법도와 규례를 떠났사오며 우리가 또 주의 종 선지자들이 주의 이름으로 우리의 왕들과 우리의 고관과 조상들과 온 국민에게 말씀한 것을 듣지 아니하였나이다. (단 9:5~6)

(먼저 하나님을 높이고 지은 죄에 대한 회개가 들어갑니다.)

주여, 공의는 주께로 돌아가고 수치는 우리 얼굴로 돌아옴이 오늘과 같아서 유다 사람들과 예루살렘 거민들과 이스라엘이 가까운 곳에 있는 자들이나 먼 곳에 있는 자들이 다 주께서 쫓아내신 각국에서 수치를 당하였사오니 이는 그들이 주께 죄를 범하였음이니이다. (단 9:7)

(다니엘의 회개는 그 자신만이 아닌 민족을 위한 회개였습니다.)

주여, 수치가 우리에게 돌아오고 우리의 왕들과 우리의 고관들과 조상들에게 돌아온 것은 우리가 주께 범죄하였음이니이다마는 주 우리 하나님께는 긍휼과 용서하심이 있사오니 이는 우리가 주께 패역하였음이오며 우리 하나님 여호와의 목소리를 듣지 아니하며 여호와께서 그의 종 선지자들에게 부탁하여 우리 앞에 세우신 율법을 행하지 아니하였음이니이다. (단 9:8~10)

온 이스라엘이 주의 율법을 범하고 치우쳐 가서 주의 목소리를 듣지 아니하였으므로 이 저주가 우리에게 내렸으되 곧 하나님의 종 모세의 율법에 기록된 맹세대로 되었사오니 이는 우리가 주께 범죄하였음이니이다. (단 9:11)

주께서 큰 재앙을 우리에게 내리사 우리와 및 우리를 재판하던 재판관을 쳐서 하신 말씀을 이루셨사오니 온 천하에 예루살렘에서 일어난 일 같은 것이 없나이다. 모세의 율법에 기록된 대로 이 모든 재앙이 이미 우리에게 내렸사오나 우리는 우리의 죄악을 떠나고 주의 진리를 깨달아 우리 하나님 여호와의 얼굴을 기쁘게 하지 아니하였나이다. (단 9:12~13)

(민족의 죄악을 낱낱이 고하고 참회하는 다니엘의 기도)

그러므로 여호와께서 이 재앙을 간직하여 두셨다가 우리에게 내리게 하셨사오니 우리의 하나님 여호와께서 행하시는 모든 일이 공의로우시나 우리가 그 목소리를 듣지 아니하였음이니이다. 강한 손으로 주의 백성을 애굽 땅에서 인도하여 내시고 오늘과 같이 명성을 얻으신 우리 주 하나님이시여, 우리는 범죄하였고 악을 행하였나이다. (단 9:14~15)

주여, 구하옵나니 주는 주의 공의를 따라 주의 분노를 주의 성 예루살렘, 주의 거룩한 산에서 떠나게 하옵소서. 이는 우리의 죄와 우리 조상들의 죄악으로 말미암아 예루살렘과 주의 백성이 사면에 있는 자들에게 수치를 당함이니이다. 그러하온즉 우리 하나님이여, 지금 주의 종의 기도와 간구를 들으시고 주를 위하여 주의 얼굴 빛을 주의 황폐한 성소에 비추시옵소서. (단 9:16~17)

나의 하나님이여, 귀를 기울여 들으시며 눈을 떠서 우리의 황폐한 상황과 주의 이름으로 일컫는 성을 보옵소서. 우리가 주 앞에 간구하옵는 것은 우리의 공의를 의지하여 하는 것이 아니요, 주의 큰 긍휼을 의지하여 함이니이다. 주여, 들으소서. 주여, 용서하소서. 주여, 귀를 기울이시고 행하소서. 지체하지 마옵소서. 나의 하나님이여, 주 자신을 위하여 하시옵소서. 이는 주의 성과 주의 백성이 주의 이름으로 일컫는 바 됨이니이다. (단 9:18~19)

하나님께서 히브리 백성들을 이집트 땅에서 구해 내신 후부터 광야에서 이미 죄악과 배도는 시작되고 있었는데 가나안 땅으로 들어가서도 근 400년에 가까운 사사 시대 동안 논스톱으로 휘청거렸으며 사울을 시작으로 열

왕기와 역대기 시대에도 그 죄악 된 근성은 간데없이 하나님을 줄기차게 노엽게 해 드렸습니다. 그 모든 결말이 결국 이스라엘이 뿌리째 뽑혀 이국 바빌론 땅에서 종살이를 하는 것이었으며 이제 하나님께서 정하신 70년의 형기를 끝마칠 때가 되었음을 깨달은 다니엘이 민족을 대표하여 하나님께 그간의 모든 죄악들을 성심을 다해 회개하고 하나님의 자비로 예루살렘과 성전이 회복되기를 기도하고 있는 것입니다.

내가 이같이 말하여 기도하며 내 죄와 내 백성 이스라엘의 죄를 자복하고 내 하나님의 거룩한 산을 위하여 내 하나님 여호와 앞에 간구할 때 곧 내가 기도할 때에 이전에 환상 중에 본 그 사람 가브리엘이 빨리 날아서 저녁 제사를 드릴 때 즈음에 내게 이르더니 (단 9:20~21)

내가 말하고 기도하고 나의 죄와 내 백성 이스라엘의 죄를 자백하며 내 하나님의 거룩한 산을 위하여 주 나의 하나님 앞에 내 간구를 드리고 있을 때, 곧 내가 기도로 말하고 있을 때 내가 처음에 환상에서 보았던 그 사람 가브리엘이 빨리 날아와서 저녁 예물을 드릴 즈음에 나를 어루만지더라. (단 9:21, 킹제임스)

기드온이 미디안 족속들의 눈을 피해 몰래 포도주 틀에서 타작을 했던 것처럼 다니엘도 집 안에서 하나님께 제사를 드린 모양인데 예물을 올리며 기도하고 있던 그에게 하나님께서 가브리엘 천사장을 퀵 배달 서비스로 보내어 기도 응답을 주려 하셨습니다. 앞에서 예고 없이 덜커덕 나타났다가 다니엘을 기절하게 만든 적이 있으니 이번에는 다니엘이 기절하지 않도록 먼저 응급조치부터 하는 세심함을 보이는 가브리엘 천사장의 모습은 덤입니다.

내게 가르치며 내게 말하여 이르되 다니엘아, 내가 이제 네게 지혜와 총명을 주려고 왔느니라. 곧 네가 기도를 시작할 즈음에 명령이 내렸으므로 이제 네게 알리러 왔느니라. 너는 크게 은총을 입은 자라. 그런즉 너는 이 일을 생각하고 그 환상을 깨달을지니라. (단 9:22~23)

과연 뼈대 있는 하나님의 종 다니엘은 가브리엘 천사장조차도 인정한 〈하나님께 크게 사랑을 받는 자〉였고 그가 기도를 시작하자마자 하나님께서는 지체하지 않으시고 응답을 보내셨습니다. 제목이 〈70이레의 허와 실〉인데 총 27절로 이루어진 9장에서 23절이 지나서야 비로소 등장하는군요.

네 백성과 네 거룩한 성을 위하여 일흔 이레를 기한으로 정하였나니 허물이 그치며 죄가 끝나며 죄악이 용서되며 영원한 의가 드러나며 환상과 예언이 응하며 또 지극히 거룩한 이가 기름 부음을 받으리라. (단 9:24)

칠십 주가 네 백성과 네 거룩한 도성에 정해졌나니, 허물을 끝내고 죄들을 종결시키며 죄악에 화해를 이루고 영원한 의를 가져오며 그 환상과 예언을 봉인하고 지극히 거룩한 이에게 기름 부으려 함이라. (단 9:24, 킹제임스)

드디어 그 유명한 〈70이레〉의 등장입니다. 대상은 이스라엘의 백성들과 거룩한 도성, 예루살렘이며 70이레가 끝난 후 최종적인 상태는 허물이 끝나고 죄들이 종결되고, 죄악이 덮여져 영원한 의가 이루어지고, 환상과 예언들은 모두 성취되어 더 이상 필요 없어져 봉인되며, 지극히 거룩한 이에게 〈기름 붓는〉 것입니다. 당연히 70이레의 마지막이 끝나면 예수님의 지상 재림과 이어 천년왕국의 수립이기에 허물도 죄도 끝나고 이스라엘 백성들의 모든 죄악들은 모조리 덮여져 영원한 의로 바뀌고, 예언과 환상들도 모두 이루어진 것이지만 〈지극히 거룩한 이에게 기름 붓는다〉는 것은 대부분의 성도님들이 생각하시는 것처럼 예수님의 기름 부음을 의미하지 않습니다. 사람처럼 표기했지만 원문에는 사람이 아니라 〈지극히 거룩한 장소에 기름을 부어 성별한다〉는 의미이기 때문에 바로 천년왕국 수립과 함께 새롭게 세워질 성전과 그 지성소가 기름 부음을 받아 하나님께 봉헌되는 것을 뜻합니다. 아마도 에스겔 선지자가 마지막에 둘러보았던 그 성전이 아닐까 합니다.

그러므로 너는 깨달아 알지니라. 예루살렘을 중건하라는 영이 날 때부터 기름 부음을 받은 자, 곧 왕이 일어나기까지 일곱 이레와 예순 두 이레가 지날 것이요, 그때 곤란한 동안에 성이 중건되어 광장과 거리가 세워질 것이며 (단 9:25)

이른바 예루살렘 중건령이 떨어진 때부터 예수님의 초림까지 그 70이레 중 7이레와 62이레, 총 69이레가 성취됩니다. 전통적인 해석은 그 중건령이 내려진 해가 아닥사스다왕이 이스라엘 백성들 중 희망하는 사람은 에스라와 함께 예루살렘으로 돌아가라고 허가하는 조서를 내린 B.C. 457년, 그리고 12년 후에 느헤미야에게 예루살렘 도시와 성벽 재건을 윤허한 B.C. 445년 중 하나로 보고 있습니다.

아닥사스다 왕 제이십년 니산월에 왕 앞에 포도주가 있기로 내가 그 포도주를 왕에게 드렸는데 이전에는 내가 왕 앞에서 수심이 없었더니 (느 2:1)

느헤미야가 아닥사스다로부터 예루살렘 재건의 윤허를 받아 낸 때는 아닥사스다 재위 20년, 그가 즉위한 때가 B.C. 465년이었기에 재위 20년 차라면 B.C. 445년에 해당하며 일단 실무적으로 그 도시와 성벽을 〈재건〉하는 임무였기 때문에 B.C. 445년을 정설로 보고 있습니다. 느헤미야는 〈고난스러운 때들〉이라 할 정도로 온갖 시련과 역경 끝에 예루살렘을 재건하였는데 느헤미야서 전체가 작업을 방해하는 산발랏과 도비야 같은 배교자들과의 치열한 공방전이었으니 가히 짐작할 만합니다.

예순 두 이레 후에 기름 부음을 받은 자가 끊어져 없어질 것이며 장차 한 왕의 백성이 와서 그 성읍과 성소를 무너뜨리려니와 그의 종말은 홍수에 휩쓸림 같을 것이며 또 끝까지 전쟁이 있으리니 황폐할 것이 작정되었느니라. (단 9:26)

육십이 주 후에는 메시아가 끊어질 것이나 자신을 위해서가 아니요, 또 장차 올 그 통치자의 백성이 도성과 성소를 파괴하리니 그 끝은 홍수로 뒤덮일 것이요 그 전쟁의 끝에는 황폐함이 정해졌느니라. (단 9:26, 킹제임스)

계산해 보면 7이레와 62이레를 합쳐 69이레를 연·일 계산법을 적용할 경우 483일=483년인데 일수로 환산하면 17만 3,880일입니다. 또 예루살렘 중건령이 내려진 B.C. 445년 3월 14일에서 예수님의 예루살렘 입성일로 추정되는 서기 32년 4월 6일까지 계산하면 476년으로 일수로 환산할 때 17만 3,740일입니다. 약간의 오차가 있지만 하나님께서 감하신 기간이라 생각하시고 그저 은혜롭게 넘길 생각일랑 마시고 설명 끝까지 들으십시오. 달에만 윤달이 있는 게 아니라 날에도 윤일이 있어서 476년 동안의 윤일을 다 합치면 116일이 된다고 하며, 3월 14일부터 4월 6일까지가 24일이 걸리기 때문에 둘을 합쳐 140일을 더 적용하면 에누리 없이 정확하게 17만 3,880일로 귀결됩니다. (성경에서의 1년은 365일이 아니라 360일입니다.) 중요한 것은 69이레가 끝나면 메시아, 즉 예수님께서 십자가에 달려 죽으시며 그리고 누군가가 등장해 예루살렘과 성전을 파괴해 버리고 그 결말은 전쟁과 홍수와 황폐함으로 끝난다는 것입니다. 개역 성경으로는 〈장차 한 왕의 백성〉이 와서 그런 짓을 한다고 하며 킹제임스 성경으로는 〈장차 올 한 왕의 백성〉이 와서 그런 짓을 한다는데 대개 개역 성경으로만 보면 장차 한 왕의 백성이 성소와 도성을 쳐부순다는 것은 예수님 승천 이후 로마 장군 타이터스가 이끄는 로마 군대가 예루살렘을 쳐서 도성과 성전을 박살 내는 것이라고 해석합니다. 통상 한 왕의 백성을 로마 군대로 해석하는데 비록 타이터스가 그 당시에는 장군이었으나 후일 황제로 등극하기 때문에 왕이라고 해도 이상할 것은 없다고 여겼을 터입니다.

그러나 킹제임스 성경으로 보면 〈장차 올 한 왕의 백성〉인데 이는 27절로 이어지는 적그리스도를 가리키는 것이 명백합니다. 저는 킹제임스 성경을 보는 순간 장차 올 한 왕이란 적그리스도를 가리킨다는 것을 알았으나 26절을 중의적인 예언으로 여겼고 1차로는 예루살렘과 성전을 박살 낸 로마 군대의 침략으로 상정했던 것입니다. 적그리스도가 〈부활 로마 제국의 통치자〉이고 타이터스의 침략군도 〈로마 제국 군대〉이기에 근본적으로는 적그리스도와 동일한 로마 제국 군대라고 퉁쳐서 본 것이지요. 그러나 그것은 정말 〈상징적〉인 해석이었고 성경 본문의 문자적인 해석으로 볼 때는 중의적인 예언 같은 게 아닌 27절에 등장할 적그리스도를 가리키는 바로 그 예언이었습니다. 즉, 도성과 성소가 파괴된다는 것은 대환난 때 적그리스도의 군대가 예루살렘과 성전을 점령하여 더럽힌다는 의미입니다. 일단 근본적으로 그 70이레 자체가 이스라엘을 대상으로 이루어지는 것이라 엄밀히 따지면 예수님의 십자가 이후부터는 〈교회 시대〉에 해당하게 되어 타이터스와 로마 군대에 의한 예루살렘 파괴를 70이레에 포함시킬 수 없을 수도 있지 않을까요? 그리고 아무리 봐도 26절 말미, 도성과 성소가 파괴된 이후 상황이 평시 상황은 아닙니다. 어쨌든 여기에 등장한 〈장차 올 그 통치자〉는 이런 자입니다.

그가 장차 많은 사람으로 더불어 한 이레 동안의 언약을 굳게 맺고 그가 그 이레의 절반에 제사와 예물을 금지할 것이며 또 포악하여 가증한 것이 날개를 의지하여 설 것이며 또 이미 정한 종말까지 진노가 황폐하게 하는 자에게 쏟아지리라, 하였느니라, 하니라. (단 9:27)

그가 많은 사람들과 더불어 한 주 동안 언약을 확정하고, 그 주의 중간에 그가 희생제와 예물을 금지시킬 것이요, 그는 가증함을 확산시킴으로 황폐케 하리니 진멸할 때까지 할 것이며, 정해진 것이 황폐케 한 자에게 쏟아지리라." 하더라. (단 9:27, 킹제임스)

26절에 등장한 〈도성과 성소를 파괴한, 장차 올 그 통치자〉는 한 이레 동안의 언약을 확정하고 그 주의 절반에 제사와 예물을 금하며 가증한 우상을 세우다가 최종적으로 하나님의 진노에 의해 진멸당할 것입니다. 로마 장군 타이터스나 헬라 왕 안티오코스 에피파네스가 이런 7년 평화협정을 맺은 적이 없으니 결국 26절에서 메시아가 끊어진 후에 등장하는 그 통치자는 대환난 때에 패악을 부릴 바로 그 적그리스도입니다. 8장에서는 예표가 등장하고 이번 9장에서 마침내 본체가 모습을 드러냈습니다. 이러한 70이레의 해석에 대해 현 교계에서는 어떤 입장을 취하고 있을까요? 지금까지 통상 교계에서는 세대주의 종말론의 해석을 비판하는 것에 치중하고 있었지만 교계에서 어떻게 해석하고 있는지를 보는 것도 상당히 흥미로운 일입니다.

교계에서 다니엘의 70이레 예언을 해석하는 요점은 유대인과 예루살렘 회복에 대한 계시, 70이레의 기점에 대한 해석, 1년을 1일로 보는 연·일 해석 방법, 마지막 한 이레의 해석, 즉 예루살렘의 멸망과 예수님의 초림, 재림과 관련된 것입니다. 우선 기성 교계에서 70이레의 해석에 대해 세대주의 측의 견해를 오류로 생각하는 이유를 먼저 살펴보겠습니다.

세대주의 측 해석
1일을 1년으로 해석
기점을 B.C. 444년으로 지목
마지막 한 이레를 7년 환난으로 해석
한 이레 연기설
유대인을 위한 천년왕국론

반증
1일을 1년으로 해석하는 것은 오류이다. (민 13:34, 겔 4:6)

- 성경의 예언들이 1일 = 1년으로 해석된 예가 없다.

- 홍수 예언 (창 7:4), 이스라엘의 400년 예언 (창 15:13)

- 술 관원과 빵 만드는 관원장 꿈 (창 40:12~20)

- 바로의 꿈 (창 41:25~31), 이스라엘 징계 기간 (렘 25:11)

- 느부갓네살의 일곱 때 (단 4:16)

기산점의 오류이다. (단 9:25)

B.C. 536년 예루살렘 중건령 (고레스 원년, 스 1:1)

B.C. 535년 성전 건축 중단

B.C. 520년 재차 중건령 (다리오 2년, 스 4:24, 6:11)

B.C. 516년 성전 완공 (다리오 6년, 스 6:15~18)

B.C. 457년 에스라 귀환령 (아닥사스다 7년, 스 7:7)

B.C. 445년 성벽 건축령 (아닥사스다 20년, 느 2:1)

→ 어디를 기산점으로 잡을 것인가?

마지막 한 이레를 7년 환난으로 해석

- 7년 대환난은 성경에 없는 말이다.

한 이레 연기설

유대인을 위한 천년왕국론

- 이스라엘의 왕국을 연기하는 근거가 성경에 없다.

- 구원받은 성도가 영적 이스라엘이며 성전이다.

- 예수님의 재림은 단회적이며 재림·부활·종말이 동일하다.

교계에서 바라보는 70이레의 바른 해석은 이러합니다.

기성 교계 측 해석

70이레는 상징적인 기간이다.

1. 시기와 기간을 말하는 것이 아니다.

2. 시기를 정하는 것은 하나님의 뜻이 아니다. (렘 49:19)

3. 하나님의 섭리의 기간을 말하는 것이다.

70이레는 영적인 기간으로서 제3기간으로 나누어진다.

1. 1기 7주간은 예루살렘 성전의 회복에 관한 예언

2. 2기 62주간은 예루살렘의 발전, 예수님의 초림, 부활, 승천

3. 3기 마지막 한 주간은 타이터스에 의한 예루살렘 멸망

기타

1. 그리스도의 초림과 죽음

→ 기름 부음을 받은 자는 예수님 (단 9:25)

2. 장차 한 왕의 백성

→ 로마의 타이터스 장군, 주후 70년의 예루살렘 멸망 (단 9:26)

3. 제사 제도의 종식과 성전 파괴 (단 9:27)

여기까지가 다니엘서 70이레에 대한 교계의 공식 입장입니다.

보시면 헐~~ 싶을 정도로 이것저것 설명이 많은데 아직 놀라실 필요는

없습니다. 제가 여기에 대해 변증하여 설명해 드릴 테니까요. 다만 좀 생소한 용어들이 몇 가지 보입니다. 연·일 계산법이란 것은 1일을 1년으로 환산하는 셈법인데 과거 출애굽 대에 가나안을 보고 온 탐정들이 여호수아와 갈렙만 빼고 다들 개소리만 늘어놓는 것에 빡치신 하나님께서 그들이 탐문을 하고 온 40일을 1일당 1년으로 쳐서 40년을 광야에서 배회하게 하신 피드백을 내리신 데서 유래한 것입니다. 여기서 시작되어 한 이레를 7년, 한 때와 두 때와 반 때를 3년 반으로 보는 식의 계산법이 나오게 되었지요. 왕국 연기설이란 한 이레 연기설이라고도 하는데 70이레 중 69이레가 지난 후 마지막 한 이레가 다이렉트로 닥쳐오지 않고 이스라엘의 시간을 연기하셔서 그 사이 이방인 교회의 시간이 가동하게 된 것을 의미합니다. 예수님 공중강림 후 이방인 교회가 휴거되며 다시 이스라엘의 마지막 한 이레가 가동되는 것이지요. 이런저런 말이 많지만 결국 70이레에 대한 공식 입장을 정리해 보면 이렇습니다.

70이레에 대한 공식 입장

1. 70이레는 상징적이고 영적인 기간이다.
2. 마지막 한 이레는 타이터스에 의한 예루살렘 멸망이다.
3. 그러므로 70이레는 이미 다 끝나 현재는 해당 사항 없다.
4. 원래 하나님의 예언은 시간적으로 딱 맞아떨어지지 않을 수 있고 시간적 디테일이 중요하지 않다.

(4번은 교계에서 70이레를 빙자한 시한부 종말론을 방지하기 위한 목적으로 내세우는 것이며 여기에 대한 근거로 하나님이 아브라함에게 후손들이 이집트에서 400년간 종살이를 한다고 말씀하셨는데 실제로는 430년 만에 출애굽함으로 30년간의 오차가 발생한 것을 들고 있습니다.)

세대주의 측 해석이 틀렸다고 보는 이유

1. 기산점에 오류가 있다.
2. 연·일 해석은 이단들이 사용하는 것이다.
3. 교회·성도가 영적 이스라엘이지 육적 이스라엘은 무의미하다.

(3번으로 인해 14만 4천 명도 영적 이스라엘, 구원받은 성도를 상징하는 영적인 숫자로 보고 있으며 현재 이스라엘의 유대인들은 자신들이 어느 지파인지 모른다는 것을 근거로 들고 있습니다.)

여기서부터는 흥미로운 추리가 시작되겠습니다.

먼저 연·일 계산법, 1일을 1년으로 해석하는 것이 이단들이 쓰는 수법이라 세대주의의 70이레 해석이 틀린 것이라고 말씀하신다면, 성경에 뻔히 문자적으로 나와 있는 것을 영적·상징적으로 비유 풀이하는 것 또한 신천지나 통일교, JMS를 비롯한 이단들이 쓰는 수법이라고 말씀드리겠습니다. 뻔히 성경 지면에 〈기한을 정했고 그 기한은 70이레〉라고 했으면 하늘이 무너져도 70이레라는 실무적인 기한을 정해 놓으신 것이지 영적·상징적 의미가 왜 들어갑니까? 엎치나 메치나 지면에 적힌 본문을 문자적으로 먼저 해석하는 것이 1순위 아닌가요? 아버지께서 종이에 〈참이슬 3병을 사 와라〉고 적어 주셨으면 종이에 적어 주신 대로 참이슬 3병을 사 가야지 그것을 영적으로, 상징적으로 해석하여 〈이슬은 물인데, 참이슬이니 확실히 물이고, 3병인데 삼위일체로 풀이하면 셋은 하나이니 생수 한 병 사 가면 되겠다〉고 풀어서 참이슬 3병 대신 생수 1병을 사다 드리면 과연 아버지께서 뭐라고 하실까요? 그 생수병으로 뚝배기가 깨지지 않으면 다행일 듯한데요?

("넌 한글도 못 읽냐?"라는 샤우팅과 함께 말입니다.)

1일을 1년으로 환산하는 것이 틀렸다고 하지만 한 이레 자체가 원어로 풀면 〈한 일곱〉이라는 단어입니다. 물론 그 일곱이 일곱 달인지, 일곱 해인지는 나와 있지 않지만 그렇게 따지면 그 일곱이 7년이 되지 말라는 법도 없지 않습니까? 어쨌든 하나님께서 〈기한을 정해 주신〉 것이면 시·일·월·연을 각각 대입하여 한 이레=7시간·7일·7개월·7년을 대입하여 풀어 볼 수 있는 것 아닙니까? 그중 가장 역사적 사실관계에 부합한 단위가 맞는 것이겠지요. 한 이레를 7시간, 7일, 7개월, 7년으로 각각 대입했을 때 어느 것이 다니엘서에 나와 있는 69이레 동안에 벌어질 역사적 상황에 가장 부합했습니까? 1일을 1년으로 보아 한 이레를 7년으로 보았을 때 가장 정확도가 높지 않던가요? 세대주의 측에서 말하는 대로 기산점을 주전 445년으로 잡아 69이레, 즉 483일=483년을 대입해 보면 38년이 남는데 예수님께서 나셔서 공생애를 하시고 십자가에 달리신, 즉 기름 부음 받은 자가 끊어진 시점까지 몇 년 오차는 있으되 거의 사실에 가까운 결과가 나오지 않습니까.

기산점이 옳지 않고 맞지 않고 제멋대로다, 또는 세대주의 측의 기산점을 놓고 맞춰 봐도 연도 결과가 정확하지 않고 오차가 있다고 해서 세대주의 측의 70이레 해석이 틀렸다고 할 수는 없는 이유를 감사하게도 교계에서 설명해 주셨는데 〈하나님의 예언은 시간적으로 다소 딱 떨어지지 않을 수 있고 예언은 시간적 디테일이 중요하지 않다〉고 하시지 않으셨습니까?

여호와께서 아브람에게 이르시되 너는 반드시 알라. 네 자손이 이방에서 객이 되어 그들을 섬기겠고 그들은 사백 년 동안 네 자손을 괴롭히리니 (창 15:13)

이 말씀을 근거로 들면서 하나님께서도 이집트 430년 종살이를 400년이라고 하시며 30년의 오차를 보이셨다고 하면서 그렇게 설명해 주셨는데 그렇게 따지면 70이레를 해석할 때 기산점과 연도 몇 년 오차가 있는 것도 당연한 것 아닙니까? 예언의 시간적 디테일은 중요하지 않다고 하셨으면 말이지요. 그리고 70이레 해석에서 시간점과 연도 디테일이 오차가 났다고 한들 30년이나 오차가 나지는 않기에 오히려 디테일로 따지면 더 정확도가 높습니다. B.C. 445년에서 483년이 지나 예수님 십자가 지심까지 굳이 오차를 따지자면 5년 어간입니다. 이는 예수님의 십자가 지신 연도가 정확하지 않은 데서 비롯된 것입니다. 사실 세대주의 측에서나 기성 교계에서나 엄청 간과하고 있는 한 가지가 있는데 혹시 아시려나 모르겠습니다. 처음 7이레와 두 번째 62이레, 총 69이레는 엄밀히 따지면 기산점을 따지는 게 아무 의미가 없다는 사실입니다. 기산점을 빌미 삼아 70이레 해석이 맞았네, 틀렸네 하는 것은 병아리 눈물만큼도 중요하지 않다는 것을 혹시 알고 계시는지요?

왜냐하면 예수님께서 십자가에 달리신, 기름 부음 받은 자가 끊어지는 시점까지 이미 69이레가 끝난 것이기 때문에 기산점이고 뭐고 간에 예수님의 십자가 지심으로 70이레 중 69이레는 모조리 달성된 과거의 옛이야기가 되는 것입니다. 남은 한 이레에 대한 해석만이 남았을 뿐 지난 69이레의 기산점이 얼마고 어쩌고는 70이레 해석의 가늠에 하등의 의미가 없는 일이지요. 기산점이 무의미한 것은 예수님께서 십자가를 지신 때의 연도만 명확히 역사적·고고학적으로 규명되면 자연스럽게 알 수 있는 일입니다. 역산하여 483년을 역주행하면 되니까요. 만약 그렇게 해서도 기산점으로 설정한 연도와 맞지 않다면 70이레를 해석하는 게 틀린 것이 아니라 그 해당역사적 연도가 잘못 기록되었을 가능성도 생각해야 합니다. 이게 무슨 소리냐면 인간의 역사책과 성경의 기록상 연대와 차이가 날 때에 어느 쪽을 기준으로 할 것이냐는 것이지요. 인간의 역사책을 빌미로 성경의 기록을 부정할 것인가, 성경의 기록에 따라 인간의 역사책을 재구성할 것인가 생각해야 할 일입니다. 그러나 엎치나 메치나 예수님께서 십자가를 지신 그 시점으로 70이레 중 69이레는 이미 끝난 과거사이기에 기산점이고 뭐시깽이고는 하나도 중요하지 않은 일이 되어 버렸지요.

(당장 노아의 홍수도 주전 2458년이다, 2350년이다 의견이 분분하며 아담의 창조도 주전 4114년이다, 4004년이다 의견이 분분하다는 것을 생각할 필요가 있습니다. 멀리 볼 것도 없이 우리 역사 중 고구려의 존속 기간도 705년 설이 있고 900년 설이 있어 물경 200년이 왔다리 갔다리 하는 판이니 인간의 역사 기록을 무조건 신뢰하기란 참으로 힘든 일입니다.)

그리고 그 70이레라는 것이 시간의 흐름에 따라 사건이 발생하는 것인지, 사건의 발생에 따라 시간이 흐르는 것인지도 잘 생각해 봐야 합니다. 이게 무슨 소리냐면 70이레라는 기한이 물 흐르듯이 7이레에 이런 일이 발생하고, 62이레에 이런 일이 발생하고…. 이런 식으로 다이렉트로 흘러가는 것이 아니라 약간 개념을 바꿔서 〈이러이러한 일이 일어났으면 7이레가 지난 것이고, 저러저러한 일이 일어났으면 62이레가 더 지난 것이고, 그러그러한 일이 일어났으면 마지막 한 이레인 것이다〉라는 의미가 되는 것입니다. 해당 사건이 벌어져야 그 이레가 가동한다는 의미라면 사실 마지막한 이레가 가동되지 않은 것은 왕국이 연기된 것도 아니고 〈한 이레 동안의 언약을 맺고 그 이레의 절반에 제사와 예물을 금하는〉 사건이 벌어지지 않았기에 가동되지 않은 것일 뿐입니다. 언제가 되었든 그런 사건이 벌어졌으면 〈그때가 마지막 한 이레〉가 되는 것이지요. 조금 개념이 색다르지만 저는 오히려 이것이 70이레의 원의미에 더 부합할 것 같다는 생각이 듭니다. 이 경우에는 괜히 왕국 연기설 같은 용어를 써서 교계에 빌미만 제공한 꼴이 된 것 같기도 합니다. 결국 교계의 공식 입장 중 〈마지막 한 이레는 타이터스에 의한 예루살렘 멸망이다〉를 제외하고 나머지 해석들은 모조리 반박 가능합니다. 그리고 하나 더 말씀드리자면 대체 언제부터 시기를 정하는 것이 하나님의 뜻이 아니었습니까?

자기 속에 계신 그리스도의 영이 그 받으실 고난과 후에 받으실 영광을 미리 증언하여 누구를, 또는 어떠한 때를 지시하시는지 상고하니라. (벧전 1:11)

선지자들이 〈언제 어느 때에 일어날 일인지〉 상고하고 연구하고 탐구했다는데 그럼 이 일은 하나님께서 그들에게 시키신 게 아니라는 것입니까? 시키지도 않은 일을 하였으니 이 선지자들은 다들 시한부 종말론자, 극단적 세대주의자들이겠습니까? 시기를 정하는 것이 하나님의 뜻이 아니라고 한다면,

네 백성과 네 거룩한 성을 위하여 일흔 이레를 기한으로 정하였나니 허물이 그치며 죄가 끝나며 죄악이 용서되며 영원한 의가 드러나며 환상과 예언이 응하며 또 지극히 거룩한 이가 기름 부음을 받으리라. (단 9:24)

이 70이레를 〈기한으로 정하신〉 하나님은 대체 누구십니까. 확실한 성경적 팩트는 하나님께서 금하신 것은 〈그 날과 그 시가 언제인지, 때와 기한이 언제인지 인간이 임의로 알아내려 들고 지목하는〉 것이지 기한을 정하시는 것 자체는 하나님의 뜻이란 겁니다. 더 여쭤보기 민망하여 화제를 돌리자면 어차피 69이레까지는 예수님의 십자가로 마무리되었으니 마지막 한 이레의 해석에서 판가름이 나뉠 것인데 어디 교계에서 보는 대로 그 한 이레가 〈로마 장군 타이터스에 의한 예루살렘의 멸망〉이 맞는지 제대로 한번 사실 조사를 해 볼까 합니다.

그가 장차 많은 사람으로 더불어 한 이레 동안의 언약을 굳게 맺고 그가 그 이레의 절반에 제사와 예물을 금지할 것이며 또 포악하여 가증한 것이 날개를 의지하여 설 것이며 또 이미 정한 종말까지

진노가 황폐하게 하는 자에게 쏟아지리라, 하였느니라, 하니라. (단 9:27)

마지막 한 이레를 표현한 단 9:27에 나오는 〈그〉의 행동은 이러합니다.

> 1. 한 이레의 언약을 굳게 맺는다.
> 2. 그 이레의 절반에 제사와 예물을 금한다.
> 3. 성전에 우상을 세운다.
> 4. 그는 하나님께 천벌을 받는다.

그렇다면 사실 조사를 해야 할 항목은 이러합니다.

> 1. 타이터스가 일주일 언약을 맺었는가
> 2. 타이터스의 예루살렘 점령 기간은 일주일인가
> 3. 타이터스가 3일 반 후에 제사와 예물을 금했나
> 4. 타이터스가 성전에 우상을 세웠는가
> 5. 타이터스는 천벌을 받았는가

여기에 대한 역사적 사실관계는 모조리 'No'입니다.

교계에서 말하는 것처럼 단 9:27이 성전의 파괴와 제사의 종식이라는 것도 본문 내용 자체가 침략자에 의한 패악질이라는 것을 생각해 보면 제사의 종식 같은 점잖은 표현으로 해석할 수가 없는 일입니다. 게다가 타이터스는 훗날 로마 황제가 되었는데 천벌은커녕 백성들과 원로원으로부터 사랑받는 훌륭한 황제였고 심지어 그의 재위 기간 중에 베수비오 화산 폭발로 인한 폼페이 참사, 로마 대화재, 페스트의 창궐이라는 무지막지한 사건이 일어났으나 황제의 몸으로 현장에 나가 구호 활동을 진두지휘했던 성

군이었습니다. 그는 즉위 2년 만에 열병으로 죽었으나 천벌이라고 할 수는 없었고 죽기 전에나 죽은 후에나 로마인들의 사랑을 받았으며 심지어 예루살렘을 멸망시켰던 유대 전쟁 당시에도 유대인들에 대한 무자비한 학살을 최대한 자제시키고 항복한 이들에게는 관용을 베푸는 등 개념인 행보로 인해 단 9:27 본문의 그러한 천벌 받을 패악질과 상당 부분 차이가 있는 양반입니다. 그리고 교계에서는 예수님께서 말씀하신 마 24:15~51과 눅 21:20~36이 단 9:27의 상황이라고 하는데 어디 과연 그런가 살펴봐야 하겠습니다.

그러므로 너희가 선지자 다니엘이 말한바 멸망의 가증한 것이 거룩한 곳에 선 것을 보거든 (읽는 자는 깨달을진저) 그 때에 유대에 있는 자들은 산으로 도망할지어다. 지붕 위에 있는 자는 집 안에 있는 물건을 가지러 내려가지 말며 밭에 있는 자는 겉옷을 가지러 뒤로 돌이키지 말지어다. 그 날에는 아이 밴 자들과 젖 먹이는 자들에게 화가 있으리로다. 너희가 도망하는 일이 겨울에나 안식일에 되지 않도록 기도하라. (마 24:15~20)

여기까지는 그럴싸한데 문제는 그다음부터입니다.

이는 그 때에 큰 환난이 있겠음이라. 창세로부터 지금까지 이런 환난이 없었고 후에도 없으리라. 그 날들을 감하지 아니하면 모든 육체가 구원을 얻지 못할 것이나 그러나 택하신 자들을 위하여 그 날들을 감하시리라. (마 24:21~22)

과연 서기 70년의 예루살렘 멸망이 인류 역사 이래로 그 정도의 전무후무한 대환난이었습니까? 그날들을 줄여 주지 않으시면 누구도 구원을 받지 못할 정도로요?

그 때에 사람이 너희에게 말하되 보라, 그리스도가 여기 있다, 혹은 저기 있다, 하여도 믿지 말라. 거짓 그리스도들과 거짓 선지자들이 일어나 큰 표적과 기사를 보여 할 수만 있으면 택하신 자들도 미혹하리라. (마 24:23~24)

유대 전쟁 기간 동안 거짓 그리스도들과 거짓 선지자들이 창궐하여 미혹하는 일은 언제 있었습니까?

그 날 환난 후에 즉시 해가 어두워지며 달이 빛을 내지 아니하며 별들이 하늘에서 떨어지며 하늘의 권능들이 흔들리리라. 그 때에 인자의 징조가 하늘에서 보이겠고 그 때에 땅의 모든 족속들이 통곡하며 그들이 인자가 구름을 타고 능력과 큰 영광으로 오는 것을 보리라. (마 24:29~30)

예루살렘이 멸망하고 나서 예수님의 지상 재림이 있으셨습니까? 그러면 지금이 벌써 천년왕국 정도가 아니라 천년왕국도 끝나고 새 하늘과 새 땅이 수립된 지 900년 가까이 되어야 하는데 어째 세상이 이렇습니까? 51절까지 볼 것도 없이 예수님의 그 말씀은 서기 70년의 타이터스에 의한 예루살렘 멸망과 전혀 사실관계가 맞지 않습니다.

너희가 예루살렘이 군대들에게 에워싸이는 것을 보거든 그 멸망이 가까운 줄을 알라. 그 때에 유대에 있는 자들은 산으로 도망갈 것이며 성내에 있는 자들은 나갈 것이며 촌에 있는 자들은 그리로 들어가지 말지어다. (눅 21:20~21)

여기까지는 그럴듯합니다. 그러나….

이 날들은 기록된 모든 것을 이루는 징벌의 날이니라. (눅 21:22)

그렇다면 예루살렘이 멸망한 서기 70년에 성경의 예언이 모조리 성취된 것이라는 말씀이실까요?

그 때에 사람들이 인자가 구름을 타고 능력과 큰 영광으로 오는 것을 보리라. (눅 21:27)

이 날은 온 지구상에 거하는 모든 사람에게 임하리라. (눅 21:35)

서기 70년, 타이터스에 의한 예루살렘 멸망이 전 세계, 온 인류에게 동시에 들이닥친 환난이었습니까? 그리고 예루살렘이 멸망하고 나서 예수님의 지상 재림이 일어났습니까? 퍽이나….

예순 두 이레 후에 기름 부음을 받은 자가 끊어져 없어질 것이며 장차 한 왕의 백성이 와서 그 성읍과 성소를 무너뜨리려니와 그의 종말은 홍수에 휩쓸림 같을 것이며 또 끝까지 전쟁이 있으리니 황폐할 것이 작정되었느니라. (단 9:26)

교계에서는 여기에 나오는 〈장차 한 왕의 백성〉을 타이터스로 보고 있으며 26절과 27절이 바로 이어지니 27절도 똑같이 타이터스가 이어서 저지른 짓이라고 생각합니다. 뭔가 역사적 사실관계가 아다리가 맞지 않는 것은 〈영적이고 상징적인〉 것으로 퉁쳐 버리고 말이지요. 그러나 사실 타이터스는 황제에 오른 자이니만치 〈백성〉 따위가 아닙니다. 엄밀히 따지면 저 〈왕의 백성〉이라는 의미는 왕의 군대를 말하는 것이 정확하며 당연히 예루살렘과 성전을 역사적으로 무너뜨린 사실이 있는 군대는 로마군, 로마 황제의 군대이지요. 타이터스는 그 로마 백성들로 구성된 군대를 지휘한 장수였지 그가 〈백성〉이었던 건 아닙니다. 그런데 26절에서 예루살렘과 성전을 파괴한 주체가 〈백성들〉이라는 것은 예루살렘과 성전을 파괴한 주체가 누구인가는 사실 중요하지 않다는 것입니다. 그 백성들을 데리고 있는 〈한 왕〉이 누구냐가 중요한 것이지요. 그 왕을 타이터스라고 해 버리면 이것도 사실관계가 어긋나는 것이 성전과 예루살렘을 무너뜨릴 당시에는 황제가 아니었기 때문이지요. 그리고 타이터스가 27절에 나오는 것처럼 언약을 맺거나 한 이레의 절반에 제사와 예물을 금한 적도 없으니….

육십이 이레 후에 메시아가 끊어질 터이나 자기를 위한 것은 아니니라. 장차 임할 통치자의 백성이 그 도시와 그 성소를 파괴하려니와 그것의 끝에는 홍수가 있을 것이며 또 그 전쟁이 끝날 때까지 황폐하게 하는 것이 작정되었느니라. (단 9:26, 킹제임스)

개역 개정에는 〈장차 한 왕의 백성이 와서〉라고 되어 있는 것이 킹제임스에는 〈장차 임할 통치자의 백성이…〉라고 되어 있는데 해당 구절이 주후 70년 로마 군대에 의한 예루살렘 파괴를 예언하며 동시에 마지막 때의 로마 제국을 표방하는 적그리스도를 중의적으로 예언한 구절이라고 많이들 생각합니다만 26절 말미를 보시면 절대로 주후 70년, 타이터스의 로마 군대가 예루살렘과 성전을 파괴한 그때의 일이 될 수가 없습니다. 마지막은 홍수에 휩쓸리고 끝까지 전쟁이 일어나며 그 전쟁이 끝날 때까지 황폐해진다는 것은 결국 예수님의 지상 재림과 심판으로 모든 것이 마무리되는 대환난의 때를 의미하는 것이며 26절에서의 〈장차 올 그 통치자〉란 적그리스도 자신, 그 통치자의 백성은 적그리스도의 군대를 뜻하고 결코 주후 70년 로마 군대의 예루살렘 파괴를 가리킬 수가 없는 것입니다.

(이렇게 26절에서 적그리스도가 등장하여 27절로 이어지는데 26절을 명백하게 적그리스도의 침략으로 본다면 개역 성경이나 킹제임스 성경이나 동일하게 〈적그리스도의 군

대)에 초점을 두고 서술한 것이라 볼 수 있습니다.)

적그리스도가 한 이레 동안의 언약, 7년간의 기한을 둔 어떠한 조약을 체결하며 그 절반이 지난 후 제사와 예물을 금지하고 성전에 우상을 세우는 패악질을 나머지 3년 반이 끝날 때까지 저지르는 것입니다. 바로 여기에서부터 전 3년 반, 후 3년 반의 7년 대환난이 근거하게 됩니다. 환난의 기간이 7년이라는 것은 단지 단 9:27에서만 찾아볼 수 있는 게 아닙니다.

내가 나의 두 증인에게 권세를 주리니 그들이 굵은 베옷을 입고 천이백육십 일을 예언하리라. (계 11:3)

그들이 그 증언을 마칠 때에 무저갱으로부터 올라오는 짐승이 그들과 더불어 전쟁을 일으켜 그들을 이기고 그들을 죽일 터인즉 (계 11:7)

또 짐승이 과장되고 신성 모독을 말하는 입을 받고 또 마흔두 달 동안 일할 권세를 받으니라. (계 13:5)

계시록에서는 두 증인이 1,260일을 예언하며 그 기간이 끝나면 짐승에게 죽임을 당하고 짐승은 이후 마흔두 달, 즉 1,260일을 압제하는 권세를 받습니다. 1,260일은 3년 반이며 앞뒤 1,260일을 합치면 7년입니다.

그가 장차 지극히 높으신 이를 말로 대적하며 또 지극히 높으신 이의 성도를 괴롭게 할 것이며 그가 또 때와 법을 고치고자 할 것이며 성도들은 그의 손에 붙인 바 되어 한 때와 두 때와 반 때를 지내리라. (단 7:25)

짐승이 압제하는 마흔두 달, 3년 반은 심지어 다니엘서에도 〈그〉가 압제하는 것을 한 때와 두 때와 반 때, 합쳐서 세 때 반으로 예언하여 3년 반과 상통하고 있습니다. 이와 같이 단 9:27에 나오는 한 이레, 7년은 단 9:27만이 아니라 계시록에서도 언급되고 있으며 심지어 제사와 예물을 금하는 이레의 절반은 그 다니엘서의 7장에서도 이미 예견이 된 바 있었지요. 이래도 마지막 한 이레가 타이터스에 의한 서기 70년 예루살렘 멸망이고 70이레가 상징적이고 영적인 기간입니까? 엎치나 메치나 백 번 천 번을 접어도 교계에서 해석하는 것처럼 영적이고 상징적인 기간은 죽었다 깨어나도 될 수가 없습니다. 뭐 현재의 이스라엘 유대인들은 각자의 지파가 어디인지 모르고 있으니 각 지파별 1만 2천 명씩, 14만 4천 명을 정하는 것은 불가능하여 14만 4천 명은 이스라엘이 아니라 영적 이스라엘인 성도들이라고 해석하는데 유대인들 본인들은 본인이 어느 지파인지 몰라도 그들을 골라내어 인치시는 하나님도 모르실 것이라 생각하십니까? 본인들이 몰라도 하나님만 아시면 되는 것 아닙니까? 결론적으로 70이레에 대한 교계의 해석을 평해 보자면….

1. 성경 본문에 나와 있는 말씀 내용과도 전혀 맞지 않고
2. 실제 역사적인 사실관계와도 전연 부합하지 않으며
3. 이단들이 사용하는 영적·상징적 비유 풀이를 예언 해석에 적용하는 오류를 범하고 있음에도
4. 자신들의 오류를 바로잡기보다 다른 해석을 이단으로 매도하며 마녀사냥을 하고 있는 것입니다.

다니엘 선지자의 70이레에 대해서는 너무나 명백한 해석이 나왔으니 이것으로 딱 부러지게 확신하셔도 좋을 것 같습니다. 여기까지 왔음에도 여전히 굵직굵직한 예언은 아직도 남아 있는데 또다시 그 예언을 전해 줄 전령이 다니엘을 만나러 온 것은 몇 년이 지나서였습니다. 그 전령이 다니엘

을 만나러 올 때까지 묘한 일을 하나 겪었는데 과연 무슨 일일지는 이어지는 다니엘 10장 강해를 기대해 주시기 바랍니다.

바사 왕 고레스 제삼년에 한 일이 벨드사살이라 이름한 다니엘에게 나타났는데 그 일이 참되니 곧 큰 전쟁에 관한 것이라. 다니엘이 그 일을 분명히 알았고 그 환상을 깨달으니라. (단 10:1)

10장.

천사를 막아선 페르시아 왕자? ─────

바사 왕 고레스 제삼년에 한 일이 벨드사살이라 이름한 다니엘에게 나타났는데 그 일이 참되니 곧 큰 전쟁에 관한 것이라. 다니엘이 그 일을 분명히 알았고 그 환상을 깨달으니라. (단 10:1)

페르시아 왕 코레스의 제 삼년에 벨트사살이라 이름 하는 다니엘에게 한 일이 계시되었으니, 그 일은 참되나 정해진 때가 길었더라. 그가 그 일을 깨달았고 그 환상도 깨달았더라. (단 10:1, 킹제임스)

이미 고레스의 칙령에 의해 유다 백성들이 고토로 귀환하고 있었으나 다니엘은 바빌론에 뼈를 묻기로 작정하였음인지 돌아가지 않았고 어느새 고레스가 바빌론을 멸한 지 3년이 되어 가고 있었습니다. 그쯤 되면 다니엘은 바빌론으로 이사를 온 지 70년이 넘어 거의 아흔 가까운 노인이 되어 있는 터라 자세한 내막을 잘 모르는 사람들은 다니엘이 죽은 게 아닐까, 그래서 유다 고토로 귀환하지 못한 게 아닐까 생각했을 수도 있습니다. 그런 이유로 다니엘은 이미 바빌론 제국이 무너져 그 체제하에서 붙여졌던 벨드사살이라는 이름을 더 쓰지 않아도 무방했지만 이 글을 쓰고 있는 다니엘이 바로 그 자신임을 인증하는 의미에서 본인 스스로를 벨드사살이라 이름 붙여진 그 다니엘이라고 설명하고 있습니다. 그나저나 지난번에 이어서 또다시 다니엘에게 계시가 내려졌는데 빼도 박도 못하게 일어날 일이긴 하지만 꽤나 오랜 세월이 지난 후에 일어날 일인 모양입니다만 어쨌든 다니엘은 노익장을 발휘하여 그 예언을 접수하고 환상의 의미도 즉각 깨달았습니다.

그 때에 나 다니엘이 세 이레 동안을 슬퍼하며 세 이레가 차기까지 좋은 떡을 먹지 아니하며 고기와 포도주를 입에 대지 아니하며 또 기름을 바르지 아니하니라. (단 10:2~3)

그 날들 동안에 나 다니엘은 꼬박 삼 주간을 애도하고 있었는데, 삼 주 전체가 다 찰 때까지 먹고 싶은 빵도 먹지 아니하였고 고기나 포도주도 입에 대지 않았으며 또 몸에 기름도 전혀 바르지 아니하였더라. (단 10:2~3, 킹제임스)

흔히 기도원 같은 데서 하는 〈다니엘 금식〉이 바로 여기에서 유래한 것입니다. 삼 주, 세 이레, 21일 동안 금식하는 것인데 이 기간 동안 다니엘은 고기와 포도주를 먹지 않고 빵도 먹지 않았다고 합니다만 아흔 노구를 이끌고 아예 굶었다가는 죽기 딱 좋을 뿐입니다. 굳이 빵 앞에 〈먹고 싶은〉이라는 형용사가 붙은 걸 봐서는 값비싼 좋은 빵을 먹지 않았다는 뜻으로도 가능한데 아예 21일을 통째로 굶었다기보다는 누룩 없는 무교병 같은 것을 먹으며 간신히 굶어 죽지 않을 만큼은 때웠다는 듯합니다.

(아니면 소싯적 경험을 되살려 〈콩죽과 물〉만 잡쉈을 수도 있다. 사실 다니엘이 꼼짝 없이 을이었을 때는 우상에게 바친 음식을 먹지 않으려고 콩죽과 물만 잡쉈겠지만 재상이 되고 나서는 본인 먹을 것은 따로 유대인 조리사를 쓰든가 해서 우상에게 바치지 않고 축성된 〈코셔 푸드〉를 드셨을 것 같다.)

무엇이 그리 슬픈 일이 있어 21일이나 금식하며 애도했냐 하니 자세히 나와 있지는 않지만 고토로 귀환한 동포들이 그곳에서 또다시 뜻하지 않은 개고생을 하고 있다는 소식이 들려 걱정스러웠던 것인지, 아니면 하나님으로부터 또다시 너희 민족이 겪게 될 빡센 운명에 대해 계시해 주겠다는 조명을 받아 미리부터 마음이 착잡하여 그랬을지는 모를 일입니다.

첫째 달 이십사일에 내가 힛데겔이라 하는 큰 강가에 있었는데 그때에 내가 눈을 들어 바라본즉 한 사람이 세마포 옷을 입었고 허리에는 우바스 순금 띠를 띠었더라. 또 그의 몸은 황옥 같고 그의 얼굴은 번갯빛 같고 그의 눈은 횃불 같고 그의 팔과 발은 빛난 놋과 같고 그의 말소리는 무리의 소리와 같더라. (단 10:4~6)

아무튼 21일의 금식 기간 동안 유월절도 지내고 무교절도 지내며 그 기간을 다 마친 다니엘은 티그리스강 가에 나와 있었는데 강변으로 소풍을 나왔는지 아니면 수질 검사나 재난 방지 공사를 감독하러 나왔는지 모르겠지만 옆에 수행원들도 대동하고 강변에 선 채로 그야말로 초월적인 누군가의 모습을 발견했습니다.

몸을 돌이켜 나에게 말한 음성을 알아보려고 돌이킬 때에 일곱 금 촛대를 보았는데 촛대 사이에 인자 같은 이가 발에 끌리는 옷을 입고 가슴에 금띠를 띠고 그의 머리와 털의 희기가 흰 양털 같고 눈 같으며 그의 눈은 불꽃같고 그의 발은 풀무 불에 단련된 빛난 주석 같고 그의 음성은 많은 물소리와 같으며 그의 오른손에 일곱별이 있고 그의 입에서 좌우에 날선 검이 나오고 그 얼굴은 해가 힘 있게 비치는 것 같더라. (계 1:12~16)

(사도 요한이 목격한 주님의 모습….)

이 환상을 나 다니엘이 홀로 보았고 나와 함께 한 사람들은 이 환

상은 보지 못하였어도 그들이 크게 떨며 도망하여 숨었느니라. (단 10:7)

주님의 모습을 바로 보는 것은 택함을 받은 주의 종만이 가능한 일이었고 나머지 떨거지들에게는 압도적인 두려움만이 느껴져 그 자리에서 도망가는 것만이 허락될 뿐이었습니다.

그러므로 나만 홀로 있어서 이 큰 환상을 볼 때에 내 몸에 힘이 빠졌고 나의 아름다운 빛이 변하여 썩은 듯하였고 나의 힘이 다 없어졌으니 (단 10:8)

그러나 다니엘도 썩 좋은 상태는 아니었습니다. 당연히 초월적인 천사 앞에 한날 인간의 육신으로 서 있으니 또다시 전신에서 힘이 빠져나가고 죽은 것처럼 뻣뻣하게 되어 나자빠진 것은 불문가지입니다. 비단 다니엘이 아니라도 풀 옵션 상태의 주님을 뵙거나 천사를 만난 모든 종들이 공통입니다.

내가 그의 음성을 들었는데 그의 음성을 들을 때에 내가 얼굴을 땅에 대고 깊이 잠들었느니라. 한 손이 있어 나를 어루만지기로 내가 떨었더니 그가 내 무릎과 손바닥이 땅에 닿게 일으키고 내게 이르되 큰 은총을 받은 사람 다니엘아, 내가 네게 이르는 말을 깨닫고 일어서라. 내가 네게 보내심을 받았느니라, 하더라. 그가 내게 이 말을 한 후에 내가 떨며 일어서니 (단 10:9~11)

눈으로 보는 것까지는 어느 정도 버티고 있었는데 목소리를 듣자 또다시 기절초풍하여 땅바닥에 쓰러진 다니엘은 또다시 그때처럼 그의 손으로 응급조치를 받아 일어섰습니다. 나와 있다시피 그는 하나님으로부터 다니엘에게 계시를 전해 주라고 위탁을 받은 천사입니다. 지난번에는 가브리엘이었는데 이번에도 아마 그 비슷한 레벨의 천사장일 것으로 보입니다. 가브리엘일 수도 있고 말이지요. 사랑받는 자 어쩌고 하며 멘트가 똑같은 걸 보니 가브리엘이 한 번 더 온 것일 수도 있겠습니다.

그가 내게 이르되 다니엘아, 두려워하지 말라. 네가 깨달으려 하여 네 하나님 앞에 스스로 겸비하게 하기로 결심하던 첫날부터 네 말이 응답 받았으므로 내가 네 말로 말미암아 왔느니라. (단 10:12)

누가 시킨 것도 아니지만 스스로 깨닫고 주님 앞에 겸손하게 엎드려 기도하고 21일이나 금식하였던 다니엘의 마음은 그 금식의 첫날부터 즉각 하나님의 보좌를 울렸고 하나님께서는 즉시 천사장에게 기도 응답을 주어 보내셨던 것입니다. 그런데….

그런데 바사 왕국의 군주가 이십일 일 동안 나를 막았으므로 내가 거기 바사 왕국의 왕들과 함께 머물러 있더니 가장 높은 군주 중의 하나인 미가엘이 와서 나를 도와주므로 (단 10:13)

그러나 페르시아 왕국의 통치자가 이십일 일 동안 나를 가로막았도다. 그러나 보라, 최고 통치자들 중의 하나인 미카엘이 나를 도우러 왔고, 내가 페르시아의 왕들과 함께 거기 있었노라. (단 10:13, 킹제임스)

그런데 바사국 군이 이십 일일 동안 나를 막았으므로 내가 거기 바사국 왕들과 함께 머물러 있더니 군장 중 하나 미가엘이 와서 나를 도와주므로 (단 10:13, 개역 한글)

분명 금식 첫날부터 퀵 배달 서비스를 출발했던 천사장이 무려 21일이나 걸려서야 다니엘에게 도착했던 이유는 정말 기묘한 것이었는데 〈페르시아 왕국의 통치자〉에게 21일 동안 길막을 당해 교통체증에 시달리고 있다가 최고 천사장 미카엘이 헬프를 와서야 비로소 돌파하여 다니엘에게 올 수 있었다는 것입니다. 이 페르시아 왕국의 통치자, 혹은 바사국 군에 대해서는 의견이 분분했는데 바사국 왕이야 그냥 〈바사 국왕〉으로 보아도 되지만 〈바사국 군〉이라고 호칭되는 것을 〈바사 국군〉으로 읽어 마치 페르시아의 군대를 의미하는 것으로 해석하기도 했었습니다. 우리나라 군대를 〈대한민국 국군〉이라고 하듯이 말이지요. 그러나 바사국 군이라고 할 때 '군'의 한자가 軍이 아니라 君이라는 것을 볼 때 〈바사 국군〉이 아니라 〈바사국 군〉이 맞습니다. 조선시대 사극을 보신 분들은 아시겠지만 조선시대에 왕자에게 붙여지는 칭호가 ○○대군, 또는 ○○군인데 대표적으로 수양대군이 있고 왕이었다가 반정으로 폐출되어 왕자의 신분으로 강등된 연산군과 광해군도 있습니다. 즉, 바사국 군이란 〈바사국 왕자〉를 의미하는 표기인 것이지요. 영어로 하면 Prince of Persia로 그냥 읽으면 〈페르시아 왕자〉인데 Prince의 뜻이 왕자 외에 군주 및 통치자라는 의미도 있어 킹제임스 역본에서는 〈페르시아 왕국의 통치자〉라고 표기한 것입니다. 개역 개정 성경에서는 아예 〈바사 왕국의 군주〉라고 표기했고 말이지요. 페르시아 왕자라고 하면 유명한 게임을 떠올리실 텐데 느닷없이 페르시아 왕국의 왕자가 가브리엘급 정도 되는 천사장을 무려 21일 동안이나 틀어막았다는 뭔가 이상한 상황입니다. 덧붙여서 페르시아는 분명 한 명의 대왕이 통치하고 수하에 지역별 분봉왕이나 사트라프라 불리는 태수를 두는 체제인데 느닷없이 페르시아의 왕들이 등장하는 것도 이상한 일입니다. 그러나 여기 나오는 페르시아 왕자나 왕들을 〈인간〉으로 생각할 필요는 없습니다. 만약 그들이 인간이었다면 무슨 수로 하나님의 명령을 받아서 기도 응답을 전하러 가는 천사장을 틀어막을 수 있었겠으며 그들을 돌파하기 위해 무려 미카엘 천사장의 헬프를 필요로 했겠습니까? 당연히 그들은 천사와 대치되는 존재인 〈마귀〉들이며 특히 페르시아를 담당한 악령의 세력들이라 보아야 할 것입니다.

나라별 민족별 담당 마귀가 있다는 게 뭔가 이채롭기는 하지만 뒤에 나오는 단 12:1을 보면 이스라엘을 담당한 천사장이 미카엘이라고 명시되어 있기에 마귀들도 각자 나라나 민족을 위임받아 흑암의 역사를 펼치는 체제가 갖추어져 있는 것 같습니다. 이런 개념이 초대교회 시절에도 이어져 각 교회마다 하나님께 위임을 받은 천사가 임재한다고 생각했는데 어쨌든 대제국 페르시아를 담당한 일진이다 보니 마귀들 중에서 천사장급은 족히 되는 거물 마귀로 추정되어 기도 응답을 받아 오는 천사가 21일이나 지체되는 참사가 벌어지고 말았습니다.

이제 내가 마지막 날에 네 백성이 당할 일을 네게 깨닫게 하려 왔노라. 이는 이 환상이 오랜 후의 일임이라, 하더라. 그가 이런 말로 내게 이를 때에 내가 곧 얼굴을 땅에 향하고 말문이 막혔더니 (단 10:14~15)

이제 내가 훗날들에 네 백성에게 닥칠 것을 너에게 깨닫게 해주려고 왔노라. 이는 그 환상이 아직도 많은 날 동안 남아 있기 때문이라, 고 하더라. 그가 내게 그러한 말들을 했을 때 나는 내 얼굴을 땅에 대고 벙어리처럼 되었더라. (단 10:14, 킹제임스)

좀 늦기는 했지만 어쨌든 다니엘에게 전해 줄 메시지를 무사히 가지고 왔는데 그 환상이 이루어지려면 꽤 많은 날이 지나야 하기 때문에 미리 다니엘을 통해 숙지시켜 〈다니엘서〉를 집필하게 할 필요가 있었던 모양입니다. 그런데 천사가 말하는 동안 다니엘은 좀 전 응급처치의 약발이 다 되었는지 또다시 하얗게 질려 픽 쓰러졌습니다. 두 번이나 얼굴을 땅바닥에 찧고….

인자와 같은 이가 있어 내 입술을 만진지라. 내가 곧 입을 열어 내 앞에 서 있는 자에게 말하여 이르되 내 주여, 이 환상으로 말미암아 근심이 내게 더하므로 내가 힘이 없어졌나이다. 내 몸에 힘이 없어졌고 호흡이 남지 아니하였사오니 내 주의 이 종이 어찌 능히 내 주와 더불어 말씀할 수 있으리이까, 하니 (단 10:16~17)

앞에 있던 천사가 얼른 급하게 다니엘의 입부터 응급처치를 하여 간신히 말은 할 수 있게 되었는데 다니엘은 천사에게 이젠 더 선지자 못 해 먹겠다고 내뻗기 시작합니다. 지금껏 환상을 볼 때마다 마음이 쓰리고 아파 탈진할 지경이고 젊지도 않은 노인인 터라 천사를 마주 대하는 것도 버겁다는 것입니다. 천사와 마주할 때마다 기절하는 것도 한두 번이지 이제는 체력 달려서 못 해 먹겠다는 그의 하소연은 충분히 일리가 있는 것이었습니다.

또 사람의 모양 같은 것 하나가 나를 만지며 나를 강건하게 하여 이르되 큰 은총을 받은 사람이여, 두려워하지 말라. 평안하라. 강건하라. 강건하라. 그가 이같이 내게 말하매 내가 곧 힘이 나서 이르되 내 주께서 나를 강건하게 하셨사오니 말씀하옵소서. (단 10:18~19)

마치 다니엘에게 환상을 전해 주러 온 천사와 응급처치를 해 주는 천사가 각각 따로 와 있는 듯한 모습인데 아무튼 이 천사는 징징대는 다니엘을 꾸짖지 않고 온갖 따사로운 말로 어르고 달래며 특히 말로만이 아니라 치유의 광선으로 다니엘의 맷집을 만땅으로 채워 주었기에 다니엘은 언제 내뻗었냐는 듯이 정신을 가다듬고 자신에게 예언의 말씀을 들려 달라며 의지를 다졌습니다. (먼저 응급처치부터 해 주고 나서 천사가 나타날 수는 없는 건가?)

그가 이르되 내가 어찌하여 네게 왔는지 네가 아느냐. 이제 내가 돌아가서 바사 군주와 싸우려니와 내가 나간 후에는 헬라의 군주가 이를 것이라. 오직 내가 먼저 진리의 글에 기록된 것으로 네게 보이리라. 나를 도와서 그들을 대항할 자는 너희의 군주 미가엘 뿐이니라. (단 10:20~21)

그때 그가 말하기를 "너는 내가 어찌하여 네게 왔는지 아느냐? 이제 내가 페르시아의 통치자와 싸우려고 돌아갈 것이라. 보라, 내가 가면 그리스의 통치자가 올 것이니라. 그러나 내가 진리의 성경에 기록된 것을 네게 보여 주리라. 이러한 일들에 나를 지지해줄 자는 너희 통치자 미카엘 외에는 아무도 없느니라." (단 10:20~21, 킹제임스)

그가 이르되 내가 어찌하여 네게 나아온 것을 네가 아느냐? 이제 내가 돌아가서 바사 군과 싸우려니와 내가 나간 후에는 헬라 군이 이를 것이라. 오직 내가 먼저 진리의 글에 기록된 것으로 네게 보이리라. 나를 도와서 그들을 대적하는 자는 너희 군 미가엘 뿐이니라. (단 10:20~21, 개역 한글)

다니엘이 기력이 채워져 들을 준비가 되었다는 확신이 들자 그 천사는 먼저 자기가 얼마나 〈고생해 가면서 기도 응답을 가져왔는지〉에 대해 썰을 풀기 시작합니다. 너님한테 전하고 나면 내가 또 돌아가서 페르시아 왕자와 맞짱을 떠야 하고, 그 싸움이 끝나고 나면 이번에는 헬라 왕자가 튀어나올 것이라서 또다시 고달픈 싸움을 해야 하는데 날 도와줄 사람은 너희 유대인 담당 천사 미카엘밖에 없다는 등 잔뜩 너스레를 떨며 PR을 하는데 여기서 알 수 있는 것은 지금은 둘째 짐승, 페르시아 제국의 천하라 페르시아 담당 마귀와 천사가 싸우고 있지만 순서에 따라 페르시아가 무너지면 셋째 짐승인 헬라 제국이 이를 것이기에 헬라 담당 마귀와의 싸움이 시작된다는 것입니다. (천사와 악마의 싸움은 예수님의 지상 재림 때까지 논스톱으로…)

특히 이런 모든 일들이 결국 이스라엘과 연관되는 것이기에 그 이스라엘을 담당하는 천사장인 미카엘이 주도적으로 돕는다는 것입니다. 지상에서 벌어지는 역사, 그 이면에서 벌어지는 영적인 일에 대해 잠시 엿볼 수 있는 신비로운 장면인데 그 천사가 다니엘에게 전해 줄, 〈진리의 성경에 기록된〉 계시에 대해서는 이어지는 다니엘 11장 강해를 기대해 주십시오.

내가 또 메대 사람 다리오 원년에 일어나 그를 도와서 그를 강하게 한 일이 있었느니라. (단 11:1)

11장.

(上) 신구약 중간사 - 적그리스도의 예표 ──

내가 또 메대 사람 다리오 원년에 일어나 그를 도와서 그를 강하게 한 일이 있었느니라. (단 11:1)

이 문장만 딱 보면 마치 이 천사가 벨사살이 사살당한 후 바빌론의 분봉 왕으로 책봉된 다리오를 지지하고 힘을 돋우어 주었다고 생각하기 쉬운데 사실 이 대목은 단 10:21과 이어집니다.

오직 내가 먼저 진리의 글에 기록된 것으로 네게 보이리라. 나를 도와서 그들을 대항할 자는 너희의 군주 미가엘 뿐이니라. (단 10:21)

그러니 단 11:1의 의미는 〈나를 도와줄 천사는 너희 이스라엘 담당 천사인 미카엘밖에 없는데 뭐 공짜로 도움을 받는다는 건 아니고 나도 예전에 메디아 사람 다리오 원년에 미카엘을 도와준 적이 있어서 서로서로 품앗이 하는 거임〉입니다. 어째 거래처 사람 만나서 자기 회사 얘기를 하는 듯한 모양새인데 천사들만 상대하다가 사람을 만나 대화하는 게 기뻤던지 한참 동안 자기 얘기를 늘어놓던 천사는 슬슬 본론으로 들어갑니다.

이제 내가 참된 것을 네게 보이리라. 보라, 바사에서 또 세 왕들이 일어날 것이요, 그 후의 넷째는 그들보다 심히 부요할 것이며 그가 그 부요함으로 강하여진 후에는 모든 사람을 충동하여 헬라 왕국을

칠 것이며 (단 11:2)

> 이제 내가 진리를 네게 알려 주겠노라. 보라, 페르시아에서 아직
> 도 세 왕이 일어날 것이요, 넷 째는 그들 모두보다 훨씬 더 부요하게
> 될 것이라. 그의 부로 인한 힘으로 그가 그리스 나라를 대적하여 모
> 든 사람을 선동할 것이라. (단 11:2, 킹제임스)

이때로 말하자면 아직 고레스의 천하라 〈아직도〉 일어날 세 왕이라면
고레스는 빼고 세야 할 터입니다. 역사적으로 보면 고레스 이후에 나타날
왕은 고레스의 아들 캄비세스, 캄비세스가 죽은 후 그의 동생 스메르디스
를 자칭한 가우마타라고 하는 술사, 그리고 캄비세스의 근위대장이었다가
가짜 스메르디스를 죽이고 왕위에 오른 다리우스 히스타스피스가 있었습
니다.

(얼굴 닮았다고 왕위를 가로챈 용자가 있는 것을 보니 고대 시절의 시스템이란 참으로
엉성했나 봅니다.)

고레스 이후 캄비세스·가짜 스메르디스·다리우스 1세로 3대를 이어 가
다가 4대로 등극한 왕은 크세르크세스인데 그가 바로 에스더의 남편이며
페르시아 제국 최전성기를 이룬 왕입니다. 특히 그는 B.C. 480년 그리스를
전면 침공하여 〈페르시아 전쟁〉을 일으켰다가 살라미스 해전에서 그리스
함대에 패했는데 그때부터 페르시아의 몰락이 시작되었다는 게 학계의 정
설입니다.

> 장차 한 능력 있는 왕이 일어나서 큰 권세로 다스리며 자기 마음
> 대로 행하리라. 그러나 그가 강성할 때에 그의 나라가 갈라져 천하
> 사방에 나누일 것이나 그의 자손에게로 돌아가지도 아니할 것이요,

또 자기가 주장하던 권세대로도 되지 아니하리니 이는 그 나라가 뽑혀서 그 외의 다른 사람들에게로 돌아갈 것임이라. (단 11:3~4)

그가 일어설 때 그의 왕국이 부서질 것이며 하늘의 네 바람으로 나눠지게 되리니, 그의 후손에게 돌아가지도 아니할 것이며 또 그가 통치했던 자기의 권세대로 되지도 아니할 것이라. 이는 그의 왕국이 뽑혀서 그들 외에 다른 사람들에게로 돌아갈 것이기 때문이라. (단 11:4, 킹제임스)

이 막강하고 권세 있는 왕은 바로 알렉산드로스 대왕입니다. 그의 헬라 제국은 마케도니아에서 시작하여 그리스를 제패하고서 페르시아를 정복하며 인도 서북방까지 토벌하고는 욱일승천하는 기세로 아라비아 원정을 준비하다가 알렉산드로스의 급사로 공중 분해되었고 20년간의 분쟁 끝에 카산데르, 리시마쿠스, 셀류쿠스, 프톨레미 네 장군이 사이좋게 4등분하여 나눠 가졌습니다. 물론 그 전쟁 와중에 알렉산드로스의 두 아들과 동생과 어머니까지 싹 살해당하며 알렉산드로스의 집안이 씨가 말랐고 그렇게 쪼개진 나라가 알렉산드로스의 헬라 제국 때처럼 강성할 턱이 없습니다.

남방의 왕은 강할 것이나 그 군주들 중 하나는 그보다 강하여 권세를 떨치리니 그의 권세가 심히 클 것이요 (단 11:5)

4등분 된 나라들 중 가장 남쪽에 위치한 곳은 이집트였는데 그 나라를 차지한 프톨레미는 알렉산드로스의 장군들 중에서도 가장 막강한 자였으나 그의 휘하에 있던 장군인 셀류쿠스가 독립하여 옛 페르시아 영역과 소아시아, 인도 서북부에 이르는 거대한 영토를 차지하여 셀레우코스 왕조 시리아를 건국함으로써 원래 그의 상관이던 프톨레미보다 더 강력한 나라와 큰 권세를 가졌습니다. 셀류쿠스는 B.C. 321년에 바빌론의 일부를 획

득했으나 그것을 안티고노스에게 빼앗기고 도망쳐 프톨레미에게 합류했고 그 휘하 장수가 되어 프톨레미의 도움으로 B.C. 312년에 바빌론을 수복한 후 거대한 나라를 수립했습니다. 이렇게 북쪽 왕이 등장합니다.

몇 해 후에 그들이 서로 단합하리니 곧 남방 왕의 딸이 북방 왕에게 가서 화친하리라. 그러나 그 공주의 힘이 쇠하고 그 왕은 서지도 못하며 권세가 없어질 뿐 아니라 그 공주와 그를 데리고 온 자와 그를 낳은 자와 그 때에 도와주던 자가 다 버림을 당하리라. (단 11:6)

셀류쿠스가 죽고 35년 뒤 이집트 왕 프톨레미 2세는 자신의 딸 베레니케를 시리아 왕 안티오코스 2세에게 시집보냈는데 문제는 안티오코스 2세에게는 이미 라오디케라는 본처가 있었고, 본처와 이혼한 후 베레니케와 결혼한 것입니다. (왕비 라오디케의 이름에서 〈라오디게아〉가 유래했습니다.) 본처와 이혼한 데다 외국에서 시집온 왕비는 반대파들의 공격 대상이 되기에 딱 좋았던 터라 결국 민심은 악화되고 결혼 2년 만에 베레니케의 아버지인 프톨레미 2세가 죽자 안티오코스 2세의 본처 라오디케가 안티오코스 2세를 독살하고 아들 셀류쿠스를 시켜 베레니케와 그녀 소생의 아이까지 죽여 버렸습니다. 결국은 예언대로 남쪽 왕의 딸과 그녀를 데려온 이집트 보좌진들과 그녀를 낳은 아버지인 남쪽 왕, 그녀와 결혼한 안티오코스 2세까지 싹 다 죽어 버린 비극이 일어나고 말았습니다.

(이번 내용은 이미 역사적으로 모두 성취된, 현재 시점에서 과거 일이기 때문에 별다른 복잡한 해석 없이 바로 설명하겠습니다.)

그러나 그 공주의 본 족속에게서 난 자 중의 한 사람이 왕위를 이어 권세를 받아 북방 왕의 군대를 치러 와서 그의 성에 들어가서 그들을 쳐서 이기고 그 신들과 부어 만든 우상들과 은과 금의 아름다

운 그릇들은 다 노략하여 애굽으로 가져갈 것이요, 몇 해 동안은 그가 북방 왕을 치지 아니하리라. (단 11:7~8)

또 그는 그들의 신들을 그들의 고관들과, 은과 금으로 만든 값진 기명들과 함께 이집트로 약탈하여 갈 것이요, 그가 북쪽 왕보다 몇 해 더 계속되리라. (단 11:8, 킹제임스)

(킹제임스에서는 남쪽 왕이 북쪽 왕보다 몇 해 더 계속된다, 그 정권이 몇 해 더 존속한다고 말하지만 개역 성경에서는 남방 왕이 북방 왕을 몇 해 동안 치지 않는다고 서술합니다.)

베레니케의 남동생이며 이집트 왕 프톨레미 3세는 복수를 위해 시리아를 침공하여 수도를 함락시키고 왕궁을 점령하여 베레니케를 죽인 원수들을 모두 참살하는 데 성공합니다. 또한 승리의 결과로 그 나라 우상들과 성전 기구들을 모조리 약탈하고 시리아의 주요 고관들도 포로로 잡아갔습니다.

북방 왕이 남방 왕의 나라로 쳐들어갈 것이나 자기 본국으로 물러가리라. (단 11:9)

그러므로 남쪽의 왕이 북쪽 왕의 왕국으로 왔다가 자기 왕국으로 돌아가리라. (단 11:9, 킹제임스)

이 부분에서도 한글 킹제임스와 개역 한글의 번역이 다른데 역사적인 사실은 북방 왕인 셀류쿠스 칼리니쿠스가 B.C. 240년경 복수전을 위해 이집트로 쳐들어갔다가 패퇴하여 물러간 것입니다. 바로 다음 구절도 북방왕 시각에서 쓰인 것을 보면 이 부분은 북방 왕의 남방 침공이 맞는 것 같습니다.

그러나 그의 아들들이 전쟁을 준비하고 심히 많은 군대를 모아서 물이 넘침 같이 나아올 것이며 그가 또 와서 남방 왕의 견고한 성까지 칠 것이요, 남방 왕은 크게 노하여 나와서 북방 왕과 싸울 것이라. 북방 왕이 큰 무리를 일으킬 것이나 그 무리는 그의 손에 넘겨 준 바 되리라. (단 11:10~11)

셀류쿠스 칼리니쿠스의 아들인 셀류쿠스 3세와 안티오코스 3세가 전쟁을 준비하며 군대를 소집하는데 셀류쿠스 3세는 전사하고 안티오코스 3세가 홀로 남아 이집트를 침공했습니다. 그러나 그 전쟁도 이집트의 압승으로 끝나고 안티오코스 3세는 목숨만 겨우 건져 도망치고 말았습니다.

그가 큰 무리를 사로잡은 후에 그의 마음이 스스로 높아져서 수만 명을 엎드러뜨릴 것이나 그 세력은 더하지 못할 것이요, 북방 왕은 돌아가서 다시 군대를 전보다 더 많이 준비하였다가 몇 때, 곧 몇 해 후에 대군과 많은 물건을 거느리고 오리라. (단 11:12~13)

B.C. 217년의 라피아 회전에서 북쪽 왕의 군대는 1만 명이 죽고 4,000명이 포로로 잡히는 패배를 당했으나 남쪽 왕, 프톨레미 4세는 승리로 기분이 우쭐했던지 예루살렘 성전에서 행패를 부리는 짓을 했고 B.C. 203년에 왕비와 함께 의문사했습니다. 그리고 B.C. 204년, 라피아 회전 13년 후 안티오코스 3세는 더 많은 군대와 군자금을 확보해 다시 이집트를 침공하였습니다.

그 때에 여러 사람이 일어나서 남방 왕을 칠 것이요, 네 백성 중에서도 포악한 자가 스스로 높아져서 환상을 이루려 할 것이나 그들이

도리어 걸려 넘어지리라. (단 11:14)

안티오코스 3세의 군대는 시리아의 헬라 군대만이 아니라 기타 동맹 세력들로 구성되어 있었고 심지어는 유대인들 중에서도 정신없는 일부 모리배들이 안티오코스 3세를 도와 이집트를 협공하기도 했는데 이유인즉슨 자신들이 역사에 개입하여 〈다니엘이 본 환상의 내용을 스스로 이루려고〉 했다는 것입니다. 가만히 있으면 헬라 왕 안티오코스가 성소를 파괴하고 패악을 떠는 일이 벌어지지 않을 테니 이집트를 물리치고 패권을 잡도록 도와주면 그 일이 에누리 없이 진행될 것이라고 생각한 것인데 아직은 때가 아닌 터라 그 해맑은 생각은 곧 밟혔으니, B.C. 200년에 이집트 장군 스코파스와의 예루살렘 요새 전투에서 패했던 것입니다.

이에 북방 왕은 와서 토성을 쌓고 견고한 성읍을 점령할 것이요, 남방 군대는 그를 당할 수 없으며 또 그가 택한 군대라도 그를 당할 힘이 없을 것이므로 (단 11:15)

그러나 이집트 군대가 앞에 나온 유대인 화적패들을 진압하느라 정신이 팔려 있는 사이 안티오코스 3세는 얼른 요르단 지역의 군사적 요지들을 점령했고 더 이상 전투를 이어 나갈 여력을 상실한 스코파스의 이집트 군대는 항복하고 말았습니다.

오직 와서 치는 자가 자기 마음대로 행하리니 그를 당할 사람이 없겠고 그는 영화로운 땅에 설 것이요, 그의 손에는 멸망이 있으리라. (단 11:16)

승리의 기세를 몰아 안티오코스 3세는 이스라엘 땅까지 들어가서 행패를 부렸고 B.C. 197년까지 그 지역을 다 장악했습니다.

그가 결심하고 전국의 힘을 다하여 이르렀다가 그와 화친할 것이요, 또 여자의 딸을 그에게 주어 그의 나라를 망하게 하려 할 것이나 이루지 못하리니 그에게 무익하리라. (단 11:17)

그는 또한 그의 온 왕국의 힘으로 진입할 태세를 갖추고 사람들로 그와 더불어 관계를 정립시키면 그가 그렇게 하리라. 또 그가 여인들의 딸을 그에게 주어 그녀를 부패시키려 할 것이나 그녀는 그의 편에 서지 못하고 그를 위하지도 못하리라. (단 11:17, 킹제임스)

아예 이집트 전체를 털어먹을 생각을 하고 있었던 안티오코스 3세는 자신의 딸 클레오파트라를 이집트 왕 프톨레미 5세와 정략결혼을 시켰고 당시에 7세였던 프톨레미 5세를 자기 딸 클레오파트라가 잘 조종하여 그 나라를 장악할 생각을 했던 것입니다. 한마디로 딸을 통해 그녀에게 〈부패한 짓을 시키고〉, 그것을 통하여 이집트를 패망시키려 한 것인데 클레오파트라가 아버지가 아닌, 남편을 도와 이집트를 지켜 내는 바람에 실패하고 말았습니다.

그 후에 그가 그의 얼굴을 바닷가로 돌려 많이 점령할 것이나 한 장군이 나타나 그의 정복을 그치게 하고 그 수치를 그에게로 돌릴 것이므로 (단 11:18)

이후에 그가 그의 얼굴을 섬들로 돌이켜 많이 취할 것이나 한 통치자가 그에 의해 주어진 비난을 자기를 위하여 중단시킬 것이요 그 비난을 그에게로 돌려 자기에게는 없게 하리라. (단 11:18, 킹제임스)

안티오코스 3세는 이집트를 집어삼키는 것을 포기하고 지중해 일대의 섬들을 점령하는 것으로 계획을 틀었는데 순조롭게 진행되어 소아시아 일대와 그리스, 키프로스까지 장악하여 명실공히 〈헬라 왕국〉을 수립했습니다. 그러나 하필 이때 그를 막아선 자가 있었으니 로마 장군 스키피오였고 안티오코스 3세와는 이전에 만나서 그가 스키피오에게 모욕을 준 적도 있던 악연이었습니다. 결국 B.C. 190년 소아시아의 마그네시아에서 안티오코스 3세의 헬라 군대와 스키피오의 로마 군대가 격돌했고 헬라 군대의 완패로 끝나 스키피오는 제대로 복수를 할 수 있었습니다.

그가 드디어 그 얼굴을 돌려 자기 땅 산성들로 향할 것이나 거쳐 넘어지고 다시는 보이지 아니하리라. 그 왕위를 이을 자가 압제자를 그 나라의 아름다운 곳으로 두루 다니게 할 것이나 그는 분노함이나 싸움이 없이 몇 날이 못 되어 망할 것이요 (단 11:19~20)

그 후에 그가 그의 본토의 요새를 향하여 그의 얼굴을 돌릴 것이나 그가 걸려 넘어지리니 다시는 보이지 아니하리라. 그러면 그 왕국의 영화 속에서 세금을 거두는 자가 그의 자리에 서게 될 것이나 그는 며칠이 못 되어 분노함이나 전쟁도 없이 멸망하게 되리라. (단 11:19~20, 킹제임스)

팽창은 멈추고 패잔병들을 이끌고 쓸쓸하게 본토로 패주하던 안티오코스 3세는 이후 엘람 지역에서 신전을 약탈하다가 살해당했고 아들인 셀류쿠스 4세가 승계했는데 그는 패전 결과로 매년 로마에 1,000달란트의 조공을 바쳐야 했고 그러다 보니 그의 일상은 〈세금을 거두는〉 것에 집중되어 있었습니다. 셀류쿠스 4세는 예루살렘 성전까지 세리를 보내 보물을 약탈해 오도록 했고 유대인들의 필사적인 기도로 징세관이 성전 약탈에 실패하고 돌아갔으며 그 후 얼마 안 가 별일도 없는데 의문사를 당했으니 그때가 B.C. 175년이었습니다. 그의 뒤를 이은 자가 바로 안티오코스 4세 에피파네스입니다.

또 그의 왕위를 이을 자는 한 비천한 사람이라. 나라의 영광을 그에게 주지 아니할 것이나 그가 평안한 때를 타서 속임수로 그 나라를 얻을 것이며 넘치는 물 같은 군대가 그에게 넘침으로 말미암아 패할 것이요, 동맹한 왕도 그렇게 될 것이며 (단 11:21~22)

또 그의 자리에 한 비열한 사람이 서리니 사람들은 그에게 왕국의 명예를 주지 아니할 것이나 그는 평화롭게 와서 술책으로 그 왕국을 얻을 것이며 넘쳐나는 군대로 그들이 그 앞에서 넘쳐흐르게 될 것이나 멸망하게 되리니, 정녕, 언약의 통치자도 그렇게 되리라. (단 11:21~22, 킹제임스)

비천하고 비열한 사람이라는 안티오코스 4세는 선왕 셀류쿠스 4세의 동생이라 엄연한 왕족이었습니다. 다만 셀류쿠스 4세의 두 아들이 있었기에 왕위를 계승할 권리는 없었는데 두 아들 중 하나가 로마에 인질로 잡혀 있고 어린 아들 하나만 있는 틈을 타 음모를 꾸며 그를 모살하고 안티오코스 4세가 왕위를 찬탈했습니다. 이렇게 왕위에 오른 안티오코스 4세는 이집트의 대대적인 침공을 물리치고, 선왕 셀류쿠스 4세를 시해한 헬리오도루스의 반란군도 진압하는 등 군사적인 성공을 연일 거두어 나갔습니다. 또한 예루살렘의 대제사장인 오니아스 3세도 안티오코스 4세의 손에 죽임당하고 말았습니다.

그와 약조한 후에 그는 거짓을 행하여 올라올 것이요, 소수의 백성을 가지고 세력을 얻을 것이며 그가 평안한 때에 그 지방의 가장 기름진 곳에 들어와서 그의 조상들과 조상들의 조상이 행하지 못하던 것을 행할 것이요, 그는 노략하고 탈취한 재물을 무리에게 흩어주며 계략을 세워 얼마 동안 산성들을 칠 것인데 때가 이르기까지 그리하리라. (단 11:23~24)

역사적으로 보면 안티오코스 4세 에피파네스는 이집트 왕 프톨레미 6세와 동맹을 맺었습니다. 안티오코스 3세의 딸 클레오파트라와 이집트 왕 프톨레미 5세 사이에 두 아들이 있었는데 그들이 왕위 계승 전쟁을 벌였고 안티오코스 4세는 둘 중 프톨레미 필로메토르를 지지하며 동맹을 맺고서 서서히 이집트 영토를 잠식해 들어갔습니다. 평화협정과 동맹 조약을 믿고 방심하고 있던 이집트는 안티오코스 4세 에피파네스의 소부대 침공으로 작은 도시들부터 하나하나 함락되어 갔고 이전에 헬라의 어떤 왕들도 못했던 나일강 하류 지역을 약탈하는 데까지 성공했습니다. 그렇게 이집트의 소도시들과 곡창지대를 털어먹은 그는 본격적으로 이집트의 요새 지역을 공략할 음모를 꾸미기 시작합니다. 털어온 장물 일부는 부하들에게 넉넉히 풀어서 입을 막았을 것은 불문가지입니다.

그가 그의 힘을 떨치며 용기를 다하여 큰 군대를 거느리고 남방 왕을 칠 것이요, 남방 왕도 심히 크고 강한 군대를 거느리고 맞아 싸울 것이나 능히 당하지 못하리니 이는 그들이 계략을 세워 그를 침이니라. (단 11:25)

또다시 이집트를 침공하는 안티오코스 4세 에피파네스에 맞서 이집트에서도 대군이 나와 맞섰으나 이집트군이 이기지 못했는데 이유인즉슨 헬라 측에서 이집트를 교란시킬 수작을 부렸기 때문인데 이 당시 이집트는 알렉산드리아를 수도로 한 프톨레미 7세와 멤피스를 수도로 한 프톨레미 6세가 서로 내전을 벌이고 있었기 때문에 전력을 총동원하여 침략에 맞서지 못했던 것입니다. (쉽게 말해 두 왕이 서로 싸우도록 헬라 측에서 수작을⋯.)

그의 음식을 먹는 자들이 그를 멸하리니 그의 군대가 흩어질 것이요, 많은 사람이 엎드러져 죽으리라. 이 두 왕이 마음에 서로 해하고자 하여 한 밥상에 앉았을 때에 거짓말을 할 것이라. 일이 형통하지

못하리니 이는 아직 때가 이르지 아니하였으므로 그 일이 이루어지지 아니할 것임이니라. (단 11:26~27)

이 두 왕의 마음이 서로 해칠 것을 생각하며 그들이 한 상에 앉아서 거짓말을 할 것이라. 그러나 그 일이 형통하지 못하리니, 이는 그 종국이 정해진 때에 이를 것임이라. (단 11:26~27, 킹제임스)

이집트의 두 왕 중 프톨레미 6세는 자신의 부하들에게 통수를 맞아 많은 병력을 잃고 패주하였는데 안티오코스 에피파네스는 프톨레미 6세와 친척임을 내세워 화친을 맺었습니다. 촌수로 따지면 프톨레미 6세의 어머니 클레오파트라가 안티오코스 4세의 누나였기 때문에 둘의 관계는 외삼촌과 조카였습니다. 그러나 둘은 한바탕 침략을 당하고 전쟁을 치른 터라 영 좋지 못한 사이였고 같이 식탁에 앉아 밥을 먹으면서도 서로서로 통수를 칠 궁리만 하고 있었습니다. 그러니 홍철 없는 홍철 팀같이 평화 없는 평화조약은 이미 결말이 정해진 것이나 진배없었습니다.

북방 왕은 많은 재물을 가지고 본국으로 돌아가리니 그는 마음으로 거룩한 언약을 거스르며 자기 마음대로 행하고 본토로 돌아갈 것이며 (단 11:28)

어쨌든 명색은 평화협정이니 이집트 영내에서 철수한 안티오코스 4세는 그동안 점령했던 지역에서 어마어마한 재물을 약탈하여 전리품으로 가져갔으며 당연히 율법과 경건함 따위는 약에 쓰려 해도 찾아볼 수 없는 그인 터라 귀국길에 예루살렘에 들러서 성전에 쳐들어와 성전 기물들을 탈탈 털어 갔습니다. 보물을 약탈하고도 모자라 이스라엘 백성들을 죽인 건 덤입니다.

작정된 기한에 그가 다시 나와서 남방에 이를 것이나 이번이 그 전번만 못하리니 이는 깃딤의 배들이 이르러 그를 칠 것임이라. 그가 낙심하고 돌아가면서 맺은 거룩한 언약에 분노하였고 자기 땅에 돌아가서는 맺은 거룩한 언약을 배반하는 자들을 살필 것이며 (단 11:29~30)

정해진 때에 그가 돌아와서 남쪽으로 올 것이나 그것이 이전이나 이후만 못하리라. 이는 킷딤의 배들이 그를 대적하러 올 것임이라. 그러므로 그가 낙심하여 돌아가며 거룩한 언약에 대하여 분노를 품을 것이요 그가 그렇게 행하리니 그가 돌아가서 거룩한 언약을 버린 자들과 더불어 이해를 도모하리라. (단 11:29~30)

(개역 성경의 뉘앙스를 보면 마치 안티오코스 4세가 〈거룩한 언약을 맺은〉 듯이 오해하실 수 있는데 〈맺은 거룩한 언약〉 자체가 이스라엘에 주어진 약속, 율법을 은유하는 표현이라는 게 더 정확합니다. 〈맺은 거룩한 언약〉이라는 표현 전체를 한 단어로 보셔야 합니다.)

아까부터 계속 〈정해진 때〉라고 하는 이유는 이 모든 상황이 결국은 하나님의 계획하심과 큰 그림 안에 있기 때문입니다. 모든 나라와 나라, 역사와 역사를 주관하시는 하나님의 전지전능함을 가르쳐 주고자 하는 것이 다니엘서의 주제라고 보면 더 그렇지요. 어쨌든 그때 그렇게 이집트를 털어먹고 나서도 또 본전 생각이 났는지 B.C. 168년경에 또다시 이집트로 쳐들어가는데 이번에는 예전에 비해 그다지 재미를 보지 못했습니다. 왜냐하면 그때와는 달리 로마라고 하는 신흥 강국이 기지개를 켜고 제대로 팽창을 하고 있었기 때문입니다. B.C. 201년에 2차 포에니 전쟁을 승리로 이끌고 시칠리아와 사르데냐, 에스파냐를 정복한 로마는 그야말로 막강한 육·해군 전력으로 지중해를 자신들의 호수로 만들기 위한 발걸음을 내딛고 있었는데 그런 로마에게 마케도니아와 시리아 등 헬라 열국들은 곧 쳐서 없애 버릴 먹잇감에 불과했던 것입니다. 지중해 세계에서 강력한 해군력을 자랑하던 카르타고도 갈아 마셔 버린 로마의 함대가 이집트로 출항하여 안티오코스 4세를 향해 〈이집트에서 당장 꺼져!!!!〉를 시전하자 이제 막 이집트를 쳐서 알렉산드리아 가까이 접근했음에도 결국 끽소리 못 하고 군대를 돌려 철수해야 했습니다. 그러나 아무래도 그냥 돌아가기에는 가오가 살지 않았는지 그는 또다시 멀쩡한 이스라엘 백성들에게 분풀이할 생각을 하는데 문제는 이스라엘 백성들 중에서 율법과 신앙을 저버리고 배도한 배교자들을 끌어들여 길잡이로 삼았던 것입니다. 덧붙여서 돈으로 대제사장 자리를 샀던 야손과 메넬라오스 두 놈이 서로 자기편들을 규합하여 예루살렘에서 치고받으며 싸우고 있었는데 그 전투를 빌미로 하여 안티오코스 4세는 유대인들이 반란을 일으켰다고 핑계 대며 예루살렘을 침략합니다.

군대는 그의 편에 서서 성소, 곧 견고한 곳을 더럽히며 매일 드리는 제사를 폐하며 멸망하게 하는 가증한 것을 세울 것이며 (단 11:31)

그 결과 헬라 군대는 예루살렘을 점령하고 수만 명을 죽이고 노예로 끌고 갔으며 안티오코스 에피파네스는 배교한 대제사장인 메넬라오스의 안내를 받아 성전으로 들어가서는 성전의 보물과 기물들을 약탈하고 제단에 돼지를 바쳐 더럽혔습니다. 그것도 모자라 번제와 희생제 등 하나님께 올리는 제사를 폐하고 제우스 우상을 성전에 세웠고, 성전 내에 군대를 주둔시켜 창녀들과 놀아나게 하는 등 눈 뜨고 못 볼 패악질을 부렸습니다. 아예 제우스 우상을 세운 후에는 예루살렘 성전의 이름까지 고쳐서 〈제우스·올림피아 신전〉이라고 해 버렸습니다. 아예 성전을 창씨개명을 하고 간판을 바꿔 버리는 참람한 짓을 한 것이지요. 그러나 이것도 끝이 아니었습니다.

그가 또 언약을 배반하고 악행하는 자를 속임수로 타락시킬 것이

나 오직 자기의 하나님을 아는 백성은 강하여 용맹을 떨치리라. (단 11:31)

(제가 가장 좋아하는 성경 구절 중 하나입니다.)

안티오코스 4세 에피파네스는 예루살렘을 점령하고 성소를 더럽힌 것부터가 유대인 배교자들의 협력을 얻어서였는데 작심하고 유대인들에게 배교할 것을 널리 강요했습니다.

임금은 사신들을 보내어 예루살렘과 유다의 성읍들에 이러한 칙서를 내렸다. 유다인들이 자기 고장에 낯선 관습을 따르게 할 것, 성소에서 번제물과 희생제물과 제주를 바치지 못하게 하고, 안식일과 축제를 더럽힐 것, 성소와 성직자들을 모독할 것, 이교 제단과 신전과 우상을 만들고, 돼지와 부정한 짐승을 희생 제물로 바칠 것, (마카베오상 1:44~47)

그들의 아들들을 할례 받지 못하게 하고, 온갖 부정한 것과 속된 것으로 그들 자신을 혐오스럽게 만들도록 할 것. 그리하여 율법을 잊고 모든 규정을 바꾸게 할 것. 임금의 말대로 하지 않는 자는 사형에 처할 것. (마카베오상 1:48~50)

결국 죽기보다 배교하는 게 쉬웠던지 많은 유대인들이 안식일을 더럽히고 우상에 경배했고 타락하는 길을 택하고 말았습니다. 게다가 안티오코스 4세는 아예 동네마다 관리를 파견하여 유대인들이 제대로 배교하고 있는지 감시했고 율법서란 율법서는 모두 압수하여 파기했으며 율법서를 읽거나 혹은 율법을 지키다가 걸리면 얄짤 없이 죽여 버렸습니다. 그럼에도 불구하고 율법학자 엘르아살을 비롯한 수많은 순교자들이 마음을 강하게 하여 그런 말 같지 않은 어명을 무시한 채 자신들의 믿음과 뜻에 따라 지조와 절개를 지켰고 환난 속에서도 하나님께 올리는 찬양과 경배가 끊어지지 않게 하였습니다.

백성 중에 지혜로운 자들이 많은 사람을 가르칠 것이나 그들이 칼날과 불꽃과 사로잡힘과 약탈을 당하여 여러 날 동안 몰락하리라. 그들이 몰락할 때에 도움을 조금 얻을 것이나 많은 사람들이 속임수로 그들과 결합할 것이며 (단 11:33~34)

그렇게 순교의 피가 흘려진 곳에 열매가 맺혔고 여기저기에서 신실한 열사들이 일어나기 시작했습니다. 그중에서 제사장 시몬의 손자이며 요한의 아들 맛다디아는 우상 제단에 제물을 바치던 유대인을 죽여 버리고 자신을 배교하도록 설득하러 온 안티오코스 4세의 사절도 베어 버리며 항전의 의지를 다지기도 했습니다. 이러한 유대인들의 항전에 대해 안티오코스 4세는 비열하게도 안식일에 군대를 보내 공격했고 많은 유대인들이 안식일을 범하지 않기 위해 저항하지 않고 죽어 갔습니다. 이것을 알게 된 맛다디아는 헬라 군대가 쳐들어오면 안식일이라도 맞서 싸우자는 원칙을 세웠고 마침내 맛다디아와 그의 아들 유다 마카비에 의하여 모데인에서 혁명이 시작되었습니다.

(열성적으로 율법을 지키고, 하나님의 통치를 기다리며, 메시아의 오심을 소망하며 목숨을 건 이들을 〈하시딤〉이라고 칭합니다.)

맛다디아와 유다 마카비의 혁명군은 게릴라전으로 헬라 군대에 맞서고 점차 이스라엘 전역으로 저항운동이 확대되어 갔습니다. 그렇게 혁명군의 진격과 승전이 계속되자 목숨이 위태로울 것을 직감한 배교자들은 얼른 태세 전환을 하여 혁명군 만세를 불렀고 이런 꼴을 가만히 두고 볼 리 없는 안티오코스 4세 에피파네스는 재차 진압군을 출동시켜 혁명군과 격돌하였습니다.

또 그들 중 지혜로운 자 몇 사람이 몰락하여 무리 중에서 연단을 받아 정결하게 되며 희게 되어 마지막 때까지 이르게 하리니 이는 아직 정한 기한이 남았음이라. (단 11:35)

일진일퇴의 공방전 와중에 아무래도 어려운 여건 속에서 분투하던 혁명군 측에서 더러는 지치거나 의지가 약해지거나 적의 회유에 넘어가거나 하여 대열을 이탈하고, 혹은 배교하고, 헬라 측에 붙는 일부 간부진들이 있었던 모양입니다. 역사적으로 이런 전쟁을 치르다 보면 항상 나오는 모습인데 그럼에도 불구하고 마카비의 혁명군은 좌절하는 게 아니라 더욱 굳세게 뭉쳐서 정결하게 의지를 가다듬고 하나님께서 정하신, 그 전쟁이 끝날 때까지 싸움을 멈추지 않았습니다. 전체를 약간의 연표로 정리하면 이렇습니다.

연대	사건
B.C. 168년	안티오코스 에피파네스, 성전에 우상 건립, 안식일 금지
B.C. 167년	성전에 돼지 피를 바르는 만행, 신앙 말살 정책 실시
B.C. 166년	대제사장 요하난의 손자 유다 마카비, 혁명전쟁 시작
B.C. 164년	유다 마카비, 예루살렘 탈환, 성전 정화, 신앙 회복
B.C. 142년	시몬 마카비, 헬라 축출, 대제사장 겸 국왕 즉위
B.C. 134년	이스라엘 왕 요한 힐카누스, 다윗 왕조 전성기 영토 회복 유다 멸망 때 바빌론을 도운 에돔을 멸하고 강제 개종
B.C. 103년	이스라엘 왕 알렉산더 얀네우스, 팔레스타인 전역을 제패

유다 마카비의 혁명군은 거병 2년 만에 예루살렘을 탈환하여 성전을 정

결하게 회복시켰고 22년 후에 유다 마카비의 형인 시몬 마카비가 완전히 이스라엘을 독립시켜 대제사장 겸 국왕에 즉위, 하스몬 왕조 이스라엘 왕국을 건국함으로써 마침내 유다 왕국이 멸망한 B.C. 586년 이래 444년 만에 유대인의 왕국이 재건되는 쾌거를 이루어 내었습니다. 요한 힐카누스 대에는 오바댜 선지자에 의해 예언된 에돔의 멸망이 성취되기도 했지요.

(모조리 죽이고 생존자들은 강제 할례로 개종되어 유대인으로 편입되는 바람에 에돔 족속은 저때 소멸됩니다. 그런데 어차피 에돔 자체가 야곱의 쌍둥이 형 에서의 후손들이라서 생물학적 유전자로는 유대인과 크게 다르지 않은 친척뻘 되는 민족입니다. 한 형제 후손인데도 서로가 서로에게 칼질을 해 댄 것을 보면 가족·친척이 돌아서면 제일 무섭다는 방증입니다.)

이렇게 전성기를 맞은 하스몬 왕조 이스라엘 왕국은 36년 만인 B.C. 67년, 왕위 계승 분쟁을 틈탄 로마 장군 폼페이우스의 침략을 맞았고 에돔 출신의 귀족 안티파터의 배신으로 B.C. 63년에 폼페이우스에 의해 예루살렘이 함락되고 말았습니다. 그렇게 로마 군정이 시작되고 안티파터에 의해 친로마 괴뢰정권이 세워졌으나 20년 후인 B.C. 43년에 하스몬 왕족인 안티고노스가 안티파터를 독살하고 예루살렘을 탈환하여 다시 왕국을 회복하였습니다. 그러나 6년 후인 B.C. 37년에 안티파터의 아들이 로마 장군 안토니우스와 연합해 안티고노스를 축출했고 아예 이듬해인 B.C. 36년에 그가 이스라엘 왕위에 오름으로써 하스몬 왕조를 멸망시켰으니 그가 바로 헤롯 1세, 그 유명한 〈헤롯 대왕〉입니다. 그리고 32년이 지난 B.C. 4년에 로마 황제 아우구스투스의 명으로 로마 제국 내의 모든 신민들의 호적을 조사하라고 하여 요셉과 마리아라는 부부가 고향인 베들레헴으로 왔다가 마구간에서 아들을 낳았으니 그 아이가 바로 예수 그리스도인데… 왜 다니엘서 11장의 나머지 구절을 설명하지 않고 갑자기 은혜로운 삼천포로 빠지고 있냐구요?

똑같이 다니엘서 11장에 있어 다이렉트로 이어지는 것 같지만 11장 35절 이후부터는 같은 시대를 말하고 있지 않습니다. 이제부터는 더 이상 적그리스도의 예표인 안티오코스 4세 에피파네스의 이야기가 아니라 적그리스도의 본체에 대한 예언입니다.

신구약 중간에 활약한 적그리스도의 예표에 이어서 휴거 이후 대환난의 때에 활약할 적그리스도의 본체에 대해서는 이어지는 다니엘서 11장의 나머지 대목을 기대해 주시기 바랍니다.

그 왕은 자기 마음대로 행하며 스스로 높여 모든 신보다 크다 하며 비상한 말로 신들의 신을 대적하며 형통하기를 분노하심이 그칠 때까지 하리니 이는 그 작정된 일을 반드시 이룰 것임이라. (단 11:36)

11장.

(下) 대환난 – 적그리스도의 본체

그 왕은 자기 마음대로 행하며 스스로 높여 모든 신보다 크다 하며 비상한 말로 신들의 신을 대적하며 형통하기를 분노하심이 그칠 때까지 하리니 이는 그 작정된 일을 반드시 이룰 것임이라. (단 11:36)

그 왕이 자기 뜻대로 행하고 자신을 높일 것이요 모든 신보다 자신을 높이고 신들의 하나님을 거슬러 이상한 일들을 말할 것이며 그 분노가 마칠 때까지 번성하리니, 이는 작정된 일이 이루어질 것임이라. (단 11:36, 킹제임스)

제가 세대주의 방식으로 성경을 나누어 읽는 스킬을 배운 것이 너무나 다행스럽기 그지없습니다. 그렇지 않고 그냥 통짜로 들입다 외어 댔다면 아마 거의 대부분의 성경학자들이 보는 것처럼 11장 전체를 죄다 헬라 왕 안티오코스 4세 에피파네스의 이야기로 보았을 것입니다. 잘 보시면 바로 앞 절인 35절이 끝날 때 마무리가 〈마지막 때까지 이르게 하리니, 이는 아직도 정해진 때가 있음이라〉라며 뭔가 스토리가 끝은 아니지만 일단 정리한다는 식으로 언급하고 있는데 바로 이어지는 36절을 보면 전혀 뜬금없이 〈그 왕〉에 대해 설명하고 있습니다. 만약 11장 전체를 모두 이어지는 한 편의 스토리로 읽는다면 앞에서도 실컷 안티오코스 4세 에피파네스에 대해 설명해 놓고 왜 또다시 새삼스럽게 소개하고 있느냐는 의문이 생기게 되며, 또한 설명하는 내용이 안티오코스 4세와 비슷한 듯하면서도 꼼꼼하게 살펴보면 전혀 다른 누군가를 얘기하고 있습니다. 사실 안티오코스 4세는 전형적인 헬라인, 그리스인으로서 제우스를 비롯한 올림퍼스 신들을 경배했지 자기 자신을 그런 신들보다 더 높이며 뻐기지는 못했습니다. 특히 죽기 전에는 하나님께 미친 듯이 빌며 회개하는 등 제대로 인간적인 모습도 보였습니다. 게다가 유다 마카비의 혁명군이 출사표를 던진 지 불과 2년여 만에 그 안티오코스 4세 에피파네스가 죽어 버리기 때문에 분위기상으로도 도무지 36절의 그 왕은 안티오코스 4세가 될 수가 없는 것입니다.

뭐 무천년주의나 역사적 전천년주의 같은 것을 신봉하는 사역자라면 그런 알쏭달쏭한 것들은 〈상징〉과 〈영적인 해석〉으로 대강 퉁치고 어쨌든 11장은 헬라 왕 안티오코스 4세에 대한 것이라고 정리하겠지만 저는 물론 이거니와 성경을 문자적으로 보는 세대주의 종말론자들의 공통적인 의견은 36절의 〈그 왕〉은 적그리스도의 본체라는 것입니다. 그러니 11장에서 35절까지는 페르시아의 흥망과 알렉산드로스의 제국 수립과 분열, 그중 시리아와 이집트의 갈등, 적그리스도의 예표인 안티오코스 4세 에피파네스의 패악질과 유다 마카비 혁명군의 궐기를 얘기하는 것이며 36절부터는 완전히 시대 배경을 달리하여 휴거 이후, 그것도 후 3년 반에 제대로 본색을 드러내 세상을 짓밟게 될 적그리스도의 본체를 얘기하는 것입니다. 이렇게 보면 다니엘서 11장이 얼마나 장대한 계시인지 상상도 안 됩니다. 한 장에서 고대와 미래를 넘나들고 있으니 말입니다. 안티오코스 4세 에피파네스 같은 예표 따위와는 비교를 불허하는 적그리스도의 본체를 보면….

1. 자기 뜻대로 행하고 자신을 높인다.
2. 모든 신보다 자기를 높인다.
3. 하나님을 모독하는 소리를 해 댄다.
4. 해 먹는 기한이 정해져 있다.

대략 이런 속성을 띠고 있는데 어디 한번 살펴보겠습니다.

그는 대적하는 자라. 신이라 불리는 모든 것과 숭배함을 받는 것에 대항하여 그 위에 자기를 높이고 하나님의 성전에 앉아 자기를 하나님이라고 내세우느니라. (살후 2:4)

또 짐승이 과장되고 신성 모독을 말하는 입을 받고 또 마흔 두 달 동안 일할 권세를 받으니라. 짐승이 입을 벌려 하나님을 향하여 비방하되 그의 이름과 그의 장막, 곧 하늘에 사는 자들을 비방하더라. (계 13:5~6)

그가 장차 지극히 높으신 이를 말로 대적하며 또 지극히 높으신 이의 성도를 괴롭게 할 것이며 그가 또 때와 법을 고치고자 할 것이며 성도들은 그의 손에 붙인 바 되어 한 때와 두 때와 반 때를 지내리라. (단 7:25)

(정리하자면 42개월짜리 임시 계약직 근로자 주제에 입이 방정이다.)

그가 모든 것보다 스스로 크다, 하고 그의 조상들의 신들과 여자들이 흠모하는 것을 돌아보지 아니하며 어떤 신도 돌아보지 아니하고 (단 11:37)

또 그는 자기 조상들의 하나님이나 여자들의 원하는 바를 개의치 않으며 또 아무 신도 개의치 아니할 것이니, 이는 그가 모든 것보다 자신을 높일 것임이라. (단 11:37, 킹제임스)

다니엘서 11장 전체를 안티오코스 4세 에피파네스에 대한 것이라고 설명하는 사역자들은 뭘 보고 하는 소린지 도통 모르겠습니다. 이 구절만 보더라도 절대 안티오코스 4세를 보고 하는 말이 아닌데 말이지요. 성전에 제우스 우상을 세우고 제우스·올림피아 신전이라고 이름을 붙이며 돼지를 제물로 바치는 자가 과연 어떤 신도 개의치 않고 모든 신들 위에 자기를 높이는 자이겠습니까? 돼지를 바쳤든 어쨌든 일단 신에게 예물을 봉헌한 것인데 말이지요. 또한 과연 이자가 안티오코스 4세 에피파네스라면 대체 어딜 봐서 〈자기 조상들의 하나님〉을 들먹거릴 수 있겠습니까? 그쪽 집안 전체를 통틀어서 하나님을 누가 믿었으며, 그 집안이 유대인과 어떤 관계가 있겠냐 하는 것이지요. 이는 여기에 등장하는 자가 죽었다 깨어나도 안티오코스 4세가 될 수 없으며 적그리스도의 본체는 그 집안에 유대인의 혈통을 가진 자가 있거나 혹은 본인이 그렇거나 혹은 자기도 유대인 혈통이라며 내뻗는 자임을 말해 주는 것이기도 합니다. 모르긴 몰라도 유다 지파 아니면 단 지파에 속한 자일 듯한데 아마 그가 핵전쟁 후에 인류의 평화를 주도하고 이스라엘을 돕는 척할 때 자신이 유대인 혈통임을 공개하여 이스라엘로부터 메시아 대접을 받지 않을까 예측됩니다. 개역 성경의 표기대로 〈조상들의 신〉이라고 해도 이런 표현을 하나님 외 다른 이방 신들에게 붙인 예가 없기에 그냥 하나님이라 해석하는 것이 맞습니다. 페르시아 왕 고레스처럼 유대인 혈통 없는 순수 이방인이면서도 메시아 대접을 받는 경우도 있지만 적그리스도는 거기에 덧붙여 유대인 행세도 어느 정도 할 가능성이 있습니다. 또한 〈여자들의 원하는 바〉라는 뜻 모를 소리가 등장하여 마치 적그리스도가 여자를 멀리하는 게이인가 싶은 생각도 들지만 이 부분은 전통적인 해석에 의하면 〈메시아를 잉태시킬 그릇이 되고자 하는 유대인 여성들의 소망〉이라고 합니다. 이런 소망의 실제 주인공이 된 복 받은 여인이 바로 동정녀 마리아이지요. 그러니 결국 이 구절의 의미는 이 적그리스도는 하나님은 물론 예수 그리스도도 개코로 지지면서 오직 자기 자신만 높이는 자라는 얘기입니다.

그 대신에 강한 신을 공경할 것이요, 또 그의 조상들이 알지 못하

던 신에게 금, 은, 보석과 보물을 드려 공경할 것이며 (단 11:38)

그러나 그의 자리에서 그가 군대의 신을 공경하리니 그의 조상들이 알지 못했던 신을 그가 금과 은과 보석과 보물들로 공경하리라. (단 11:38, 킹제임스)

강한 신, 군대의 신이 뭔지는 모르겠지만 그 어떤 신도 개코로 지지는 이 적그리스도에게 유일하게 갑이 될 수 있는 놈이 하나 있기는 있으니 그가 바로 옛 뱀, 용, 사탄입니다.

내가 본 짐승은 표범과 비슷하고 그 발은 곰의 발 같고 그 입은 사자의 입 같은데 용이 자기의 능력과 보좌와 큰 권세를 그에게 주었더라. (계 13:2)

짐승, 적그리스도가 용에게 능력과 자리와 권세를 받아 활개를 치는 것을 보자면 마치 예수님께서 하나님으로부터 비둘기 같은 성령을 받으시는 모습을 연상케 하는데 대대로 주는 자가 받는 자보다 갑이라는 원리를 되새겨 본다면 적그리스도가 공경하는 그 무슨 군대의 신이란 바로 마귀 군단을 다스리는 사탄일 수밖에 없습니다. 하나님께서도 스스로를 만군의 주, 모든 군대의 주라 칭하시는 것처럼 사탄도 그 흉내를 내어 자신을 군대의 신이라 칭하는 것이 아닐까 생각됩니다.

그는 이방신을 힘입어 크게 견고한 산성들을 점령할 것이요, 무릇 그를 안다 하는 자에게는 영광을 더하여 여러 백성을 다스리게도 하며 그에게서 뇌물을 받고 땅을 나눠 주기도 하리라. (단 11:39)

그리하여 그는 가장 견고한 산성들 안에서 한 이방 신과 함께 행할 것이며, 그는 그를 인정하여 영광을 더하게 할 것이요, 그들로 많은 사람들을 다스리게 하며 값을 받고 그 땅을 분배하여 주리라. (단 11:39, 킹제임스)

　적그리스도는 자신의 근거지를 철통같이 요새화한 후 사탄을 숭배하며 인류를 통제하고 각별히 충성을 바치거나 혹은 눈에 들 만큼 잘 보이는 자들에게는 일종의 분봉왕처럼 영토를 나눠 주어 위임 통치를 맡기는 등 세계정부를 착착 진행시켜 나갑니다. 당초 구 로마 제국 고토에서 일어난 10개국으로부터 시작된 유럽 합중국에서 전 3년 반의 핵전쟁과 유프라테스 강 전쟁, 이어서 후 3년 반을 거치면서 명실공히 단일세계정부라 일컬을 만한 대제국을 건설한 적그리스도는 러시아가 주축이 된 유라시아 연합과 한국·중국·일본 등을 중심으로 한 동아시아의 동양 연합과 대치하며 천하삼분의 정세를 구축하였습니다. 그러나 말이 천하삼분이지, 전 지구의 70% 이상을 적그리스도가 지배함으로써 1강 2약의 정세였고 대접 재앙만 아니었다면 언제라도 동아시아와 유라시아를 쳐서 밀어 버렸을 만큼 강성했습니다.

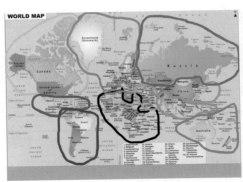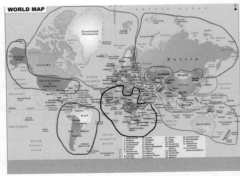

(左 최초 결성된 세계정부 10대 구역, 빨간 선이 유럽 합중국)

(右 3년 반 종료 시점, 빨간 선이 적그리스도의 세력 범위)

마지막 때에 남방 왕이 그와 힘을 겨룰 것이나 북방 왕이 병거와 마병과 많은 배로 회오리바람처럼 그에게로 마주 와서 그 여러 나라에 침공하여 물이 넘침 같이 지나갈 것이요 (단 11:40)

마지막 때에 남쪽 왕이 그를 찌르며, 또 북쪽 왕이 병거들과 기병들과 많은 선박과 함께 와서 회오리바람처럼 그를 대적하리니 그가 그 나라들에 들어가서 휩쓸고 지나가리라. (단 11:40, 킹제임스)

36절부터가 안티오코스 4세 에피파네스 당시의 헬라와 이집트의 대치 상황이 아닌 이상 40절 상황도 남쪽 왕·북쪽 왕의 대치로 볼 필요는 없습니다. 그냥 11장 전체를 일자로 쭉 보았다면 이 구절 또한 남쪽 왕이 북쪽 왕을 치고, 북쪽 왕이 대군을 이끌고 반격하여 쓸어버린다는 것으로 읽겠지만 36절부터 대환난 때의 모습으로 본다면 남쪽 왕과 북쪽 왕이 서로 대치하는 게 아니라 둘이 연합하여 〈그를〉 협공하여 다구리를 치는 것입니다. 남쪽 왕이 〈그를〉 찌르고 북쪽 왕이 대부대를 이끌고 와서는 〈그를〉 협공하는 것인데 그란 당연히 적그리스도를 가리킵니다. 적그리스도의 본거지인 유럽을 기준으로 남쪽이라면 아프리카인데 그에게 복속되어 수탈과 압제를 당하던 아프리카 연합이 단일세계정부가 일곱 대접의 재앙으로 혼비백산한 틈을 타 지중해를 건너 기습을 하든지, 아니면 중동 지역을 거쳐서 공세를 가하고 이어서 곡과 마곡 전쟁에서의 상흔을 치유하고 전력을 재건한 유라시아 연합이 대부대와 함대를 이끌고 회오리바람처럼 유럽 영내로 진격을 개시합니다. 그러나 아직은 적그리스도가 무너질 때가 아닌 터라 그는 단일세계정부의 전력을 총동원하여 반격을 감행했고 사방으로 군대를 보내 유라시아 연합과 아프리카 연합에 소속된 나라들을 하나하나 쳐부수기 시작했습니다.

그가 또 영화로운 땅에 들어갈 것이요, 많은 나라를 패망하게 할

것이나 오직 에돔과 모압과 암몬 자손의 지도자들은 그의 손에서 벗어나리라. (단 11:41)

침공을 격퇴하고 한숨을 돌린 적그리스도는 곧바로 중동으로 진격하여 이스라엘로 진입했고 그 과정에서 중동의 여러 나라들이 무너져 적그리스도에게 짓밟혔습니다. 에돔과 모압과 암몬 등 중동 남단의 극히 일부 지역을 제외하고 얄짤 없이 적그리스도에게 점령당했으나 진격은 멈추지 않았습니다.

그가 여러 나라들에 그의 손을 펴리니 애굽 땅도 면하지 못할 것이니 그가 권세로 애굽의 금, 은과 모든 보물을 차지할 것이요, 리비아 사람과 구스 사람이 그의 시종이 되리라. (단 11:42~43)

중동이 모조리 털려 나간 이상 적그리스도의 세계정부 군대가 아프리카를 침공할 길이 활짝 열렸고 결국 아프리카 연합의 주축인 이집트와 리비아, 에티오피아 등이 적그리스도에게 점령당해 다량의 재화와 자원을 약탈당하고 말았습니다. 그 3개국이 나가떨어진 이상 아프리카 연합은 빈껍데기에 불과했고 적그리스도는 중동과 아프리카 일대를 제패하며 다시 한번 기염을 토했는데 이것이 그의 마지막 몸부림이었습니다.

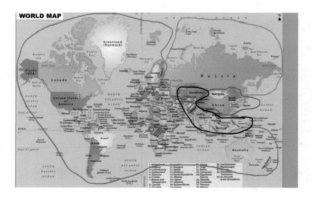

(최종적으로 완성된 단일세계정부, 천하삼분의 정세)

그러나 동북에서부터 소문이 이르러 그를 번민하게 하므로 그가 분노하여 나가서 많은 무리를 다 죽이며 멸망시키고자 할 것이요, 그가 장막 궁전을 바다와 영화롭고 거룩한 산 사이에 세울 것이나 그의 종말이 이르리니 도와줄 자가 없으리라. (단 11:44~45)

그러나 동쪽과 북쪽에서 오는 소식이 그를 번민케 하므로 그가 큰 분노로 나가서 멸할 것이며 많은 사람을 완전히 없애리라. 또 그가 자기의 궁전 장막을 바다들 사이에 있는 영광스러운 거룩한 산에 세울 것이라. 그러나 그가 그의 종국에 이르리니 아무도 그를 도와주지 못하리라. (단 11:44~45, 킹제임스)

일곱 대접의 재앙으로 인해 그의 왕국이 박살 나던 차에 모처럼 궐기하여 아프리카와 중동 일대를 제패한 쾌거도 부질없이 그에게 또다시 급보가 닥쳤습니다. 일단 격퇴되었다가 다시 전열을 가다듬은 유라시아 군대가 북쪽에서부터 재침공을 감행하고 있으며 그동안 숨을 죽이고 조용히 지켜보고 있던 동양 연합이 봉기하여 대군을 이끌고 진격해 오고 있다는 소식이었습니다. 한쪽 전선을 틀어막자마자 다른 곳에서 더 많은 병력의 적군이 쏟아져 나오는 듯한 상황에 적그리스도는 뒷목을 잡으며 번민하기에 이르렀고 완전히 광기와 분노에 가득 차 막판 발악을 하며 이참에 모든 인류와 유대인들을 멸절해 버리겠다는 의지를 다졌습니다. 의지만이 아니라 정말로 대대적인 수색과 미혹과 추적을 감행하여 은거해 있던 유대인들을 색출해 죽였고 유대인 총인구 중 멸절당한 인원은 3분의 2에 달했습니다. 그러는 동안 그는 지휘 본부를 지중해와 사해 바다 사이에 있는 예루살렘의 근방에 세우고 본격적으로 최종 결전인 아마겟돈 전쟁을 준비합니다만 뭐 아시다시피 결말은 예루살렘 동편 감람산에 재림하신 예수님께서 예루살렘 근방에 지휘소를 세운 적그리스도를 체포하시는 것으로 끝날 뿐입니다. 정해진 운명이 닥쳐올 때 어느 누구도 그를 도와줄 자가 없으며 그의 마지막은 불과 유황으로 타는 못에 던져져 영원무궁토록 밤낮 쉼을 얻지 못하고 고통받는 것입니다.

적그리스도의 예표에서 시작하여 본체로 끝마친 장대한 서사시는 한마디로 다니엘서를 〈구약의 계시록〉이라 칭함을 받기 부족함이 없는 빛나는 계시의 역사였습니다. 얼마나 다니엘 이후 역사를 디테일하게 조명했으면 11장으로 인해 다니엘서가 후대에 쓰여진 위작이 아닌가, 의심할 정도였지요.

다만 11장을 보면서 조금 의아한 것은 〈그〉라는 호칭이 너무 남발되어 대체 이 그가 누구를 가리키는 그인가 아리까리할 때가 많습니다. 북방 왕을 그라고 했다가, 남방 왕을 그라고 했다가 하면서 정확하게 지칭해 주지 않고 마치 자기들끼리만 아는 얘기를 주고받는 듯이 쓰인 터라 여러모로 헷갈립니다만 제가 이 부분에 대해 생각해 보았을 때는 이런 이유가 아닌가 합니다. 10장은 천사가 다니엘을 만나 얘기를 하는 것이라면 11장은 그 천사가 본격적으로 계시와 예언을 전해 주는 것인데 비록 본문에는 천사가 다니엘에게 이야기를 들려주는 형식으로 되어 있으나 그 현장의 모습은 천사가 다니엘에게 〈환상을 보여 주며〉 옆에서 중계방송처럼 설명을 하고 있고 다니엘은 환상을 보면서 천사가 들려준 얘기만을 기록한 것입니다. 그러니 〈그〉라고 해도 천사는 그 그가 누구인지 환상 속 장면을 짚어 가며 설명했을 테니 다니엘은 헷갈리지 않았을 테지만 다니엘이 보았던 환상을 같이 보고 있지 않고 천사가 들려준 썰만 읽고 있는 우리 입장에서는 뜻하지 않게 헷갈릴 수밖에 없는 것이지요. 이렇게 되면 35절과 36절의 연결이 부자연스러운 것도 설명이 되는데 35절까지 안티오코스 4세 에피파네스에 대한 환상들을 보면서 설명을 듣다가 그 환상이 바뀌어 적그리스도에 대한 환상이 나오고 천사의 설명을 듣는 것입니다. 그러니 천사는 35절까지 쭉 설명하다가 환상이 바뀌어 등장한 적그리스도의 모습을 가리키면서 〈그 왕

〉이라고 칭하며 다니엘은 환상이 바뀌어 안티오코스 4세가 아닌 적그리스도가 나온 것을 보고 있기에 천사가 그를 가리켜 〈그 왕〉이라고 해도 고개를 끄덕이며 계속 보았을 것입니다. 마찬가지로 우리는 다니엘이 보고 있었던 환상을 같이 보고 있지 않기에 다니엘이 환상을 보면서 기록한 썰만 읽을 뿐이지요.

이렇게 굵직한 계시들이 모두 공개되었고 이제는 마지막 장을 남겨 두고 있습니다. 다니엘서의 결말이 어떻게 될지는 이어지는 다니엘서 12장 강해를 기대해 주십시오.

그 때에 네 민족을 호위하는 큰 군주 미가엘이 일어날 것이요, 또 환난이 있으리니 이는 개국 이래로 그 때까지 없던 환난일 것이며 그 때에 네 백성 중 책에 기록된 모든 자가 구원을 받을 것이라. (단 12:1)

12장.

별과 같이 영원토록 ──────

그 때에 네 민족을 호위하는 큰 군주 미가엘이 일어날 것이요, 또 환난이 있으리니 이는 개국 이래로 그 때까지 없던 환난일 것이며 그 때에 네 백성 중 책에 기록된 모든 자가 구원을 받을 것이라. (단 12:1)

그때에 이스라엘 담당 수호천사 미카엘이 출격한다는데 그때란 바로 앞의 11장 40절에서 언급된 〈마지막 때〉이며 그 타이밍은 7년 대환난 중에서도 후 3년 반에 해당합니다. 짐승이 권세 잡는 마흔두 달, 성도가 그 손에 붙인 바 된 한 때와 두 때와 반 때는 이스라엘 민족사는 물론이며 세계 역사를 통틀어서도 두 번 다시는 없을 대환난의 때입니다만 아이러니하게도 바로 그 대환난의 기간 동안 이스라엘, 유대인들이 하나님께로 돌아와 구원을 받게 된다니 참으로 묘한 역설입니다. 그 왕, 적그리스도는 유럽의 1개 국가의 대통령, 내각제 국가일 경우 총리에 해당하는 지도자이며 밑바닥에서부터 차근차근 경로를 밟아 그 나라 중견 정치인으로 성장하는데 벼락출세하는 것도 아닌 선정과 합리적인 정책으로 인해 국민들로부터 열화와 같은 지지를 받으며 난관을 극복하고 권좌에 오를 것입니다. 그가 지배할 유럽 합중국은 현 유럽연합이 휴거 직후 곡과 마곡 연합군의 침공으로 무너지고 핵전쟁이 끝난 뒤에 기존 EU 체제의 허약함을 보완한다는 구실로 구 로마 제국의 강역에 속하는 10개 국가를 중심으로 국경을 철폐하고 실질적 통합을 이루는 식으로 출범할 것입니다. 그 창립자이자 통합 대통령이 적그리스도입니다.

(제가 선지자가 아니기에 장담할 수는 없지만 세계 역사에서 비슷한 예들을 참고하여 시나리오를 써 보면 직접 저항을 이끌다가 유럽 합중국을 출범시켜 집권할 수도 있고 전쟁과 저항 기간 중에는 회피하고 있다가 저항을 이끌고 유럽 합중국을 창건한 초대 통합 대통령을 제거하고 찬탈할 수도 있으며 전쟁과 저항 기간에는 가만히 있다가 평화협정을 맺는 자리에만 나서면서 말빨과 언론 플레이로 세계인을 주목시켜 평화의 사도 행세를 하여 유럽 합중국 창건까지 이루는 자일 수도 있습니다. 셋 모두 가능성이 비등합니다.)

그는 곡과 마곡 전쟁, 3차 세계대전을 끝맺을 이스라엘과 팔레스타인 간의 7년 약정의 평화협정을 중재하며 평화의 사도로서 유명세를 타고 3년 반이 지날 때까지 이스라엘의 친구이자 동맹으로 명성을 날리게 됩니다. 아마 그때쯤이면 유엔 사무총장 자리도 그의 것이 아닐까 합니다만 그는 세계 평화와 국지전의 종식을 명분으로 전 세계를 10대 구역으로 나누는 작업에 착수하여 성공시키기에 이르는데 전 3년 반의 말미에 동양 연합군과 남아시아 연합군이 봉기하여 서쪽으로 진격해 올 때 유프라테스강에서 막아 격파하고 명실공히 전 세계의 25%를 자신의 영향력 안에 넣게 되어 비로소 단일세계정부 창건을 눈앞에 두게 되었습니다. 그러다가 전 3년 반이 끝날 무렵에 불의의 저격을 당해 거의 죽었다가 기적적으로 회생하고 그때부터는 더 이상 인간의 차원이 아닌 마귀의 화신으로 제대로 본색을 드러내 예루살렘으로 쳐들어가 두 증인을 죽이고 성전을 점령하여 자신의 우상을 세우고는 마침내 스스로를 하나님이라 칭하고 단일세계정부의 총통직에 올라 나머지 인류와 이스라엘에 대한 전면적인 핍박에 착수합니다.

이스라엘 영토를 향한 핵 공격, 미사일 공격, 공중 폭격 등을 퍼부어 유대인들로 하여금 짐도 못 챙기고 광야와 산으로 도망가게 만들고 군대와 세계정부 요원들을 동원하여 이 잡듯이 뒤져 유대인들을 잡아다 고문하고 죽이는 것도 모자라서 광야로 달아나 숨어 버린 유대인들까지 거짓 그리스도와 거짓 선지자들을 만들어 보내 〈보라, 그리스도가 여기 있다, 저기 있다〉 한다든지, 혹은 〈보라, 그리스도가 광야에 있다, 골방에 있다〉 하면서 미혹하여 낚는 등 페트라로 도망가 하나님의 보호하심 아래 양육을 받는 최종 3분의 1을 제외하고 3분의 2에 달하는 유대인들을 멸절하는 악행을 저질렀습니다. 당연히 그가 지배하거나 점령한 영역에서 자신의 이름과 숫자를 담은 표를 강제하고 우상에 절하도록 강요한 것은 기본이고요. 그러나 이런 혹심한 와중에 하나님의 도우심으로 핍박과 환난에 덜 맞닥뜨리고 신속하게 도피성으로 피신한 자들은 차근차근 복음과 말씀으로 양육을 받으며 그 이름을 생명책에 기록하였고 그들은 살아서 구원을 받아 천년왕국에 입성할 것입니다.

땅의 티끌 가운데에서 자는 자 중에서 많은 사람이 깨어나 영생을 받는 자도 있겠고 수치를 당하여서 영원히 부끄러움을 당할 자도 있을 것이며 지혜 있는 자는 궁창의 빛과 같이 빛날 것이요, 많은 사람을 옳은 데로 돌아오게 한 자는 별과 같이 영원토록 빛나리라. (단 12:2~3)

이미 대환난이 있기 전, 휴거가 일어났을 때 그리스도 안에서 죽은 자들이 먼저 그 무덤에서 일어나 들림을 받았습니다. 또한 아마겟돈 전쟁이 끝나고 대환난이 끝나면 짐승과 그 우상에 경배하지 않고 짐승의 표를 받지도 않고 순교한 자들이 살아나 천년왕국에 입성하고 영원한 생명을 얻게 됩니다. 그러나 천년왕국이 끝날 때까지 살아남지 못한 죄인 된 영혼들은 음부에 갇혀 있다가 백보좌 심판 때 부활하고는 또다시 불못으로 들어갑니다. 대환난에 처한 이스라엘, 유대인들 중 지조와 절개를 지켜 순교하였거나, 혹은 신속한 대피로 〈환난 기간의 줄임을 받은〉 자들은 살아서 천년왕국에 입성하는데 그중에서도 먼저 예수님의 복음을 깨닫고 영접한 자들은 더욱 빛나는 상급을 받을 것이며, 또한 그 복음을 주변에 전도하고 가르친 자들은 그야말로 영원히 빛나는 별과 같은 영예를 얻을 것입니다.

다니엘아, 마지막 때까지 이 말을 간수하고 이 글을 봉함하라. 많은 사람이 빨리 왕래하며 지식이 더하리라. (단 12:4)

당연한 말이지만 다니엘이 이런 계시와 환상들을 받은 때는 여전히 〈고대 시대〉에 해당하는 시점입니다. 아직 대환난에 대한 것까지 넘겨보기에는 너무나 많이 남은 시간이기에 굳이 지금부터 풀어 본답시고 호들갑을 떨기보다 꼼꼼하게 기록만 해 두고서 일단은 잘 보관해 둘 필요가 있었습니다. 그리고 아닌 말로 그때 수준의 인프라와 교통으로는 많은 사람들에게 그 예언의 말씀을 읽히고 전달하고 가르칠 수도 없었습니다. 아무려면 교통수단이 제대로 발달하여 전국이 1일 생활권이 되고 여기저기 육해공으로 달릴 수 있는 인프라가 구축된, 그리고 이런저런 지식들이 늘어나 뭘 던져 줘도 척척 알아먹을 만한 지식이 축적된 시대는 되어야 비로소 이런 예언의 말씀이 열리게 될 것입니다. (그런데 어째 쓸데없는 지식만 늘어나는 것은 기분 탓인가….)

나 다니엘이 본즉 다른 두 사람이 있어 하나는 강 이쪽 언덕에 섰고 하나는 강 저쪽 언덕에 섰더니 그 중에 하나가 세마포 옷을 입은 자, 곧 강물 위쪽에 있는 자에게 이르되 이 놀라운 일의 끝이 어느 때까지냐, 하더라. (단 12:5~6)

듣고 있던 다니엘이 문득 옆을 보니 강둑을 사이에 놓고는 두 사람이 서서 대화를 나누는데 당연한 얘기겠지만 그들은 인간이 아니라 사람 모습을 하고 온 천사들입니다. 둘 중 하나가 반대편의 세마포 입은 천사에게 다니엘이 보고 들은 계시와 환상들의 내용이 언제쯤 끝나겠느냐고 물었는데 사실 몰라서 물은 게 아니라 옆에 있는 다니엘더러 들으라고 하는 얘기지요.

내가 들은즉 그 세마포 옷을 입고 강물 위쪽에 있는 자가 자기의 좌우 손을 들어 하늘을 향하여 영원히 살아 계시는 이를 가리켜 맹세하여 이르되 반드시 한 때, 두 때, 반 때를 지나서 성도의 권세가 다 깨지기까지이니 그렇게 되면 이 모든 일이 다 끝나리라, 하더라. (단 12:7)

내가 들으니, 강물 위에 있던 세마포를 입은 사람이 그의 오른손과 그의 왼손을 하늘로 들어 올리고 영원히 사시는 분으로 맹세하기를 "한 때와 두 때와 반 때가 되리니, 그가 거룩한 백성의 권세를 흩어 버리는 것을 마치게 되면 이 모든 일이 끝나게 되리라." 하더라. (단 12:7)

성도라는 단어를 〈교회 성도〉라 생각하는 것에 너무나 익숙해져 있어서 성도의 권세가 다 깨어진다는 것을 교회가 환난에 들어간다, 또는 좌파정권 및 공산체제 등에 의해 성도의 권세가 다 깨어지고 성도가 지는 것이 당연하다는 식으로 해석하는 사역자들도 있는데 이래서 성경 역본을 잘 골라서 봐야 합니다. 성도란 거룩한 백성, 다니엘 시점에서는 이스라엘, 유대인을 가리키는 것입니다. 휴거되는 이방인 교회와 달리 유대인들은 얄짤 없이 그 대환난에 들어가게 되고 총 7년 대환난이지만 전 3년 반은 다 함께 겪는 나팔 재앙과 두 증인의 재앙 외에는 변동 없이 있다가 후 3년 반, 한 때와 두 때와 반 때에 적그리스도에 의해 모조리 깨지고 짓밟혀 광야로 흩어져 도망가 숨어 버릴 지경이 된다면 비로소 그 끝의 막이 오르게 됩니다.

내가 듣고도 깨닫지 못한지라. 내가 이르되 내 주여, 이 모든 일의 결국이 어떠하겠나이까, 하니 그가 이르되 다니엘아, 갈지어다. 이

말은 마지막 때까지 간수하고 봉함할 것임이니라. (단 12:8~9)

여전히 통달하지 못한 다니엘은 눈치 없이 그들에게 끼어들어 이런 일들의 결말은 어떻게 되는 것인지 슬쩍 물었는데 말이야 바른말이지, B.C. 530년대에 살고 있는 그에게 물경 2,500년 후 일어날 일들을 설명해 보았자 제대로 이해하고 접수할 리가 만무하기에 천사들은 그냥 설명하기를 포기하고는 〈여기서부터는 더 알 필요도 없고 들을 필요도 없으니 신경 끄고 네가 받은 계시나 잘 기억하고 보관해라〉 하고 던집니다. 말 그대로 문답무용….

많은 사람이 연단을 받아 스스로 정결하게 하며 희게 할 것이나 악한 사람은 악을 행하리니 악한 자는 아무것도 깨닫지 못하되 오직 지혜 있는 자는 깨달으리라. (단 12:10)

너무 직설적으로 던져서 다니엘이 실망했을까 싶었는지 천사는 얼른 설명을 덧붙입니다. 지금 너님이 굳이 다 알지 않아도 그때가 되어 환난이 닥치면 그걸 보는 세대들은 정신을 차리고 정결하게 되고 희게 되고 연단되겠지만 그중에서도 정신 못 차리는 것들은 악을 행하고 배교할 것이며 결국은 때가 되면 다 알게 되고 보고 듣게 될 일이라고 알려 주었습니다.

매일 드리는 제사를 폐하며 멸망하게 할 가증한 것을 세울 때부터 천이백구십 일을 지낼 것이요, 기다려서 천삼백삼십오 일까지 이르는 그 사람은 복이 있으리라. (단 12:11~12)

또한 천사는 다니엘에게 매우 중요한 힌트를 남겨 주고 가는데 적그리스도가 본색을 드러내어 성전을 점령하고 제사와 예물을 금하며 자신의 가증한 우상을 세움으로써 후 3년 반을 시작한 뒤 끝나기까지 1,290일이 걸리며 더 기다려서 1,335일에 이르게 된다면 복이 있을 것이라는 얘기였습니다. 아마 어떤 분들은 〈어? 한 때와 두 때와 반 때, 후 3년 반은 분명 1,260일인데 왜 1,290일에 1,335일이 나오지?〉라고 물어보실 것입니다. 그러면 저는 이렇게 대답하겠습니다.

하나님이 작성하신, 후 3년 반 타임 테이블은 총 1,335일인데 그중 적그리스도가 권세 잡고 패악질을 부리는 기간은 1,260일이고 그 1,260일이 끝나 적그리스도가 불못에 떨어지고 나면 나머지 30일, 최대 75일은 하나님께서 쓰실 예비 기간이라고 말입니다.

쉽게 비유로 설명하면 학교 수업이 총 8시간이 있는데 김 선생님이 가르치는 시간은 6시간이고 김 선생님 수업 시간 6시간이 끝나도 학교에서 뭔가 다른 활동을 할 2시간이 더 있다는 것입니다. 물론 적그리스도의 압제 1,260일이 끝난 후 나머지 30일, 최대 75일 동안 무슨 역사를 하실지는 하나님만이 아실 일이겠지요. 천년왕국이 수립되기 전 대환난으로 망가진 지구를 청소하고 리모델링하실 기간인지, 아니면 저 30~75일에 휴거 직후 곡과 마곡 전쟁 기간이 포함되어 있어 그만큼 환난 기간이 뒤로 밀려난 것인지, 의견들은 분분하지만 확실한 것은 지금으로서는 어떤 것도 확답을 내릴 수는 없습니다. 우리는 어떻게 하고 있어야 하냐면….

너는 가서 마지막을 기다리라. 이는 네가 평안히 쉬다가 끝 날에는 네 몫을 누릴 것임이라. (단 12:13)

학생이면 하던 공부 열심히 하고, 직장인이면 다니던 직장 열심히 다니고, 각자 맡은 일 성실하게 하면서 잘 살면 되겠습니다. 뭐 중간에 우리가 병이나 사고나 혹은 노환으로 죽더라도 주님 다시 오실 그날에 다시 멀쩡하게 살아서 주님을 공중에서 만나 뵙게 될 것이며, 그날에 살아 있더라도

산 채로 구름 위로 들림을 받아 주님을 만나 뵐 것입니다. 우리의 주인공 다니엘 선지자도 이후 평범하게 노후 생활을 즐기며 살다가 죽었지만 그날들의 마지막에는 영원한 생명을 얻어 살아나서 그 땅에 서게 될 예정이니 궁금했던 것들은 다니엘 선지자를 만나 콩국수나 한 그릇 하면서 찬찬히 여쭙고 대화를 나눠 보는 것이 어떨까 합니다.

필자 후기

신약에 요한계시록이 있다면 구약의 계시록은 단연 다니엘서입니다. 다만 매우 생소한 요한계시록과 달리 다니엘서는 아주 많은 성도님들이 주일학교를 다닐 때부터 익숙하게 읽으신 경우가 많은데 다니엘과 친구들이 믿음을 지켜 채소와 물만 먹었던 이야기, 다니엘의 세 친구들이 느부갓네살왕의 금 신상에 절하지 않고 풀무 불에 던져졌다가 살아난 이야기, 다니엘이 사자굴에 던져졌다가 살아난 이야기 등등 주일학교 학생들에게 믿음을 심어 주고 바른 신앙의 롤 모델로 삼게 해 줄 만한 콘텐츠가 많았기 때문입니다.

어려운 내용이거나 아이들에게 읽혀 주기 민망한 내용도 아닌 정말 쉽고 간결하고 교훈이 명확했기에 다니엘과 친구들의 이야기는 미래의 그리스도인으로 성장할 주일학교 학생들에게 믿음의 본을 보여 주는 아름다운 모습이었으며 그 학생들 중 저 또한 초롱초롱하게 눈을 빛내고 있었습니다.

요한계시록을 읽고 공부하면서 확연히 느낀 것은 〈말씀의 짝〉이란 것은 없지만 계시록과 다니엘서는 시대의 징조와 마지막 때 예언의 콤비라는 것이며 다니엘서를 연구하려면 계시록을, 계시록을 연구하려면 다니엘서를 함께 상고하는 것이 필수적인 요소였습니다. 결국 저는 요한계시록 강해를 준비하면서 틈틈이 다니엘서 강해를 함께 준비해 나갔고 환난 예언 일색이던 계시록과 달리 다니엘서는 제가 무척이나 좋아하는 역사 이야기와 더불어 익숙했던 내용들이 〈어떻게 그렇게 진행된 것인지〉 그 내막을 파헤쳐 보는 추리를 펼쳐 볼 수 있는 무대가 되어 저 자신에게도 매우 흥미롭고 즐거운 시간들이 되었습니다. 아마 이전의 다니엘서 강해에서 보기 힘들었던 내용들이 상당수 포함되어 있을 것이며 무심히 스쳐 갔던 것들에 대한 자세한 설명과 함께 〈아! 그래서 이렇게 된 것이구나!〉라는 짧은 감탄사가 본서를 읽으실 여러분의 무릎을 탁! 치고 지나갈 것이라 생각해 봅니다.

하나님께서는 언제나 동일하신 하나님이시며 우주와 천지와 생명을 창조하시고 모든 생사화복을 주관하시는 만왕의 왕, 만주의 주이시기에 저와 여러분이 어디에 있든, 무엇을 하든, 우리와 함께하여 주시고 동행하여 주심을 다니엘을 통해 볼 수 있었습니다. 위기에 처할 적에는 피할 길을 내시고 어떤 상황 속에서도 하나님께 감사드릴 일, 영광 돌릴 결말을 만들어 주심을 우리 또한 확신하고 힘차게 하루하루를 살아가야 할 것입니다.

다니엘과 친구들이 본향 유다를 떠나 바빌론으로 갔듯이 어쩌면 저와 여러분 모두가 본향 천국을 떠나 이 땅에 살아가는 또 다른 다니엘과 다니엘 친구들일지도 모릅니다. 그렇다면 우리 또한 그들이 보여 준 모범처럼 오직 믿음과 간구로 하나님을 사랑하고 우리에게 맡겨진 모든 일에 최선을 다하며 우리의 영과 육을 깨끗하게, 맑게, 자신 있게 함으로써 세상 모든 사람들이 우리를 통해 살아 계신 하나님을 바라보며 우리의 바른 행실로 하나님께 영광을 돌려 드려야 하겠습니다.

무엇과도 바꿀 수 없는 아버지 하나님의 크신 사랑과 은총이 이 책을 읽어 주실 모든 분들께 넘치도록 부어지기를 간절히 축원하오며 제 마음을 다하고 힘을 다하여 뜻을 다하여 사랑하고 또 사랑하는 우리 주 예수님께 모든 경배와 찬양을 올려 드립니다.

계시탐정의 서재에서

장진욱 목사 올림